JN101221

自動車保険契約における利害調整の法理

福田弥夫

八戸学院地域連携研究センター教授

保険毎日新聞社

　本書は、これまで私が執筆した自動車保険に関する研究論稿の中から、10の論文と3の判例研究そして1の学会報告をまとめたものであり、2冊目の個人論文集となる。本年1月にこれまでの自動車損害賠償保障法の立法等への寄与をお認めいただき、第65回交通文化賞を受賞したが、その際に保険関係の方々から、これまでの自動車保険に関係する論稿をまとめてみてはとのアドバイスをいただき、出版に至ったのが本書である。

　保険法を専攻する私のライフワークの一つが自動車保険研究であるが、本格的な研究は、昭和58年に故石田満博士が主催する上智大学保険判例研究会への参加をお認めいただいてからになる。そして、私の研究の特徴ともいえる、比較法、特にアメリカ法を視野に入れた研究は、昭和60年に日本大学海外派遣留学生としてカリフォルニア大学ヘースティングス法科大学院において、故ジョン・ウェラン教授のもとでアメリカの自動車保険制度についての指導を受けたところから始まる。

　40年を超えた研究生活の中で、これまで書き上げた研究論稿の中からの取捨選択は断捨離に似て困難であったが、次の4部構成としてまとめることとした。

　第一部を「海外の自動車保険事情」とし、カナダの自動車保険とアメリカの自動車保険制度を検討した論稿を収めている。これは、私の研究の基礎を形成している外国法研究である。第1章の「カナダの自動車保険制度―ノー・フォールト保険の現状と課題―」は、日本交通法学会創立20周年記念『世界の交通法』に掲載したもので、日本においてカナダの自動車保険制度を本格的に検討したものとしては初めてであった。第2章の「アメリカ自動車保険の改革―選択ノー・フォールト制度の行方―」は、故石田満博士の還暦記念論文集『商法・保険法の現代的課題』に掲載したもので、保険危機に揺れたアメリカの自動車保険の方向性の一つとして提示された選択ノー・フォールトに検討を加えたものである。第3章の「アメリカ自動車保険の現状と課題―カリフォルニア州の動きを中心に―」は、平成9年の日本交通法学会におけるシンポジウムにおける私の報告原稿である。アメリカの自動車保険制度に対する私の視点が示されている。第4章の「カリフォルニア州自動車保険の混迷―低価額自動車保険試行プログラムの現状と課題―」は、自動車保険料率算定会（現損害保険料率算出機構）が発行していた「自動車保険研究」に掲載したもので、無保険者率の高さに悩むカリフォルニア州が、保険料の低額化のためにそれまでの対人賠償の上限額などを低く設定してスタートさせた試行プログラムについて検討を加えたものである。

第5章の「アメリカ自動車保険の現状と課題」は、日弁連交通事故相談センター設立40周年記念論文集『交通賠償論の新次元』に掲載したもので、それまでのアメリカ自動車保険法の研究を集約し、アメリカの自動車保険制度への評価を示している。

第二部を「海外保険スキームの自賠責保険制度への応用に関する考察」とし、海外の自動車保険制度の検討によって得られたいくつかの課題につき、日本の自賠責保険制度への導入の可能性について検討した論稿を収めている。第6章の「自賠責保険のノー・フォルト化とその課題—自損事故惹起者の救済スキームのあり方を中心に—」は、故鈴木辰紀博士が主催していた日本交通政策研究会の研究プロジェクト報告書である『変革期の自動車保険研究』に掲載したものである。私は当時運輸省の「今後の自賠責保険のあり方に係る懇談会」の委員であったが、論点の一つとして自賠責保険では救済されない自損事故惹起者への対応策があり、アメリカのノー・フォルト自動車保険制度の部分的導入を提唱したものである。第7章の「交通事故訴訟と裁判外の紛争処理—ニュー・ヨーク州とオンタリオ州における調停・仲裁制度の検討を中心に—」は、東京三弁護士会交通事故処理委員会編『交通事故訴訟の理論と展望—創立30周年記念論文集—』に掲載したものであり、自動車保険に関するADR（Alternative Dispute Resolution）が、アメリカのニュー・ヨーク州とカナダのオンタリオ州でどのように行われているかの検討を行ったものである。第8章の「交通事故訴訟と裁判外の紛争処理—わが国における強制調停・仲裁制度の可能性を中心に—」は、平成5年の日本保険学会年次大会における私の個別報告であり、第7章のニュー・ヨーク州とオンタリオ州の裁判外の紛争処理制度の検討結果を踏まえ、日本の自動車保険制度への導入について提唱したものである。この第7章と第8章の論稿が、平成13年の自賠法改正における「自賠責保険・共済紛争処理機構」設立の機縁となっている。

第三部を「自賠責保険制度の諸問題」とし、自賠責保険に関する論稿を収めている。第9章の「運行供用者責任と他人性の証明責任」は、損害保険研究に掲載した高松高裁平成13年10月22日判決の判例研究であり、故石田満博士を座長とする損害保険事業総合研究所の保険判例研究会において報告したものである。第10章の「レンタカー業者の運行供用者責任—最近の判例の検討とアメリカ法との若干の比較を中心に—」は、故坂田桂三日本大学法学部教授の古稀記念論集に掲載したものであり、それまでの判例がレンタカー会社の運行供用者責任を肯定してきた中で、運行支配につき疑問を提示した2つの下級審判決に注目して、アメリカ法との比較を試みたものである。第11章の「交通事故被害者の損害賠償請求権とその差押え—最高裁平成12年3月9日判決を中心に—」は、故鈴木辰紀博士の古稀記念論文集『現代保険論集』に掲載したもので、自賠法3条の請求権と16条1項の直接請求権の関係につき、3

条の請求権が差し押さえられ、第三者に転付された場合の16条1項の直接請求権の帰趨につき検討を加えたものであり、最高裁平成12年3月9日判決に疑問を提示している。第12章の「自賠法15条請求と同法16条の3の支払基準」は民商法雑誌に掲載した最高裁平成24年10月11日判決の判例研究であり、自賠法15条請求においても、裁判所は自賠法16条の3第1項の支払基準に拘束されないと判断した最高裁の判例研究である。第13章の「自賠責保険支払基準の裁判所の拘束力」は、損害保険研究に掲載した最高裁平成18年3月30日判決の判例研究であり、平成14年4月1日施行の改正自動車損害賠償保障法の16条の3第1項に基づく自賠責保険の支払基準が、裁判所の判断を拘束するかについての最高裁判決の判例研究であり、第9章と同様に保険判例研究会において報告したものである。

　第四部を「交通事故被害者救済のあり方」とし、第14章の「自賠責保険と交通事故被害者の救済─令和4年改正と新たな賦課金導入を中心に─」は、伊藤文夫先生と溝辺克己先生の追悼論文集である『交通事故賠償における補償・救済システムの現状と課題』に掲載したものであり、私が関係した自賠法の平成13年改正と令和4年改正について検討を加えるものである。

　以上のような内容の本書であるが、最初の論文である「カナダの自動車保険制度─ノー・フォールト保険の現状と課題─」は平成4年、最近の論文である「自賠責保険と交通事故被害者の救済─令和4年改正と新たな賦課金導入を中心に─」は令和5年のものであり、30年を超える自動車保険契約の研究成果でもある。本書を「自動車保険契約における利害調整の法理」としたが、これはアメリカ法を比較研究の対象として、自動車保険契約における当事者間の利害調整をどのような法理で行うかを検討した論稿が中心であり、私の学位論文である『生命保険契約における利害調整の法理』と同じ視座で構成されているからである。

　大学教員としての一応の節目を迎え、これまでご指導・ご鞭撻を賜ってきた多くの先生方に心からお礼を申し上げたい。私の指導教授である稲田俊信先生、石田満先生そしてジョン・ウェラン先生はすでにこの世を去られ、私も定年を迎えた。『生命保険契約における利害調整の法理』の脱稿は平成16年12月であったが、同書のはしがきにはこのように記してある。「これまで先生方から受けた学恩には、研究成果によってお返ししたいと思う。本書は大学院博士後期課程進学後に保険法の研究を始めてから20年にして、私がようやく辿り着いた一つの到達点であり、これまでのご指導に衷心より感謝申し上げるとともに、今後一層の精進をお誓い申し上げる」。

　あれから20年が過ぎ、私はこの誓いを果たすことができたであろうか。今回の交通文化賞の受賞は身に余る光栄であり、これまでの先生方のご指導ご鞭撻のおかげで

あるが、お許しいただけるならば「福田君、よく頑張ったね」という恩師たちからのお褒めの言葉でもあるとも思いたい。

恩師たちがそうであったように、定年は研究の終了を意味しない。保険法に関する研究の継続と、後進の育成に努める所存である。

最後に本書の出版をご快諾いただき、ご協力を賜った保険毎日新聞社社長森川正晴氏、校正などでご協力をいただいた同社出版部井口成美さんにも厚くお礼申し上げたい。また、日本大学大学院法学研究科博士後期課程黒田佳祐君にも献身的なご協力をいただいた。厚くお礼申し上げる。

本書は、亡き父と母に捧げることをお許しいただきたい。

2024 年 5 月 15 日　　　新緑がまぶしい八戸学院美保野キャンパスの研究室にて

福田　弥夫

※なお、本論文集に収めた論文や判例研究などは、その初出において縦書きと横書き、脚注と文末注あるいは小見出しの有無などが混在しているが、すべて横書きの脚注に編集し、構成は基本的に原文のままとしている。誤字等の修正や補正は行ったが、大幅な加筆訂正は行っていない。そのため、執筆の時期によっては、「ノー・フォールト」、「ノーフォールト」、「ノー・フォルト」あるいは「ノーフォルト」の表記の揺れがある。また、アメリカの州の名称等に関しても、「ニュー・ヨーク」と「ニューヨーク」のように表記の揺れがある。これは、執筆当時の筆者の考え方が反映されており、あえて統一することは行わなかった。またアメリカにおける、Uninsured Motorists Clause は、無保険運転者危険担保を意味するが、日本の「無保険車傷害条項」と同じ内容であり、「無保険車条項」と略記していた箇所がある。その点は「無保険者条項」と修正している。また、第10章の「レンタカー業者の運行供用者責任—最高裁平成12年3月9日判決を中心に—」は、当初は「レンタカー業者の運行供用者—最高裁平成12年3月9日判決を中心に—」であった。執筆当初に意図があったものと考えるが、今回の編集にあたり修正した。このように、一部の修正を除き、表記・用語等は原則として各論稿の原文のままとしている。注については、執筆当時の標準的な引用方法等によっているが、可能な範囲で現在の引用方法へ修正した。判例集において、論稿により以下の略記を使用している。

民集	最高裁判所民事判例集	**ジュリ**	ジュリスト
高民集	高等裁判所民事判例集	**商事**	商事法務
下民集	下級裁判所民事裁判例集	**民商**	民商法雑誌
交民、交通民集	交通事故民事裁判例集	**ひろば**	法律のひろば
判時	判例時報	**法協**	法学協会雑誌
判タ	判例タイムズ		

第一部

海外の自動車保険事情

第1章　カナダの自動車保険制度
―ノー・フォールト保険の現状と課題―

1　はじめに

　ブリティッシュ・コロンビア、オンタリオなど10州（プロヴィンス）と2つの准州（テリトリー）からなる連邦国家カナダは、アメリカ合衆国と同様に、各州が幅広い立法権を有し、自動車保険も各州が独自の法規制を行っている[1]。またその法体系は、ケベック州を除き、アメリカ各州と同じくコモン・ローに属する[2]。

　カナダでは、全ての州と准州でいわゆるノー・フォールト自動車保険が採用されているが[3]、その態様はそれぞれの州で異なる。カナダ各州の中で、ただ一つシヴィル・ロー（大陸法）を継受するケベック州は、純粋ノー・フォール

1）カナダの保険監督・規制のシステム全般については、日本損害保険協会業務開発室「保険監督法制海外調査報告書カナダ編」（1990年）1頁以下が詳しい。

2）アメリカにもケベック州と同様に大陸法を継受した州がある。ルイジアナ州がそれである。なお、カナダ法全般について詳述する和書は見当たらないが、森嶋昭夫＝ケネス・M・リシック編『カナダ法概説』（有斐閣、1984年）1頁以下はカナダ法のアウトラインを教えてくれる貴重なものである。

3）アメリカと異なり、カナダにおいて自動車保険法について説明する文献は極めて少ないが、その中で、カナダのノー・フォールト自動車保険について詳述するものに、C. BROWN, NO-FAULT AUTOMOBILE INSURANCE IN CANADA, 1988（hereinafter cited as BROWN）があり、本稿もその多くの部分、とりわけノー・フォールト保険の内容についての記述は、本書によるところが大であり、ここに特にその旨をお断わりしておく。また各州の条文は、ブリティッシュ・コロンビア州、オンタリオ州そしてケベック州以外は入手できていないので、その他の州の内容は、ブラウンの著書によっている。

4）Pure No-Faultを純粋ノー・フォールトと訳出した。現在のところケベック以外にこのシステムを採用するところは、北米においても見当たらない。このシステムが、真の意味でのノー・フォールト保険である。

ト制度[4]）を採用し、自動車事故の被害者は、人身損害については不法行為による損害賠償請求権の行使を制限されている。また、自動車保険の運営は、ケベック自動車保険公社（Regie de l'assurance automobile du Quebec[5]）が行っている。オンタリオ州では、1990年の法改正によって修正型ノー・フォールト制度[6]が採用され、事故の被害者は、その人身障害が重大な場合あるいは死亡の場合に限り、不法行為による損害賠償請求権の行使が認められる。自動車保険の運営主体は民間の保険会社である。

　ブリティッシュ・コロンビア州、マニトバ州そしてサスカチュワン州では、被害者の不法行為による損害賠償請求権の行使に制限はないが、一定の保険金がノー・フォールト制度から自動的に給付される付加型ノー・フォールト制度[7]が採用され、州政府等の公的機関が自動車保険の運用を行っている。

　また、アルバータ州、ニュー・ブラウンズウィック州、ニューファンドランド州、ノヴァ・スコシア州、プリンス・エドワード・アイランド州、そしてユーコン、ノースウェスト両准州では、ブリティッシュ・コロンビア州等と同じ付加型ノー・フォールト制度を採用しているが、保険の運営主体は民間の保険会社である。なお、ニューファンドランド州は、賠償責任保険を強制しているが、ノー・フォールト保険は任意とする唯一の州である。

　このように、カナダの自動車保険制度は、それぞれの州が特色を持った制度を採用しており、限られた紙数では、それぞれの州の詳細な検討を行うことは不可能である。そこで本稿では、カナダの損害保険ファクトブック[8]と自動

5）"Regie de l'assurance automobile du quebec" をケベック自動車保険公社と訳出した。このほか公営のシステムを採用するブリティッシュ・コロンビア州では、ブリティッシュ・コロンビア保険会社（Insurance Corporation of British Columbia）が同様な役割を果すが、その性格はかなり異なる。

6）Modified No-Fault を修正型ノー・フォールトと訳出した。オンタリオ州は、1990年の法改正によって修正型ノー・フォールトの採用に踏み切ったが、以前は付加型ノー・フォールトを採用していた。オンタリオ州は、不法行為に基づく損害賠償請求権の訴権制限に関しては、文言による制限（Verbal threshold）を採用している。

7）Add on No-Fault を、付加型ノー・フォールトと訳出した。しかし、単純に付加型と区分することは難しく、時には、修正型ノー・フォールトと呼ばれるものもある。

8）INSURANCE BUREAU OF CANADA, FACTS OF THE GENERAL INSURANCE INDUSTRY IN CANADA, 18th edition (1990). 以下単にファクトブックとして本文中に引用する。

車保険の運用等を集計したグリーンブック[9]に表われた数値を中心にカナダ自動車保険の運用状況を概観し、次に自動車保険の運営主体について検討する。さらにノー・フォールト給付の内容を検討し、最後にカナダ自動車保険法の今後の課題について検討する。なお各州の個別的検討は行わず必要に応じて触れることとする。

2　カナダ自動車保険の運用状況

　1989 年の自動車保険の総収入保険料は 65 億 2,790 万ドルで、損害保険全体の総収入保険料の 51.1 パーセントを占めている[10]。アメリカと同様に自動車保険は最大の保険種目であり、その比率はアメリカのそれより若干高い。この統計にはブリティッシュ・コロンビア州などの政府機関による自動車保険の運用が行われている州は含まれておらず、これらを加えたとするとその比率はさらに増加する。

　1980 年からの収入保険料は**表 1** のとおりであり、1985 年からの支払保険金総額は**表 2** のとおりである。

　1989 年の総収入保険料は、前年比 7.5 パーセントの増加を見たが、この増加は自動車保険のコスト上昇とは釣り合わない。実際のところ保険料自体は、この増加率以上に上昇したものとファクトブックは指摘している[11]。オンタリオ州では料率の規制法が制定され、7.6 パーセントがその上限として設定されたため、保険料の上昇は押えられた。しかし他の州では、コリジョン及びコンプリヘンシブの保険購入に当たり、より高い免責額のものを購入する傾向が強まったため保険料収入自体の伸びは低かったのであろうと指摘されている[12]。

　また、支払われた保険料の総額を各年度ごとに見てみると、1985 年から 1989 年までの 5 年間の上昇は実に 59 パーセントに達し、1989 年の支払保険料総額は、前年比 11 パーセントの上昇である。1989 年度のカバレッジと保険金

9）Insurance Bureau of Canada, 1989 Automobile Insurance Experience (1990). 以下単にグリーンブックとして本文中に引用する。

10）Insurance Bureau of Canada, *supra* note 8 at 6.

11）*Id.* at 7.

12）*Id.*

【表1】各年度の総収入保険料

年度	総収入保険料 100 万ドル
1980	2,448.0
1981	2,874.4
1982	3,481.8
1983	3,637.1
1984	3,723.8
1985	4,157.5
1986	5,066.0
1987	5,614.4
1988	6,035.4
1989	6,527.9

ファクトブック 7 頁

【表2】各年度の支払保険金額

年度	支払保険金額 100 万ドル
1985	4019.6
1986	4290.8
1987	4974.3
1988	5738.8
1989	6382.4

ファクトブック 22 頁

【表3】1989 年のカバレッジの状況と支払状況

	対人・対物 （賠償責任）	医療費を除く事故給付 （ノー・フォールト）	コリジョン （衝突）	コンプリヘンシブ （車両総合）
被保険自動車				
自家用	10,541,769	7,266,007	7,404,405	8,817,485
営業用	1,006,266	679,152	518,854	633,312
保険金支払件数				
自家用	657,385	90,874	535,572	1,025,180
営業用	59,543	2,816	26,434	62,489
支払保険金総額 （単位 1000 ドル）				
自家用	$3,112,715	$317,346	$1,234,465	$637,973
営業用	$337,605	$11,470	$89,049	$50,669

　この表には、ブリティッシュ・コロンビア州、サスカチュワン州、そしてマニトバ州が含まれていない。自家用車には、農業者の自家用車、バイクそしてスノーモビルを含む。

ファクトブック 22 頁

支払状況は表3のとおりである。

　この統計からは、かなりの割合が事故による自動車の修理費用に支払われていることが分かる。ファクトブックはこの点につき、人身損害に対する判決が注目を集めているが、1番高い比率で支払われているのは自動車の損害に対してであると述べている[13]。

---

13) *Id.* at 22.

　自家用自動車のコリジョンの1台あたり平均ロス・コストは、250ドル免責のを見ると、1985年には134.43ドルであったが、1989年には171.6ドルに上昇しており、対人・対物を合わせた賠償責任の平均ロス・コストは、同じ期間には、261.37ドルから382.84ドルに上昇している[14]。

　このように、カナダにおける平均ロス・コストの急激な伸びは、アメリカと同様に自動車保険の収支の悪化をもたらしている。また、平均ロス・コストにもまして急激な上昇を見せているのが修理費用である。1985年には1,220ドルであった自家用自動車の1件あたりの平均修理費用（100ドル免責）が、1989年には1,831ドルにも上昇している。200ドル免責のものは同じく1,674ドルから2,345ドルへと上昇しており、その要因は部品や賃金そして自動車修理工場の他の経費の上昇である[15]。

　それではカナダの自動車保険全体の収支状況はどうか。グリーンブックによると、かなり厳しい状況にあることが分かる。

　収入保険料に対する事業経費は、1985年から1989年の5年間の平均で20.6パーセントであり、保険料に対する税金は2.9パーセント。さらに保険金、クレーム処理費用、そして将来支払われる保険金に対する積立金の合計は90.2パーセントである。収入保険料に対する損害額と諸費用の合計は113.7パーセントとなっており、これを示すのが**表4**である。

　この表から分かるように、コンバインド・レシオは100パーセントを超えており、保険会社は資産運用でこの赤字を補塡せざるをえない状況にあり、アメリカの状況と同一である。残念ながら、自動車保険部門だけの保険会社の資産運用を含む収支状況は不明であるが、損害保険全体の収支状況は**表5**のとおりである。

　カナダにおいても、アメリカと同様に、保険会社は資産運用による利益の計上によって辛うじて利益を生みだしている。ファクトブックはこの点につき、「伝統的に保険会社の利益のかなりの部分は、保険取引からの利益によって決まるはずであるが、ここ数年は、投資利益がこの業界において重要な役割を果

---

14) *Id.* at 23.

15) *Id.* at 21.

すようになっている。高金利と資金運用の戦術は、保険取引の結果損失が発生し、あるいはほとんど利益のでない状況であっても、保険会社に相変らず利益をもたらしている。しかし投資利益に依存するのは非常に危険であり、投資の利益率が低下したような場合には、保険料をそれに応じて引き上げる必要を生じる。そしてこれが保険金の請求もまた増加しているときに発生した場合には、保険料の引上げは保険そのものを魅力のないものとするのに十分なくらい

【表4】収入保険料に対する支払比率　(%)

統計上の年度	諸経費	税金（保険料）	支払保険金	ロス・レシオ
1985	22.7	2.9	93.4	119.0
1986	21.1	2.9	87.7	111.7
1987	20.2	2.9	85.2	108.3
1988	20.1	3.0	91.7	114.8
1989	19.9	2.9	90.2	115.9
5年間の平均	20.6	2.9	90.2	113.7

グリーンブック 5 頁

【表5】カナダ損害保険会社の収支状況　ドルの単位は 100 万ドル

	1985	1986	1987	1988	1989
収入保険料（リトン）	$8,738	$10,670	$11,686	$12,307	$12,769
収入保険料（アーンド）	$8,225	$9,868	$11,253	$12,034	$12,435
支払保険金	$6,790	$7,328	$8,316	$9,080	$9,884
事業経費	$2,695	$3,095	$3,472	$3,728	$3,920
保険引受収支	-$1,260	-$555	-$535	-$774	-$1,369
コンバインド・レシオ	115.3%	105.6%	104.8%	106.4%	111.0%
運用収益（保険）	$790	$883	$1,075	$1,214	$1,342
保険経営収支	-$470	$328	$540	$440	-$27
投資収入（エクイティー）	$560	$626	$631	$713	$788
税引前利益	$90	$954	$1,171	$1,152	$761
所得税（連邦・州）	-$13	$257	$369	$265	$171
特別取引収入	$279	$308	$363	$155	$329
税引後利益	$383	$1,004	$1,165	$1,042	$919

　運用収益（保険）と投資収入（エクイティー）の区分の理由は不明であるが、特別取引収入には、外国為替に対する投資益や証券売却益などが含まれている。

　ファクトブック 30 頁

高いものとなるであろう」と指摘し[16]、現在の保険会社の投資収益依存体質に警告を与えている。

3　カナダ自動車保険の運営[17]

1）公営の保険

　カナダの自動車保険には、アメリカには見られない多くの特徴があるが、まず初めに、保険の運営主体について検討をしよう。

　カナダでは、ブリティッシュ・コロンビア、マニトバ、サスカチュワンそしてケベックの4州で、公の機関による自動車保険の運営が行われている。これらの中で、ケベック州は純粋ノー・フォールト制度を採用し、あとの3州は不法行為制度に加えて付加型のノー・フォールト制度を採用している。このように公営企業が自動車保険の運営に関与するのはアメリカにおいては見られず、カナダ自動車保険の大きな特徴といってよい。

　ブリティッシュ・コロンビア州では1973年の法改正によって[18]、自動車保険全般の引受け及び販売を認められた公営のブリティッシュ・コロンビア保険会社（Insurance Corporation of British Columbia）が設立され、1974年3月から運用を開始した。現在では、強制保険（オート・プラン）は政府の独占であり、任意保険は民間との競争状態となっている[19]。

　マニトバ州では、1970年に総合自動車保険（オート・パック）を引受け・販売するマニトバ公営保険会社（Manitoba Public Insurance Corporation）が設立され、1971年11月から運用を開始した[20]。ブリティッシュ・コロンビア州と同様に強制保険は政府の独占で、任意保険部門は民間の保険会社と競争状態にある。

　サスカチュワン州では、そのほかの州に先駆けて1944年に損害保険全般の

16）*Id*. at 30.

17）自動車保険の運営に関しての記述は、主として C. OSBORNE, REPORT OF INQUIRY INTO MOTOR VEHCLE ACCIDENT COMPENSATION IN ONTARIO Vol 1 & 2（1988）（hereinafter cited as OSBORNE）による。

18）Insurance Corporation of British Columbia Act, S.B.C. 1973,c.44（現行法は、Insurance Corporation Act, R.S.B.C. 1979,c.201）と Automobile Insurance Act, S.B.C. 1973,c.6（現行法は、Insurance（Motor Vehcle）Act, R.S.B.C. 1979,c.204）.

19）OSBORNE, *supra* note 17 Vol 1, at 655.

20）*Id*. at 654.

引受け・販売を行うサスカチュワン一般保険局（Sasukatchewan General Insurance office）が設立された。1946 年にはわずか 12 パーセントの自動車のみが付保されているという事実に対処するために自動車保険法（Automobile Accident Insurance Act）が制定され、この保険局に対して自動車保険の強制保険部分（オート・ファンド）につき、独占的引受け・販売を行う権限が与えられた。現在オート・ファンドは独立した法人格を有するが、運営は従前通り一般保険局が行っている[21]。

これら 3 州は、いずれも賠償責任（対人・対物）、ノー・フォールト給付そして無保険車・不明車担保条項が強制されている。マニトバ州とサスカチュワン州では衝突担保条項も強制である[22]。

これら公営の州では、強制保険に加えてエクセス・カバレッジも任意保険として購入可能であり、この部門では民間会社との競争が行われているが、実際には公営の保険企業が大きなシェアを有しているという[23]。

ケベック州では、1977 年に自動車保険法の改正が行われ、純粋ノー・フォールト制度が採用された[24]。このシステムのもと、強制保険（人身のみ）を運用するケベック自動車保険公社が設立され、1978 年から運用を開始した。ケベック州では、人身侵害に対する不法行為請求権の行使は一切認められず、この公社が幅広い自由裁量権を有し、人身侵害に対する損失補償の責任を負っている。ケベックプランがカバーしているのは人身侵害だけであるので、対物や車両保険は、民間の保険会社によって提供されている。

これら 4 州以外はすべて民間の保険会社が自動車保険の引受け・運営を行っており、価格競争が行われているのは、アメリカと同様である。

21）*Id.*

22）*Id.* at 656.

23）*Id.*

24）ケベック州の自動車保険については、O'Connell & Terner, *North America's most Ambitious No-Fault Law : Quebec's Auto Insurance Act*, 24 San Diego L. Rev.917（1987）. が、このシステムの紹介を行っている。

2）料率の規制

　次に料率の検討に移る。アメリカにおいては1945年のマッカーソン・ファーガソン法により、保険は州の規制下に入っており、州政府が各種保険の規制を行っている。カナダにおける料率規制の歴史は比較的新しく、1960年代に入ってからである[25]。オンタリオ州では以前この規制を有していなかったが、1989年の法改正[26]により、現在ではオンタリオ自動車保険委員会（Ontario・Automobile Insurance Board）による料率規制が行われており、保険料の上げ幅の制限や新規料率の使用に対する事前の承認などが要求されるようになった。

　ノヴァ・スコシア州では、ファイル・アンド・ユーズシステムが1960年から採用されている[27]。アルバータ州、ニュー・ブラウンズウィック州そしてニューファンドランド州では新規料率の使用には事前の承認が必要とされている[28]。この中でアルバータ州は、アルバータ自動車委員会（Alberta Automobile Insurance Board）が、この料率規制に関する権限を有しているが、その管轄権は強制保険のみに限定されている。それ以外の州では、強制保険に限定されていない[29]。なお、プリンス・エドワード・アイランド州では、料率の規制はされておらず[30]、ユーコン、ノースウェスト両准州に関しては不明である。

3）残余市場

　民間による自動車保険の引受けが行われている場合、ハイ・リスクの者の付保が問題となる。これはアメリカでも同様に大きな問題であり、強制保険制度の採用とあいまって、これらの者をどのようにして付保するかが、大きな課題である。

　カナダの自動車保険市場は次の通りに区分される。それは、①一般市場、②

25）Osborne, *supra* note 17 Vol 1, at 712.

26）The Ontario Automobile Insuranoe Board Act, 1987.

27）Osborne, *supra* note 17 Vol 1, at 713,714.

28）*Id*. at 714,715.

29）*Id*. at 714.

30）*Id*. at 712.

準一般市場、③残余市場、そして④特殊市場の 4 つである[31]。これらのうち、自家用自動車に関係があるのは①〜③の市場であり、④はタクシーや長距離トレイラーなどのシングル・リスクのグループを付保する市場である。

　一般市場で保険の購入ができるのは、比較的リスクの良好な者で、保険料の割引などの特典を受けることができる。運転記録やその他の理由によりこの市場で保険を購入できない者は、準一般市場で保険を購入するか、残余市場で保険を購入することになる[32]。準一般市場の料率は、残余市場のそれより 7.5 パーセントから 10 パーセント低額であり[33]、オンタリオ州では、これを専門に引き受ける保険会社も存在する。しかしこの市場でも保険を購入できない者は残余市場で保険を購入することになる。

　オンタリオ州では自動車保険が強制される以前からアサインド・リスク・プランがハイ・リスクの者に対して提供されていたが、1967 年にこれに代わるものとして、保険業界による全カナダベースの残余市場機構（The Facility）が創設された。これはリスクのプール機構であり、その活動と結果は州ごとに区分され、保険会社は、85 パーセントまでをこの機構に転嫁することができ、残りの 15 パーセントのリスクを引き受けることになった[34]。しかしそれぞれの会社が独自の料率を用いるなど、不当に低い割合でこの機構にリスクを転嫁しているなどの批判が出されたため、改正が施され[35]、1979 年に現行のファシリティー・アソシエーションの成立をみた。オンタリオ州では、1980 年に賠償責任とノー・フォールト保険の強制が実施されたため、この市場が一層重要となった。現在 11 社が残余市場の引受けを行っており、保険ブローカーの手数料にも制限がある。

　このシステムは、自家用自動車と商業用自動車の引受けを行っており、その利潤と損失は全ての保険会社で分担されている。1987 年には、オンタリオ州の自家用車のうち 1.7 パーセントの車がこのシステムによって付保されてい

31）*Id.* at 97, 98.

32）*Id.* at 98.

33）*Id.* at 99.

34）*Id.*

35）*Id.* at 100.

る[36]。アソシエーションは、申込人のリスクが非常に高い場合であっても引受けの義務を負っており、一般市場に比べて高額の保険料（一般市場に比べて約2倍）を徴収し、必要があれば追加保険料（Surcharge）の徴収も認められている[37]。このアソシエーションは、民間の保険会社によって強制保険が提供されている全州において残余市場を提供している。1986年の運用結果であるが、2億9,600万ドルの支出超過であり、その内オンタリオ州が52パーセントを占めている[38]。

　オンタリオ州の残余市場料率は、保険庁長官の承認を得なければならないが、1987年には申請された料率の値上げが不適当であるとして認められず、後にそれより低い料率の変更が認められた[39]。

4　カナダ　ノー・フォールト保険の内容

1）被保険者の範囲と免責事由

　公営の州では、「州内の自動車事故により死亡または傷害を被った者及び州外（通常はカナダとアメリカ合衆国内）の自動車事故によって死亡または傷害を被った州民」が被保険者となるが[40]、民営の州では「証券に特定された自動車とその自動車搭乗中に傷害を被った者あるいはその車により衝突された者」が被保険者となる[41]。民営の州ではこれに加えて、自動車が無保険車あるいは不明の場合、被害者（車の所有者以外）は、自己の所有する車あるいは配偶者の所有する車の保険によってカバーされ、被害者が被扶養者の場合、家計を同一にする扶養者の車の保険によってカバーされる[42]。

　民営の州においては、運転手が事故の際有効な運転免許を保持していないか、保持していても免許が停止されており、または免許あるいは承諾に付帯さ

36）*Id.* at 101, 102. オンタリオ州では、自家用自動車の残余市場での占有率は低いが、タクシーは、1986年には50.3パーセントが、この市場で保険を購入している。

37）*Id.* at 101-103.

38）*Id.* at 102.

39）*Id.*

40）Brown, *supra* note 3 at 36, B.C.Reg.447/83,s.78-79.

41）Brown, *supra* note 3 at 37. なお、ニューファンドランド州では、歩行者は被保険者とはならない。

42）*Id.*

れた条件が守られていなく、かつ運転を行う能力がない場合、保険者は免責を
主張できる[43]。

　これに対して公営の州では、免責事由ではなく条件と考えられ、原則として
被保険者が正当な権限なくかつ運転能力がない場合に支払が拒絶される
が[44]、ブリティッシュ・コロンビア州では、運転免許が停止されている場合
は正当な権限を有していないが適任ではあり、この2つの要件は結合したもの
として解さなければならないとする判決がある[45]。

　酒酔いまたは薬物等の影響下での運転も、免責事由または支払拒絶条件とさ
れている[46]。

　これらの免責事由または支払拒絶条件に該当した場合の処理も州によって異
なる。公営の州では、全てのノー・フォールト給付が否定される州、死亡給付
は行われる州、そして死亡または永続的後遺障害の場合以外は全ての給付を行
わない州と一様でない。また民営の州でも、死亡給付は行う州と休業損害以外
の給付を行う州に分かれる[47]。

　また、事故に遭遇した車が、車両法等の規定に違反して登録されていない場
合も、免責事由または支払拒絶条件とされる[48]。この他にも自殺または自殺
を試みたことから生じた障害や、レースやスピードテストまたは犯罪に関与し
た場合も同様に免責事由または支払拒絶条件とされている[49]。

---

43)　*Id.* at 54,55.

44)　*Id.* at 55.

45)　B. C. Reg. 447/83, s. 55 (3)(a), Morrow v. I.C.B.C., (1981) 1.L.R. 1-1318 (B.C.Co.Ct).

46)　O. Reg. 273/90 17.1 (a)(b), Brown, *supra* note 3 at 57,58.

47)　Brown, *supra* note 3 at 56. すべてのノー・フォールト給付が否定されるのはブリティッシュ・コ
ロンビア州で、死亡給付は行われるのはマニトバ州。そしてサスカチュワン州は、死亡及び永続的
後遺障害の場合以外は一切給付を行わない。死亡給付のみを行うのは、ニュー・ブラウンズウィッ
ク州、ニューファンドランド州、ノヴァ・スコシア州そしてプリンス・エドワード・アイランド州
であり、アルバータ州、オンタリオ州、ユーコン、ノースウェスト両准州は、休業損害以外の給付
は行う。

48)　B.C.Reg. 447/83, s. 49 (1)(g).

49)　Brown, *supra* note 3 at 59-62.

【表6】カナダの強制保険と最低保険金額

州	最低保険金額	法の施行日	支払の優先額	
			人身損害	財産損害
ブリティッシュ・コロンビア	20万ドル	1985・1・1	18万ドル	2万ドル
アルバータ	20万ドル	1986・1・1	19万ドル	1万ドル
サスカチュワン	20万ドル	1985・1・1	19万ドル	1万ドル
マニトバ	20万ドル	1983・3・1	18万ドル	2万ドル
オンタリオ	20万ドル	1981・3・1	19万ドル	1万ドル
ケベック	5万ドル	1978・3・1		5万ドル
ニュー・ブラウンズウィック	20万ドル	1986・1・1	18万ドル	2万ドル
ノヴァ・スコシア	20万ドル	1985・1・1	19万ドル	1万ドル
ニューファンドランド	20万ドル	1983・10・1	18万ドル	2万ドル
プリンス・エドワード・アイランド	20万ドル	1986・1・1	19万ドル	1万ドル
ノースウェスト准州	20万ドル	1988・1・1	19万ドル	1万ドル
ユーコン准州	20万ドル	1983・4・1	19万ドル	1万ドル

　ケベック州法は、自州内において発生した事故によって傷害を被った州民は、州の基金から損失補償を受けることができると規定する。ケベック州民でない者に対する損失補償は、傷害を被った者の過失の割合に応じて減額される。ケベック州の最低保険金額は州内における財産損害に対するものと、ケベック州外における人身損害及び財産損害に関するものである。

2）最低賠償付保義務額

　カナダの自動車保険制度の第2の特徴は、対人対物を問わず、総額で示された1事故あたりの最低賠償付保義務額の設定にあり、ケベックを除く全州と准州のそれは20万ドルである。

　対人と対物の付保額の優先関係であるが、例えば対人の損害額が15万ドルであり、対物の損害額が5万ドルであったような場合には、損害の合計が保険金額の範囲内であるから全額が支払われるが、対人の損害額が20万ドル、対物の損害額が3万ドルというような場合には、それぞれの優先支払の限度額が支払われることになる。各州の規定は表6のとおりである。

3）ノー・フォールト給付の概要

　カナダ自動車保険の第3の特徴は、ノー・フォールト保険からの給付につき、医療費、休業損害にとどまらず、死亡給付等についても細かく規定されて

いることである。

　ノー・フォールトの給付規定について各州ごとにまとめたのが**表 7**及び**表 8**である。

【表 7】 自家用自動車のカバレッジ（その 1）

ニューファンドランド	ケベック	オンタリオ	ニュー・サウスウィック、ノヴァ・スコシア、プリンス・エドワード・アイランド	マニトバ	サスカチュワン	アルバータ、ユーコン准州	ブリティッシュ・コロンビア	ノースウェスト准州
賠償責任（対人対物を含む）全ての州において強制								
最低保険金額20万ドル	最低保険金額 5 万ドルただし、ケベック州内では対人賠償の支払なし	最低保険金額20万ドル永続的労働能力を喪失するような障害や死亡のみに制限	最低保険金額20万ドル	最低保険金額20万ドル	最低保険金額20万ドル	最低保険金額20万ドル	最低保険金額20万ドル	最低保険金額20万ドル
医療費の給付								
1 名につき 2,000 ドルを上限。ただし政府の健康保険プランによって支払われる金額を除く。2 年間に限定。	機能回復訓練を含み金額及び期間の制限なし。	機能回復訓練を含み 1 名につき 50 万ドルを上限。期間の制限は 20 年から事故時の年齢を引いた期間の長い方。	機能回復訓練を含み 1 名につき 25,000 ドルを上限。ただし政府の健康保険プランによる支払を含まず。期間制限は 4 年間。	強制健康保険による支払を除き、1 名につき 1 万ドルを上限。	支払の内容は自由裁量で、1 名につき 1 万ドルを上限。ただし政府の健康保険プランによる支払を含まず。カイ	機能回復訓練を含み 1 名につき 5,000 ドルを上限。ただし政府の健康保険プランによる支払を含まず。	賠償責任の限度額に従い、機能回復訓練を含み 1 名につき 10 万ドルを上限。ただし他の医療プランまたは	政府の健康保険プランからの支払を除き、1 名につき 25,000 ドルを上限。期間制限は 4 年間。

		介護費用の上限50万ドル。健康保険プランによる支払を除き各月の最高支払額3,000ドル。				ロプラクティックに対する支払は、1事故1名につき500ドルまで。	保険から支払われる額を除く。	
葬儀費用								
500ドルを上限	3,000ドルを上限	3,000ドルを上限	1,000ドルを上限	2,500ドルを上限	なし	1,000ドルを上限	1,000ドルを上限	1,000ドルを上限
休業損害給付								
1週につき35ドル。一時的な場合は104週まで。永続的な場合はさらに104週。7日間の支払待機期間。主婦の場合は1週につき12ドル5セント。12週を限度とする。	純賃金の90%。ただし最高限度年収額は4万ドル。一時的な場合は3年まで。永続的な場合は1生涯。7日間の支払待機期間あり。	総賃金の80%。上限は1週につき600ドル。下限は185ドル。収入のない場合は185ドル。一時的な場合は104週まで。完全または永続的な場合は生涯。7日間の待機期間。	総賃金の80%。ただし1週につき140ドルを上限とする。一時的な場合は104週まで。完全または永続的な場合は生涯。7日間の待機期間。支払を受けない家事従事者の場合は1週につき70ドル。期間限度12週間。	1週につき170ドル。総賃金の70%で、1週につき370ドルを上限とする。7日間の待機期間。家事従事者の完全または永続的な障害の場合は1週につき175ドル。その他の場合は1週につき75	1週150ドル。完全または永続的な場合の支給期間は生涯。その他の場合は1週につき75ドルで104週まで。主婦の完全または永続的就業不能の場合は1週につき150ドル。その他の場合	総賃金の80%。ただし1週につき150ドルが限度。ユーコン准州では1週につき40ドルが下限。一時的または完全、永続的な場合も104週を限度。7日間の待機期間。アルバータは、配偶	総賃金の75%。ただし145ドルが最高限度。一時的な場合は104週まで。完全または永続的な場合は生涯。7日間を限度。ただし、65歳まで。	有職者の場合総賃金の80%。最高限度は1週140ドル。一時的な場合は104週まで。7日間の待機期間。支払を受けていない家事従事者は1週につき100ドルで12週を限度。

				ドル。期間限度104週。	は1週につき75ドル。104週を限度。	者の場合1週につき50ドル。ユーコンは75ドル。26週を限度。		

【表8】自家用自動車のカバレッジ（その2）

ニューファンドランド	ケベック	オンタリオ	ニュー・サウスウィック、ノヴァ・スコシア、プリンス・エドワード・アイランド	マニトバ	サスカチュワン	アルバータ、ユーコン准州	ブリティッシュ・コロンビア	ノースウェスト准州
死亡給付								
事故後3か月以内の死亡のみ。既婚の男子10-59歳5,000ドル。60-69歳3,000ドル。70歳以上2,000ドル。被扶養者の子1人につき1,000ドル。限度額なし。	事故後の死亡。被害者の年齢及び収入によって決定。最低4万ドル。最高20万ドル。さらに被扶養者1名につきその年齢に応じて19,000ドルから35,000ドルを加算。	事故後2年以内の死亡。主たる家計保持者または配偶者の場合は、25,000ドル。被扶養者1名につき1万ドルを加算。被扶養者の場合1万ドル。	事故後2年以内の死亡。主たる家計保持者は、年齢に関係なく1万ドル。被扶養者は2人目から1名につき1,000ドルを加算。上限なし。配偶者は年齢に関係なく1万ドル。被扶養者である子は	事故が原因で死亡（期間の制限なし）。第1順位の被扶養者に対し1万ドル。さらに2次的被扶養者に対し1人につき2,000ドル。制限無し。被扶養者の配偶者	事故後2年以内の死亡。第1順位の被扶養者に対し1万ドル。さらに次順位の被扶養者1名につき1,500ドルを加算。配偶者は年齢に関係なく2,500ドル。被	事故後の死亡（期間の制限なし）。主たる家計保持者の場合5,000ドル。被扶養者2人目から1名につき1,000ドル。さらに死亡給付額の1%を104週まで給	事故後の死亡（期間の制限なし）。主たる家計保持者の場合5,000ドル。さらに1週につき145ドルを104週間第1順位の被扶養者に対し給付。さらに次順	事故後2年以内の死亡。主たる家計保持者の場合年齢に関係なく1万ドル。配偶者の場合年齢に関係なく1万ドル。2人目の被扶養者から1名につき2,500

既婚の女子10-59歳2,500ドル。60-69歳1,500ドル。70歳以上1,000ドル。両親と共に居住する独身者は、年齢に応じた表により算出。最高限度2,500ドル。	被扶養者の無い場合は両親に対し15,000ドル。定期金支払の選択あり。		2,000ドル。	は1万ドル。被扶養の子は2,000ドル。	扶養の子2,500ドル。	付（定期金による支払）。上限無し。配偶者は5,000ドル。被扶養の子は年齢による。上限1,500ドル。	位以下の被扶養者1名につき1,000ドルプラス1週につき35ドルを104週間支払う。支払限度額なし。配偶者は2,500ドル。被扶養の子は年齢による。上限1,500ドル。	ドル。被扶養者が1名のみの場合総額に1,500ドルを加算上限なし。

重大身体障害給付

保険金総額の5割から10割。	上限75,000ドル。	規定なし。	含まれず。他の損害回復の一部。	90日以内に発生した障害。2万ドルを上限。	最高限度額1万ドル。	含まれず。他の損害回復の一部。	含まれず。他の損害回復の一部。	含まれず。他の損害回復の一部。

保険運営の主体

民間の保険会社。	人身傷害については政府。その他は民間の保険会社。	民間の保険会社。	民間の保険会社。	強制保険は政府独占。任意保険及び超過額保険は政府と民間の保険会社の競争。	強制保険は政府独占。任意保険及び超過額保険は政府と民間の保険会社の競争。	民間の保険会社。	強制保険は政府独占。任意保険及び超過額保険は政府と民間の保険会社の競争。	民間の保険会社。

4）医療費の給付

　医療費の給付は、その金額と内容、期間が州により一様でない。金額の最低は1名につき2千ドルであり、最高は無制限である。内容も機能回復訓練費用やカイロプラクティック（脊椎療法）を含む州や、明確な規定を持たない州もある。給付期間も、事故の日から2年以内という規定から、無制限までと幅が広い。

　この医療費給付の期間制限については、複雑な治療が必要とされる場合には特に問題があり、ブラウンは歯科治療をその一例として指摘している。この問題に関しては、将来支出が予想される治療費を制限期間内に請求することで、この制限に対し効果的な対応ができるとしている[50]。

　ところで、この医療費用の給付に関しては健康保険との関係が重要である。カナダの全州において、自動車保険からの医療費給付は第二次的なものであり、他の保険からの給付が優先する。したがって、被害者が州の健康保険プランに加入していないか、あるいは他の保険からの給付がない場合に限り、ノー・フォールト保険から医療費全額（限度額の範囲内で）が給付されることになる[51]。アメリカのノー・フォールト保険でも同様な処理がなされているようである。

　労災との関係についてであるが、ブリティッシュ・コロンビア州は、労災からの医療費給付を健康保険と同様に自動車保険に優先させている[52]。ケベック州法も同様であり[53]、他の社会保障システムから医療費の給付を受けられない場合にノー・フォールト保険からの給付を受けることができる。

5）休業損害の給付

　カナダの多くの州では、休業損害の給付を受けるためには、被害者が完全または永続的な後遺障害（Total or permanent Disability）であることが必要とされるが、部分的な後遺障害（Partial disability）にも休業損害給付を行う州もあ

50）*Id*. at 77.

51）*Id*. at 77-79.

52）B. C. Reg. 447/83, s. 86⑴⑵.

53）Que. Automobile Insurance Act,83.63,1989 Chapter15.

る。また就業不能の状態が事故後一定の期間内に発生することも必要で、その期間も 60 日以内とする州、20 日とする州、そしてこの規定を持たない州と異なっている。しかしこの期間の制限については批判があり、特に 20 日は短すぎると指摘されている[54]。

休業損害の給付には、1 週間の待機期間（免責期間）がある。最初の 7 日間の休業損害については一切給付がされない州と、休業損害給付を受けるためには 7 日以上の休業が必要で、期間の要件をクリアーした場合は遡及して最初の日から給付を行う州がある。一方、このような制限のない州もある。

被保険者の完全・永続的後遺障害の状態が継続する期間、あるいはどのような仕事にも従事できない期間この給付が継続される州、104 週間でこの給付を打ち切る州、そして原則として 104 週間で給付が打ち切られるが、一定の要件（いかなる職業にも従事できない等）を満たせば 104 週を超えた給付を行う州もある。なおブリティッシュ・コロンビア州では、104 週を超えてからの給付額は、年金給付などの控除がされる[55]。ケベック州では、部分的後遺障害の場合は 3 年を限度とするが完全または永続的後遺障害の場合は生涯にわたって給付がなされる[56]。

なお、この休業損害の給付は、一定の年齢に被害者が達した場合に打ち切られる場合がある。しかし年齢による制限を加えてよいかは争いがあり、オンタリオ州の判決には、休業損害の給付は年齢によっては自動的に打ち切られないとしたものがある[57]。特に 65 歳から支給が開始されるカナダ・ペンションプランの給付と合わせて休業損害の給付を得ることが妥当かについても問題とされている[58]。

原則として上限一杯の休業損害給付を受けるためには、事故時に職業に従事していたことが必要である。しかし、これらの給付内容については州によって大きく異なる。マニトバ州、サスカチュワン州は、被害者が職を有していたか

---

54) Brown, *supra* note 3 at 107.

55) B.C.Reg 447/83, ss. 86(1)(2).

56) Que. Automobile Insurance Act, 49(6).

57) Thompson v. Constitutional Ins. Co. of Cap. [1987] 1.L.R. 1-2559 (Ont.Dist.Ct).

58) Brown, *supra* note 3 at 110, 111.

否かに関係なく最低限の給付額の規定を有している。多くの州の規定は、「過去 12 か月間に 6 か月以上賃金または利益を得るために積極的に職業または仕事に従事していた者」が、その給付の対象となると定めている。したがって事故時現実に職に付いている必要はなく、雇用契約が有効に締結されていればよく、一時的にレイオフされていてもよい。職は専任である必要はなく、パートタイムでもよい。

　自営業の場合は、過去 12 か月のうち 6 か月以上最低限度の営業に関連した活動をしていたことで足り、現実の利益を提示する必要はない。これに対して雇用されている者は、過去 12 か月のうちに 6 か月間継続して従事していることは必要ではないが、少なくとも暦で 6 か月の間勤務していることが必要である。

　サスカチュワン州を除き、給付を受けるためには被害者が一定の年齢階層に属していることが必要である。この年齢階層も州によって異なる。また、マニトバ州では、現実の収入損失のないかぎり、18 歳に達するまで給付は開始されない。しかし、これらの年齢による給付制限は、不合理かつ差別的であり、特に 18 歳未満の者で職業に従事している者に対して不利で、憲法上の問題が生じるであろうと指摘されている[59]。

　ブラウンは、カナダのノー・フォールト給付は、いまだ職業に従事していない若者に対する補償が不十分であると指摘する[60]。例えば重度の後遺障害を被り、長期療養を余儀なくされる若者は、職業に従事し収入を得ることを妨げられるであろうし、ほとんどの州では、その場合ノー・フォールト給付を行っていない。したがって被害者は、不法行為に基づく損害賠償請求権の行使と他の社会保障制度からの給付のみに依存せざるをえない。確かにどのような損害賠償（補償）システムの下でも、このような被害者の将来に亘る損害の算定額は、純粋に予想以外の何物でもない。この点についてブラウンは、被害者が障害を被らなかったら得られたであろう証拠による機会に合わせて、平均給与を基礎として算出することによって解決が図れるのではないかと主張する[61]。

59）*Id.* at 114.

60）*Id.*

61）*Id.*

　職業に従事しているという要件を満たさない者に対しては、その障害の程度により1週について一定額を給付する州もある。マニトバ州は完全または永続的後遺障害を被った者に対して、18歳からその状況が継続するかぎり1週につき170ドルが支給されるし、ケベック州では年齢階層で区切り、教育機関に属しているか等によって給付額が異なる[62]。また、被害者が有職または自営あるいは職を得ることが確定していたような場合には、その収入を基礎とした給付が行われ、これは、教育を継続することができなくなったことに対する給付に対し上乗せとなる。さらに、事故によって職業に従事することが遅れた者は、どのレベルの教育機関に属していたか否かに拘わらず、平均給与表を基礎とした給付が行われる。

　次に給付額の算定方法である。定額の給付を行う州と、純賃金（税引）または総賃金（税込）を基礎として、その一定割合（70パーセントから90パーセントまで州によって異なる）を給付する州がある。さらに各州とも給付の最高限度額が設定され、賃金を基礎とした算出額が上限を超える場合には限度額が、超えていない場合は、算出額が給付される。

　職業に従事していない家事従事者に対する給付の決定について、ケベック州は、一定額の給付または家事従事者に代わるサービスを受けるための費用の給付のいずれかの選択を認めているが、その他の州は、一定額の給付を行うこととしている。なおこの給付を受けるための要件として、被害者が「夫と同居している妻」であることを要求する州、女性であることは要求されないが、「結婚している配偶者」であることを要求する州、さらには「家事従事を遂行する家計に同居していること」を要求する州もある。

6）慰謝料

　次に慰謝料の検討に移る。アメリカのノー・フォールトは、非財産的損害（慰謝料）の支払に関する規定を有せず、訴訟によってのみその損害の塡補を受けることができる。カナダにおいても、多くの州では同じ処理がされている

62）ケベック州の休業損害給付の規定が恐らくカナダ各州の中で一番詳細であろう。Que. Automobile Insurance Act, Chap V 3-6.

が、この給付規定を有する州もある。しかしその給付は客観的に損害が確認できる場合に限られる。そして、損害の程度によって慰謝料が算定される。

　いずれの州も最高限度額が設定され、被った障害の程度により一定割合が給付される。マニトバ州は 2 万ドル、サスカチュワン州は 1 万ドル、ケベック州は 10 万ドルであり、ニューファンドランド州では、保険購入の際その限度額を選択することができる[63]。

7）死亡給付

　事故の被害者が死亡した場合、サスカチュワン州を除く全州は、葬儀費についての規定を有している。各州とも上限を設定しているが、500 ドルから 3 千ドルまでその金額に開きがある。なお、ケベック州では 3 千ドルの定額給付がなされる。

　いくつかの州は、死亡給付を受けるためには、被害者が事故後一定の期間内に死亡したことを要求している。事故後 90 日以内と規定する州から、障害が継続した場合は 2 年以内と規定する州、これに対して期間の制限を設けない州と大きく分かれる。

　この期間制限にも批判がある。とりわけ事故後 90 日以内とするサスカチュワン州は、死因が他の全ての原因から独立して自動車事故によることを要求しており、不必要に厳しいと批判されている[64]。事故による後遺障害が 2 年以上継続して死亡した場合、死亡給付が否定されるとするとその正当性は疑わしい。また、期間制限を行う州の中でも、後遺障害の継続を要求する州と、完全後遺障害の継続を要求する州とがある。

　この死亡給付は原則として一時払であるが、ケベック州では、原則は一時払だが、選択によって定期金による給付を受けることも可能である[65]。また給付金額も各州によって金額の算定方法に差異はあるが、多くは死亡した者の年齢、家庭における地位（家計の主たる維持者か）、配偶者の有無、その他の被扶養者の有無によって算定される。アルバータ州では、年齢が 4 歳以下または

63）Brown, *supra* note 3 at 125, 126.

64）*Id.* at 82, 83.

65）Que. Automobile Insurance Act, 71.

70歳以上の場合は500ドル。5歳から9歳の間そして18歳以上69歳以下の場合は1千ドル。10歳以上17歳以下の場合は1,500ドルが給付される[66]。ブリティッシュ・コロンビア州では、一時払の死亡給付に加え、1週につき145ドルが配偶者に、配偶者のいない場合は被扶養者に対し給付される。更に2人目の被扶養者から1名につき35ドルが加算され給付される。この定期金による給付は、一時金に加えて行われるが、休業損害給付が行われた場合にはその額が控除される[67]。

　それではこの死亡給付金は誰に対して支払われるのであろうか。ブリティッシュ・コロンビア州と民間の保険会社による保険運営が行われている州では、一時払の死亡給付金は、もし主たる家計維持者が遺族として残っていた場合にはその者に対して支払われ、主たる家計保持者が死亡した場合は、その配偶者に対して支払われ、以上のいずれの者も生存していない場合には、給付金は残された被扶養者に対し等分に支払われる。被害者が被扶養者であった場合には、主たる家計維持者に対して支払われ、その者がいない場合には、配偶者に対して支払われる。その両者もいない場合には、死亡給付金は誰にも給付されない[68]。

8) 休業損害給付と死亡給付金の関係

　被害者が、事故後ある程度の期間経過後に死亡した場合には、休業損害が死亡に先立って給付されている場合がある。このような場合、アルバータ州などでは、既に支払われた休業損害給付金を死亡給付金から控除するという規定を有している[69]。また、ブリティッシュ・コロンビア州では、定期金による死亡給付金は、既に支払われた休業損害給付金の額を控除するという規定を有している[70]。これに対して、このような控除を明文で禁止する州もある[71]。

66）Brown, *supra* note 3 at 83, 84.

67）B.C.Reg 447/83, s. 93 (2) - (4).

68）Brown, *supra* note 3 at 87.

69）この他にニューファンドランド州、ユーコン、ノースウェスト両准州がこの控除を行うという。Ibid.

70）B.C.Reg 447/83, s. 93 (2).

71）マニトバ、サスカチュワン両州である。Brown, *supra* note 3 at 87.

9）不法行為請求権との関係

　ここで、ノー・フォールト給付と不法行為請求権との関係について検討しよう。

　付加型ノー・フォールト制度を採用している場合は、原則として不法行為に基づく損害賠償請求権の行使に何ら制限はない。この場合、勝訴判決を得た被害者は、被告がノー・フォールト保険によって付保されていた場合に限り、その判決額からノー・フォールト保険から給付されあるいは給付される額を控除された額を被告から得ることができると規定する州があり[72]、保険会社は、ノー・フォールト給付の部分について、被告に対する保険代位が認められている。これに対し、ノー・フォールト保険からの給付を受けた者は、その範囲において不法行為請求権の行使を放棄したものと考えるとする州もある[73]。また、ノー・フォールト保険からの給付がなされた場合に限り、その支払の範囲内で、被告に対する損害賠償請求権の放棄をしたことになると規定する州[74]もあり、この場合、被告も自動車保険の被保険者であることが必要である。これに対し、被害者にノー・フォールト保険からの給付を受けるか否かの選択を認める州[75]もある。この場合、被害者がノー・フォールトからの給付を受けた場合は、その範囲で請求権の放棄をしたことになるが、その請求をせず、ノー・フォールト保険から給付される分についても不法行為に基づく訴訟を提起した場合には、ノー・フォールト給付に対する請求権を完全に失う。また、被害者がノー・フォールト保険からの給付を受ける資格があり、支払がなされたかあるいは支払可能である場合には、その範囲で加害者に対する請求権の放棄をしたことになるとする州[76]もある。このように不法行為請求権との関係は一様でない。

　原告に何らの過失がなく、不法行為による請求が認められた場合の判決額は、実際に算出された損害総額から、ノー・フォールト保険から給付を受ける

72）マニトバ、サスカチュワン両州である。*Id.* at 128.

73）ブリティッシュ・コロンビア州である。Insurance (Motor Vehcle) Act, R.S.B.C. 1979,c.24 (2).

74）アルバータ州である。Brown, *supra* note 3 at 131.

75）ニューファンドランド州である。*Id.*

76）民営の州がこのような処理をしているという。*Id.* at 132-134.

額が控除された額が賠償額として提示されるが、判決時にノー・フォールト保険からの総給付額（医療費や休業損害額等）が不明な場合は、それらを想定した損害額の算定を要求する州[77]もある。この場合、給付の見積が過少であった場合は、総損害額の算定が低くなることになり、逆に過大な場合は二重の給付を受けることになる。

　総損害額が責任保険の限度額を超えた場合には、ノー・フォールトからの給付の控除は、限度額からの控除ではなく、総損害額からの控除となる。したがって、総損害額と責任保険限度額の差がノー・フォールトから給付される額に等しい場合は、責任限度額一杯が責任保険から支払われ得ることになる[78]。これに対して被害者にも何らかの過失があり、過失相殺がされる場合には、ノー・フォールト部分の控除は過失相殺を行った後の最終損害額からされることになる。したがって、総損害額が2万5千ドル、ノー・フォールト保険からの給付が5千ドル、そして被害者の過失割合が30パーセントの場合は、25,300 × 0.7 − 5,000 = 12,500 で、1万2千5百ドルが被告から支払われることになる[79]。

5　カナダ自動車保険法の課題―結びに代えて―

　カナダの自動車保険制度が、国境を接するアメリカ各州のそれと比較して優れたものであるかは、評価が難しい。しかし、アメリカで大きな問題となっている無保険車の割合は非常に低い。この点に関するカナダの調査は極めて少ないが、オンタリオ州運輸省が公表しているオンタリオ自動車安全年次報告書にはその結果が記載されている。オンタリオ州で行った事故の追跡調査によると、対人・対物事故を合わせて 1988 年は、約 1.7 パーセントの車が無保険であり、1989 年は、1.4 パーセントの無保険車率であった[80]。この数値は、アメリカと比較すると非常に低いものである[81]。

77）ブリティッシュ・コロンビア州、マニトバ州そしてサスカチュワン州が、この算出方法を採用している。*Id.* at 135,136. Insurance (Motor Vehcle) Act, R.S.B.C. 1979, c.204, s.24 (6).

78）BROWN, *supra* note 3 at 136, 137.

79）*Id.* at 137.

80）Ontario Road Safety Annual Report, 1988/89 at 43, 101.

　次に、賠償責任保険の最低金額がアメリカに比べると高額であり、このこと
は自動車事故の被害者救済の点からも有益なものであるといえる。訴訟を提起
しなくともある程度の損失補償が可能であるということは、訴訟件数を抑制す
る結果をもたらしていると思える。この点に関し、アメリカの自動車保険制度
の改革は、実は純粋な社会・法律問題から離れ、高度な政治問題（特に強大な
圧力団体であるトライアルロイヤーの利益保護）と化しているが、カナダでは、
同じような問題が顕在化しているとは思われない。

　また責任保険と同様にアメリカで問題となっている健康保険制度は、その加
入率の低さから、加害者に対する不法行為責任の追及のみを被害者救済の手段
とし、医療費の高騰とあいまって自動車保険の収支の悪化をもたらしている
が、カナダの優れた健康保険制度[82]は、逆に自動車保険の収支悪化を防ぐ役
割を担っている。しかし、この健康保険制度の維持のため、カナダの社会保障
に対する国民の負担は重く、いつまでこの負担に国民が耐えていけるか疑問の
余地なしとしない[83]。ただカナダの健康保険制度は、自由診療中心のアメリ
カと異なり、医療報酬にかなり政府のコントロールが入っているようなの
で[84]、医療費高騰による健康保険制度の悪化の可能性には、なお検討の余地
がある。

　政府が自動車保険の運営に関与している州が多いのも特徴の一つだが、同じ
北米大陸にありながらアメリカとは全く異なったシステムを採用しているの
は、異なった国民性の影響であろうか。もっとも、この公営制度が最善の策で
あるかについては、疑問とするものもある。オンタリオ州では、1990 年の大

---

81)　AIRAC の調査 "Uninsured Motorists" によれば、1986 年の調査で最も無保険者率の低かった州
　は、3.9 パーセントのノースカロライナ州で、逆に高いのはコロラド州の 33 パーセントであったと
　いう。

82)　カナダの健康保険制度は、民間の保険会社によっても提供されているが、ほとんどの人が州政府
　のプランまたは連邦政府のプランに加入している。この制度が自動車保険の保険料を抑制している
　一つの理由である。1987 年には、カナダでは国内総生産額の 8.6 パーセントが医療費に対して支出
　され、国民 1 人当たりの支出は、1,483US ドルであった。これに対して日本は 6.8 パーセントで
　841 ドルであった。Canada Facts, 1991 at 8.

83)　このことを数値的に裏付ける資料を有しないが、筆者がカナダへ調査にでかけた際、多くの人か
　らカナダでは社会保障費のための税金がアメリカに比べて高額であるということを聞かされた。

84)　Osborne, *supra* note 17 Vol 1, at 2.

改正にあたり公営化も検討されたが、結局は現行の民間運営制度が維持された。

　最後に、オンタリオ州の改正を中心として今後のカナダ自動車保険制度の行方を探ってみたい。

　従来付加型ノー・フォールト保険制度を採用していたオンタリオ州は、今回の改正にあたってノー・フォールト給付の増額と同時に、修正型ノー・フォールト制度の採用に踏み切ったが、この導入には反対論も強く、多くの問題点が指摘された[85]。保険料の抑制が可能かについても確たる証拠が得られなかった[86]が、議会はこの制度の採用に踏み切っており、ここでの議論について今後検討を加えたい。この制度の導入とこれに先立って成立した保険料率の規制法[87]との関係についても今後の運用結果と合わせて注目したい。

　次に、調停及び仲裁制度の導入も図られた。従前、オンタリオ州において、ノー・フォールト保険からの給付額等について保険会社との間で合意が整わなかった場合、唯一の解決手段は訴訟であった。しかし、1990年の改正によりオンタリオ保険委員会が設立され、その任務の一つとして調停と仲裁への関与が規定された。その概要を紹介する[88]。

　合意の整わない対象が、財産損害に関するものであれば、裁判による解決しか道は残されていない。しかし人身損害に関するものであれば、オンタリオ保険委員会によって提供される紛争解決手段に従うことになる。その第一が調停である。調停は委員会によって指名された委員会の職員または他の人間によって行われるが、最終判断をこの調停委員が下すことはない。この調停には弁護士を伴う必要なく、非公式に和解に向けた話合いがもたれる。この調停制度の

85）オスボーンは修正型ノー・フォールトの導入に反対であったし、州副知事の命によってこの件を検討したオンタリオ自動車保険委員会も、この導入には、文言による訴訟開始点の規定方法や、憲法上の問題の可能性などが存在していると指摘している。Osborne, *Id.* at 45, Ontario Automobile Insurance Board, Report to the Lieutenant Governor in Council, Reference: An Examination of Threshold and Choice of No-Fault Systems of Privately Delivered Automobile Insurance (1989) at 31.

86）オンタリオ自動車保険委員会は、ミシガン州の経験などからみて抑制は難しく、また予想も困難であると述べている。Ontario Automobile Insurance Board, *supra* note 85 at 44.

87）An Act to control Automonile Insurance Rates, R.S.O. 1989 Chapter 34.

88）Insurance Act, R.S.O. 1980 Chap. 218, s.242,（a）-（h）. なお以下の記述は、Ontario Automobile Commission, When Your Insurance Company and You Disagree（パンフレット）による。

利用は無料であり、通常は 60 日以内に合意がなされ、合意が整わないと判断された場合は次のステップに移行する。

　調停が成立しない場合、被保険者は訴訟を提起するか、仲裁を求めることができる。この仲裁への移行は、被保険者のみが決定でき、保険会社はこれを受け入れる義務を負う。仲裁委員は委員会が保有する名簿の中から担当者が指名する。紛争当事者は仲裁委員の最終判断を受け入れる義務があり、この仲裁の費用は 50 ドルであるという。

　現時点で今後のカナダ自動車保険制度の行方を占うことは難しいが、今後のオンタリオ州の動向が他の州に影響を与えることは確かである。とりわけ民営システムの州では、オンタリオ州の改正に追随して修正型ノー・フォールト制度の導入を図ることは十分に予想される。また、調停及び仲裁制度の導入により、従来と比べ迅速な被害者の救済と費用の節約が実現できるかという点が、今後、他の州にこの制度が広まるかについての重要なポイントとなろう。

　今後オンタリオ州を中心に、カナダ自動車保険の動向に注目したい。

第2章　アメリカ自動車保険の改革
―選択ノー・フォールト制度の行方―

1　はじめに

　アメリカ合衆国において 1980 年代中盤から大きな注目を集めてきたいわゆる「保険危機」は、損害保険、なかでも責任保険の保険料の異常な高騰や保険会社による引受拒絶の多発を引き起こし、とくに自動車保険の保険料高騰は、車社会アメリカの大きな問題となったことは周知のところである[1]。

　保険危機、とくに自動車保険に関する問題のもつ意味は、人々の立場によって異なる。一般人には、高額で上昇し続ける保険料が一番の問題であり、低所得者には、保険の購入可能性（アフォーダビリティー）が大きな問題である。これらの人々は、個人の運転歴よりも、居住する地域などを重視した保険料の算出にも批判を強めた。これに対し、事故経験のある者は、保険料よりも保険による補償金額に注意を向ける。保険会社は、上昇するコストと、自動車事故賠償制度全体に高まる予見不能性に注目した。損失を塡補するために適切な額の保険料を設定することは非常に困難になり、保険料の上昇に対する消費者の抵抗も強まったからである[2]。

---

1 ）保険に関して問題となったのは、アヴェイラビリティとアフォーダビリティ（利用できる保険が
　存在し、かつその保険料が購入可能なくらい低額であること）の 2 点であった。これら一連の保険
　危機について解説検討を加えたものは多いが、『保険危機に揺れるアメリカ』（保険毎日新聞社、
　1986）と、リチャード・S・ミラー＝松本恒雄「アメリカ合衆国における不法行為改革の動向(上)
　(下)」判タ 621 号 15 頁以下、同 622 号 30 頁以下を邦文のものとしてあげておく。

2 ）McCarthy, Cost and Effects of Auto No-Fault Systems, Program Material, Provided at 12th Anual
　Meeting of American Bar Asociation in Chicago, August 6, 1990. at 1-2. なおこの資料は、ランド・
　コーポレーション（Rand Corporation）の The Institute for Civil Justice による調査の中間報告であ
　る。

　レーガン政権は、この問題を検討するためのワーキンググループを編成し、2 冊の報告書を提出した[3]。この委員会は、保険危機を責任保険単独の問題としてだけではなく、広く不法行為制度全般の抱える問題として捉え、アメリカの不法行為制度の問題点を指摘している[4]。各州においても、不法行為制度に対する改革の試みがなされ、多くの州で具体的な改革が実施された[5]。

　カリフォルニア州を例にとると、1985 年の選挙の際に、住民提案によるプロポジション 51 が成立し、不法行為の連帯責任に制限が加えられた（但し、この制限は精神的損害に限定される）。この成立は、いわゆるディープ・ポケットルール[6]が保険危機の張本人で、この通過により保険料の抑制が図れると

3 ）U. S. Dep't of Just. *"Report of the Tort Policy Working Group on the Causes, Extent and Policy Implications of the Current Crisis in Insurance Availability and Affordability"*（Feb. 1986）および U. S. Dep't of Just. *"An Update on the Liability Crisis*, Tort Liability Crisis, Tort Working Group"（March 1987）がこれである。

4 ）この委員会は、最初の報告書で 8 項目の不法行為制度改革提案をしている。それは、⑴過失責任制度への復帰、⑵信用できる科学的および医学的意見に基づく因果関係の認定、⑶連帯責任制度の廃止、⑷非財産的損害の額を公正で合理的な額に制限する、⑸将来の財産的損害に対する定期支払制度の導入、⑹同一の損害に対する複数の支払の禁止（二重賠償の防止）、⑺成功報酬制度に対する制限、そして⑻裁判以外による紛争解決手段の利用の奨励の 8 項目であり、ミラー＝松本・前掲注 1 ）が、これらについての検討を行っている。

5 ）この時期の各州の改革をまとめると次のようになる。⑴非財産的損害（慰謝料）に対する上限の決定 15 州、⑵連帯責任の改正 14 州、⑶懲罰的損害賠償に対する制限 11 州、⑷定期支払制度の導入 13 州、⑸弁護士の成功報酬制度に対する制限 9 州、⑹無意味な訴訟定期に対する制限（ペナルティ）16 州、⑺副次的財源ルールに対する制限 11 州、⑻政府の責任制限 19 州、⑼酒類販売業者の責任制限 14 州。このように多くの州で多面的な改革が施された。各州の改革の状況については、INSURANCE INFORMATION INSTITUTE, WORKING TOWARD A FAIR CIVIL JUSTICE（1987）at 49-51. および、自動車保険料率算定会「自動車損害賠償責任保険料率制度—海外調査報告—アメリカ」（1990 年 3 月）41 頁の表を参考にした。各州の具体的な改革内容については、ミラー＝松本・前掲注 1 ）（下）30 頁以下を参照。

6 ）不法行為責任の追及に当たっては、連帯責任制度が確立されており、わずかの過失しかない者でも、財産がある場合には賠償額の全額の支払を求められるという結果を生み出した。そのため、州や市などは訴訟に引きずり込まれることが多かった。財布の豊かな者（ポケットの深い者）をねらい撃ちするのが、このディープ・ポケットルールであった。

信じた住民の賛成によって成立した[7]。プロポジション 51 が期待したほどの効果をもたなかったことに気付いたカリフォルニアの人々は、1988 年の総選挙に際しさらに多くの住民提案を提出したが、そのなかにはノー・フォールト保険の導入もあった[8]。結果はラルフネーダーなどの支援を受けた、保険料率のロールバックと料率規制を中心とするプロポジション 103 のみが成立した[9]。4 年近くを経過したプロポジション 103 であるが、これに関して多くの訴訟が提起され、いまだ活路を見出していない[9]。

　本稿では、このようなアメリカの現状を踏まえ、アメリカの自動車保険制度の行方に少なからぬ影響を与えると思われるヴァージニア大学教授ジェフリー・オコンネルとロバート・ジョーストの提唱する選択ノー・フォールト制度[10]を中心に検討を加えたい。検討にあたっては、ノー・フォールト保険の概要と現状を分析し、次にオコンネル＝ジョーストの選択ノー・フォールト制度を検討する。そして、カナダ、西オンタリオ大学教授クレイグ・ブラウンの提唱する事故後選択ノー・フォールト制度[11]と、選択ノー・フォールト制度に対する批判に検討を加え、最後に、これからのアメリカ自動車保険制度の展望について考えることとする。

7）この時期、わたくしはカリフォルニア大学に留学中であったが、この提案に対しては、非常に激しい討論やキャンペーンが繰り広げられたことを記憶している。プロポジション 51 を含むカリフォルニア州の自動車保険制度の改革については、ジョン・ウェラン「カリフォルニア州の自動車保険法の最近の発展」安田火災記念財団叢書（1989 年）を参照。なお、このプロポジション 51 については、保険会社が賛成に回り、あたかも連帯責任制度こそが保険料の異常な高騰を引き起こした張本人であるかのようなキャンペーンがなされた。そのために、多くの人々は厳密な検討を加えることなく、賛成に回ったといわれている。

8）プロポジション 103 と同時に提案された保険制度の改革に関する住民提案には、保険業界の提案によるノー・フォールト保険制度への改革（プロポジション 104）や弁護士の成功報酬制度に対する制限を目的とするもの（プロポジション 106）などがあったが、いずれも過半数の賛成を得ることができなかった。

9）プロポジション 103 については、Whelan, *Proposition 103*, 6 Nihon Univ. J. of Com. L. 49（1989）にウェラン教授のこの問題に関する論稿が掲載されている。参照されたい。また、自動車保険料率算定会・前掲注5）111 頁以下も同様である。

10）O'Connell and Joost, *Giving Motorists a Choice Between Fault and No-Fault Insurance*, 72 Va. L. Rev. 61（1986）.

11）Brown, A *Choice of Choice:Adding Post-Accident Choice to the Menu of No-Fault Models*, 26 San Diego L. Rev. 1095（1989）.

2　ノー・フォールト保険の概要と現状

１）ノー・フォールト制度の概要と現在までの動向を最初に素描しておく[12]。

　キートンとオコンネルが、自動車保険制度にノー・フォールト制度の導入を唱えたのは 1965 年であったが[13]、その原点は、1932 に発表されたコロンビア大学の自動車事故に対する損失補償の研究にある[14]。カナダでは、1946 年にサスカチュアン州でノー・フォールト保険制度の導入を行っている[15]。キートンとオコンネルの提唱するノー・フォールト保険制度は、伝統的な損害賠償制度とは異なり、事故によって損害を被った者が、過失の有無を問わず、自己の保険会社から損害の塡補を受ける制度である。その目的は、①従来の制度では救済されなかった者の救済、②賠償額の不公平解消、③費用の効率化、そして、④救済の迅速化にあった。この制度は、1971 年にマサチュウセッツ州で導入され、以後多くの州で採用されたが、その多くはキートンとオコンネルのねらいからは程遠く、多くの州で、従来からの不法行為制度との共存が図られている。

　現在実施されているノー・フォールト制度は、つぎのように分類することができる。

---

12)　アメリカのノー・フォールト自動車保険制度について検討を加えた邦語の文献は多数あるが、ここではその代表的なものとして、藤倉皓一郎「アメリカにおける自動車事故被害者の救済制度」『損害賠償制度と被害者の救済』ジュリスト 691 号（1979 年）208 頁、ウェルナー・プエニクストルフ「米国における主要ノーフォールト・プログラムの比較と検討」ジュリスト 682 号（西島梅治訳・1979 年）116 頁を挙げておく。自動車保険料率算定会約款・制度部調査課・米国「ノー・フォールト保険」の概要、調査資料 No.71（1991 年）は、アメリカのノー・フォールト保険をめぐる最近の状況に検討を加えている。なお、アメリカにおける代表的な文献として、M. WOODROOF, J. FONSECA & A. SQUILLANTE, AUTOMOBILE INSURANCE AND NO-FAULT LAW（1974）、がある。

13)　R. KEETON & J. O'CONNELL, BASIC PROTECTION FOR THE TRAFFIC VICTIM（1965）. なお藤倉皓一郎「アメリカにおける自動車事故被害者の『基本補償』保険—キートン・オコンネル改革案の紹介—」判タ 227 号（1969 年）16 頁は、このプランの紹介である。

14)　この研究は、コロンビア・レポートとして知られている。Columbia University Council for Research in the Social Sciences, Report by the Committee to Study Compensation for Automobile Accidents（1932）.

15)　Saskatchewan Act of 1946. WOODROOF, *supra* note 12 at 320.

① 純粋ノー・フォールト

　アメリカにはこれを採用する州はないが、カナダのケベック州で採用されている。これは、不法行為による損害賠償請求権の行使を一切認めず、被害者には自分が購入したノー・フォールト保険から給付される。これが真の意味でのノー・フォールト制度である。

② 修正型ノー・フォールト

　これは、一定の訴訟開始要件（Threshold）を満たした場合に、不法行為に基づく損害賠償請求権の行使を認めるもので、訴訟開始点の定め方によって、文言による制限（Verbal Threshold）と、金額による制限（Monetary Threshold）に分かれるが、前者は、被害者が死亡もしくは重大な障害を被ったことを訴訟開始の要件とし、後者は、損害額が一定の金額を超えることを要件とする。現在、文言による制限を採用しているのは 3 州で[16]、金額による制限を行っているのは 10 州である[17]。

③ 付加型ノー・フォールト

　これは、先の 2 つとは異なり、不法行為に基づく損害賠償請求権には制限を加えないが、一定の給付がノー・フォールト保険からなされる[18]。

---

16) ミシガン、ニュー・ヨークそしてフロリダがこれである。とくにミシガン州は、ノー・フォールト自動車保険の模範的な州として高い評価を得ていたが、最近では、医療費の高騰などによる保険料の上昇に苦しんでいるという。

17) 金額による制限は、現在のところ大きな効果を発揮しているとは言いがたい。その理由は、ノー・フォールト制度を採用したほとんどの州で、訴訟開始点（Threshold）として設定された金額が低く（最低はコネチカット州の 400 ドル、最高はハワイ州の 7000 ドル）、多くの場合訴訟開始点を超えた損害が発生し、事実上訴訟制限が無いのと等しく、ノー・フォールトの効果が発揮できなくなるからである。各州の訴訟制限の具体的内容については、自動車保険料率算定会約款・制度部調査課・前掲注 12) 16 頁以下を参照。また、連邦運輸省の調査によれば、不適切な訴訟開始点の設定はかえって保険料の高額化につながっているという。US Dep't of Transp. Compensating Auto Accident Victims：follow up Report on No-Fault Auto Insurance Experiences 73-78, 82-85（1985）at 86-87.

18) いわゆるアドオン型がこれである。この制度によれば、事故の被害者は一定のノー・フォールト給付を受けると同時に、いかに損害が少額のものであったとしても、なんらの制限なく相手方を不法行為に基づく損害賠償請求権で訴えることが認められるので、ノー・フォールト保険のひとつの利点である訴訟の回避がなんら発揮できない。

④　選択ノー・フォールト

不法行為制度の保険か、それともノー・フォールト制度の保険を購入するかという選択を、購入者に与える。3 州がこれを採用している[19]。

このように、一口にノー・フォールト制度といっても種類が多く、訴訟開始点の設定や給付内容等も州によって異なるのである。

ノー・フォールト制度は、マサチュウセッツ州で採用されて以来、各州に拡まり、連邦レベルでノー・フォールト法の提案がされた時期[20] もあったが、当初予想されていたほどには拡まることはなく、ネヴァダ州のように廃止する州も現れるに至った。一時下火になったノー・フォールト制度であるが、保険危機に際し再びスポットが当てられたことに留意する必要がある。アメリカの保険危機は今回がはじめてではなく、1970 年代中盤にも同じような危機が発生し、それと前後してノー・フォールト制度の採用を行った州もある[21]。つまり、不法行為制度全般の改革に伴う問題としてノー・フォールト制度の是非が今回議論されているのではなくて、保険料の高騰を押さえる手段のひとつとしてノー・フォールト制度の導入が検討されているといえよう。

カリフォルニア州では、1988 年の総選挙でノー・フォールト制度の導入は否決されたが、これに関する論議が活発となり、1991 年のカリフォルニア州議会でも検討された。しかし、提出されたノー・フォールト法案は、上院の委

---

19) 現在この選択ノー・フォールト型を採用しているのは、ケンタッキー、ペンシルバニア、ニュー・ジャージの 3 州である。

20) この時期のアメリカの自動車事故の損害賠償に関する検討を行ったものとして、藤倉皓一郎「アメリカにおける自動車事故による損害の補償」『損害保険双書 2 自動車保険』（文眞堂、1974 年）341 頁以下がある。

21) この時期ノー・フォールト制度の採用に踏み切った州に、ミネソタ州やペンシルバニア州などがある。カリフォルニア州でもノー・フォールト法案が複数提出されたが、成立しなかった。この間の事情に関しては、George, *Whither No-Fault In California:Is There Salvation After Proposition 103?* 26 SAN DIEGO L. REV. 1067（1989）参照。

員会の段階で否決された[22]。

2) ノー・フォールト制度に関しては、その正当性と、経費効率性に関しての議論がある。ノー・フォールト制度に反対するルス・ハーマン（トライアル・ロイヤー[23]）は、過失責任の原則は、コモン・ローの伝統であり、堅持しなければならないもので、ノー・フォールト制度の導入を支持する人々は、単に便宜性と効率性からそれを支持しており、正義のためという理由ではない。ノー・フォールト制度は、過失ある者はその結果について有責でなければならない、という原則を捨て去り、完全な賠償を求める機会すらも奪ってしまう[24]、と主張して、その正当性を否定する。さらに不公正である理由として、ノー・フォールト給付は、被害者を画一的に取扱い、個人の特性をなんら考慮していないことを挙げる。事故によって指を失った場合、ノー・フォールト制度による損害額の算定は一定の基準でなされるが、この算定は個人の特性をまったく考慮せずになされている。不法行為制度はこの配慮を可能にすると主張するのである[25]。またノー・フォールト制度は、非財産的損害を取り除

---

22) この法案（SB 941）は、上院議員ジョンストンの提案によるもので、ウィルソン州知事の支援を受けたが、反対側の激しいロビー活動に合い、わずか1票の差で否決されてしまった。このノー・フォールト法案は文言による訴訟制度を行う形式のもので、ノー・フォールト給付の上限が低い（医療費と喪失賃金に対する給付合計が1万5000ドル）代わりに、年間で220ドルという廉価な保険の提供を目的とするものであった。この件に関して州知事は、1991年度の議会で低価額自動車保険の立法が成立しなければ、1992年の総選挙の際、SB941をモデルにした住民提案を支持すると述べており、ノー・フォールト制度の導入に対し否定的であった保険庁長官も賛成に回った。Underwriters' Report, Sept. 12, 1991 at 4.

23) このトライアル・ロイヤー（原告弁護士）は、事故の被害者を代理して訴訟を担当するが、事件の着手にあたっては着手金をとらず、勝訴した場合のみ成功報酬（Contingency Fee）を受け取る者が多い。そのため、事故の被害者は、勝てば儲け物といったような事件であっても容易に訴訟の提起ができ、濫訴の原因のひとつともなっているといわれている。原告が敗訴すれば弁護士は一切費用を徴収できないが、勝訴した場合は損害賠償額の少なくて3分の1、多くて2分の1を成功報酬として受け取るという。このような弁護士にしてみれば、ノー・フォールト制度の導入は死活問題ともなりかねず、反対のロビー活動を繰り広げるわけである。ハーマンは、全米トライアル・ロイヤー協会の元会長である。

24) Herman, *All innocent victims should have the right to sue*, No Fault Auto Insurance : A Debate, THE BRIEF, Fall 1990 at 16.

25) *Id.* at 24.

こうとしているが、その結果、被害者の90％が損害塡補を受けられなくなる。さらにノー・フォールト制度の提唱者は不法行為制度に基づく慰謝料算定が正確でないと批判するが、陪審員は今までそれを正確に算定することが可能であったと反論する[26]。

　これに対するノー・フォールト制度の支持者ロバート・パイクの反論をみよう[27]。パイクは、ノー・フォールト制度のなかでも不法行為に基づく訴訟制限を文言で行う制度（Verbal Threshold）に賛成であると述べ、慰謝料請求の訴訟は一切廃止すべきであると主張している[28]。そして、自動車事故の損害賠償制度は、責任の所在を明らかにするというよりも、むしろ損失塡補に重点をおく必要があり、事故の被害者に相手方の過失の立証責任を負わせるべきではない。慰謝料などの非財産的損害の請求権は不変のものではなく、ノー・フォールト制度の導入にあたり、慰謝料請求権の制限について検討を加えたすべての州では、失われる権利が十分な補償に置き換えられているならば、その権利を放棄させることは憲法に反せず、ノー・フォールト制度による医療費と喪失賃金の補償は、代替措置として合理的かつ十分であると判断されている。さらに、現在の不法行為制度よりもはるかに救済されない被害者を少なくし[29]、被害者の救済制度は、事故の被害者を衡平な状態で補償しなければならない。重度の被害者は不十分な補償を受けるべきでなく、軽度の被害者は過度な補償を受けるべきではない。しかし、現行の不法行為制度は有害な結果を生んでいる。というのも、過失認定は、過失のあった人の資産や適用可能な保険の限度額、そして無意味な訴訟に対する保険会社の経済的理由などから、か

---

26) *Id.*

27) Pike, *All consumers should have the option to choose*, No Fault Auto Insurance：A Debate, THE BRIEF, Fall 1990 at 16. この論文執筆当時、パイクはオールステート保険会社の上級副社長であった。

28) *Id.* at 21.22.

29) *Id.* at 22. より多くの被害者が救済を受けることが可能となるという点に関しパイクは、その注18において、連邦運輸省の報告（US Dep't of Transp, *Economic Consequences of Automobile Accident Injuries*,（1970））の数値を引用し、このレポートによれば、不法行為制度のもとでは、55％の被害者がなんらの補償を受けることができないと推定されていたが、比較過失原則、そして責任及び損害概念の司法的な拡張等の理由から、現在では、この値が35％になるであろうと推測している。*Id.* at 43.

なりの程度気まぐれになされるからである[30]と、逆に現行の不法行為制度の
もつ欠陥を指摘する。

　このように、両者の主張は平行線をたどっており、二者択一的にどちらが完
全に正しいと結論付けることは困難である。とくにパイクの主張は、制度の効
果論からノー・フォールト制度を提唱するのに対して、ハーマンの主張は多分
に形式的かつ感情的な面が目立つ。しかしその主張はシンプルであり、一般市
民に対しては訴えるものが多いであろう。だが、過失責任原則によると、過失
の認定には相当な労力が費やされ、その費用も多額のものとなることも確かで
ある。また、事故に遭遇した人は、自分の過失が相手方より低いと考えるのが
常であり、どのような判定手段によっても不満が残るであろう。

　ノー・フォールト制度をめぐる論議は、どちらの方がより多くの被害者を救
済できるかという問題と、過失責任原則の貫徹がどの程度の価値を有するかと
いう問題に結局は行き着くように思われるのである。アメリカ国民のもつ法的
正義の判断に委ねられることになろう。

　次に、保険料低額化の可能性について検討することにしよう。

　この点に関するハーマンの主張は単純である。彼は A. M. Best 1990 年 3 月
号に掲載された各州の平均保険料を引用し、保険料が低い 10 州の中で、
ノー・フォールト制度を採用しているのはノース・ダコタだけであり、反対に
上位にランクされる州に、ノー・フォールト制度を採用しているマサチュウ
セッツとニュー・ジャージが入っており、ノー・フォールト制度と保険料の水
準は相関関係にないと主張し、さらに保険危機に伴う保険料の上昇は、不法行
為制度の州に限った問題ではなく、ノー・フォールト制度の州も同様に保険料
の急激な上昇をみていると指摘している[31]。さらに、この問題は、保険料の
総額ではなく担保範囲それぞれについて検討する必要があると指摘し、保険料
上昇の多くの部分は、賠償責任ではなく車両総合または車両保険という不法行
為制度固有の担保範囲ではなく、ノー・フォールト制度にも共通の部分に原因

30）*Id.* at 22. この点もまた以前から指摘されていた問題である。裁判に当たって、保険会社は費用効
　　率の理由から、低額の請求に対しては簡単に和解に応じようとする反面、高額のものに関しては徹
　　底的に争うという傾向が強く、このような逆転現象が生じやすい。

31）Herman, *supra* note 24 at 24. 25.

があり、ノー・フォールト制度の導入には、保険料低額化の効果はないというのである[32]。

　これに関してのパイクの論拠は極めて薄弱であり、結局はノー・フォールト制度は保険料のコスト・アフォーダビリティーに対して悪影響を及ぼさず、コストの削減という結果をもたらす可能性があると述べるに過ぎないのである[33]。

　たしかに、ノー・フォールト制度の導入と保険料の低額化の関係は一概に判断できる問題ではない。すでに検討してきたように、ノー・フォールトといっても種類が多く、不法行為による訴訟との関係でみるならば、まったく効果を期待できない制度も存在する。さらに、ノー・フォールト給付の内容も千差万別であり、どの制度によればどの部分の保険料がどの程度低額化されるのかという判定は困難である[34]。マッカーシーらの調査は、その検討対象を人身侵害のみに絞っており、ノー・フォールト制度の導入による費用削減について次のように結論付けている。①過失の認定や慰謝料の金額などについての争いが消え、弁護士を雇う必要がなくなり、その分経費の削減は可能である[35]。②損失填補のレベルに関しては、慰謝料の給付を行わないことから費用の低減化は可能だが、金額による訴訟制限を設けた場合には、その金額を超えようとし

32）*Id.* at 25. この主張にはある程度首肯することができる。カリフォルニア州保険庁の調査によれば、支払保険金のうち、最も大きい割合を占めるのは自動車の修理及び盗難に対する再調達のための支払で 44％である。2 番目は慰謝料の 16％、3 番目は原告の弁護士費用で 14％、医師に対する支払いは 8％、カイロプラクターは 6％、病院に対する支払いは 5％、喪失賃金は 3％であり、残りの 4％がその他となっている。さらに、同調査によれば、1989 年の自動車保険の保険料の内訳は、自動車の修理及び盗難に対するものが 28 セント、医療費 14 セント、喪失賃金 3 セントであり、経済的損失に対するものが合計で 45 セントとなる。次に慰謝料が 18 セント。ただしこのうち 9 ないし 10 セントが原告の法的費用となる。さらに、保険会社の弁護費用が 10 セント、将来の請求に対する準備金が 7 セントで、保険金の請求に関連する費用が合計で 17 セントとなる。保険会社の運営経費としては、代理人に対する手数料が 16 セントで、社費が 7 セントという結果となっている。A Resrarch Project of The Statistical Analysis Bureau, California Department of Insurance, *Automobile Claims A Study of Closed Payment Patterns in California,* (1990) at 7. 8.

33）このようにパイクが明確に保険料の低額化をもたらすと断言していないのは、彼がオールステイト保険会社の上級副社長であるということも強く影響していると思われる。

34）McCarthy, *supra* note 2 at 7.

35）*Id.* at 8.

て医療費などを押しあげる可能性が強く、どのような訴訟制限を行うか、どの程度の給付を行うかによって大きく変わってくる。どちらのシステムがより厚い支払いをなすことができるかは簡単に判断することはできない[36]。

　つまり、ノー・フォールト制度導入の明確な利点というのは、弁護士費用の削減であり、カリフォルニア保険庁の調査と合わせて読むならば、全体に占める割合がそれほど大きくない部分の低減化が可能であるにすぎないので、大幅な保険料の低額化は不可能であるということになろう。しかも、州ごとにそれぞれの状況は異なり、A州での状況が必ずしもB州で当てはまるとはいえず[37]、運用してみてはじめて分るというのが現状といえる。

3　選択ノー・フォールト

1）オコンネルとジョーストの提唱する選択ノー・フォールト制度には、不法行為制度かそれともノー・フォールト制度かという、従来二者択一で争われた問題を、保険購入者に選択権を与えることにより、ノー・フォールト制度導入に対する反対論を和らげる狙いがある。

　オコンネルとジョーストは、もはや純粋な法律問題ではなく、高度な政治問題と化してしまった自動車保険制度の改革に関する決定権を、個々の運転者に与えることこそが合理的であると主張する[38]。オートマチック車を購入するかそれともマニュアルシフト車を購入するかという選択権を消費者が有しているように、自由経済社会の中で、不法行為制度の保険かノー・フォールト制度の保険のいずれを購入するかを、消費者の選択に委ねようという[39]。これにより、消費者も自分が好む保険の購入ができ、不法行為制度とノー・フォールト制度間の保険の価格競争により、保険料の低額化も図れると主張する[40]。

　ここで、2台の車の衝突を例に挙げて、選択制度を採用した場合に生ずる問題を検討する（無保険者については考慮しない）。

36）*Id.* at 9.

37）*Id.* at 17.

38）O'Connell and Joost, *supra* note 10 at 76.

39）*Id.*

40）*Id.* at 78.

　選択制度のもとで、事故の両当事者が、①両者とも不法行為制度の保険、②両者ともノー・フォールト制度の保険、③一方が不法行為制度の保険、他方がノー・フォールトの保険を、それぞれ購入しているとする。

　①と②に関しては、従来の処理方法によってそれぞれを救済することが可能であり、とくに問題は生じない。①の場合は、過失相殺の問題はあるにしても、それぞれ相手方の保険によって救済を受けることができ、②の場合は、それぞれ自己の保険から給付を受けることができる。しかし、③の場合には問題が生じる。なぜならば、ノー・フォールト保険の購入者は、自己の保険から給付を受けることができるが、不法行為制度の保険購入者は、ノー・フォールト保険購入者を訴えることも、損害の塡補を受けることもできないからである。不法行為制度の保険購入者に全く過失がなかったとしても、ノー・フォールト保険の購入者に対する訴訟提起が認められない限り、救済の方法は見当たらない。しかし、この訴訟提起権を認めてしまうと、ノー・フォールト制度の保険料が法外なものとなってしまう。結局は、ノー・フォールト保険を購入する意味が薄れ、逆に、不法行為制度の保険購入者は、ノー・フォールト保険購入者から訴えられないという理由から、料率の下げられた保険の購入が可能となってしまう[41]。

　オコンネルとジョーストは、この状態の解決には、不法行為制度とノー・フォールト制度の間に横たわるギャップを埋めるために、両者を結び付けるコネクターを設ける必要があり、両制度併存のためにこのコネクターを強制しなければならないと説く。そして、このコネクターには、無保険運転者危険担保条項（以下、無保険者条項）を修正したものがなり得ると考えている[42]。

　無保険者条項により、保険購入者が損害の塡補を受けることができるのは、(a)事故の相手方が無保険者であった場合、(b)当て逃げ等で、加害者が特定できない場合に限られ、その給付は、自己が加害者となった場合に、相手方に支払われる内容および保険金の範囲に制限される。この無保険者条項を強制している州は、現在のところ19州に過ぎないが、実際上はほとんどの州で保険購入

---

41) *Id.*

42) *Id.* at 79.

者がこの条項を購入しているといわれている。カリフォルニア州では、保険購入者による明示の除外希望がない限り、この無保険者条項が要求されている[43]。

　それでは、この無保険者条項はどのようにコネクターとしての役割を果たすのだろうか。例を前記③の場合の事故に戻してみる。この場合に救済が問題となるのは、不法行為制度の保険購入者についてである。事故の相手方がノー・フォールト制度の保険購入者であれば、相手方が実際には無保険者でなくても、相手方の保険から給付を受けることができないことは、無保険者と衝突したのと実質的には変わりがない。この場合、無保険者条項から給付を受けることができるとすれば、救済に問題は生じなくなる。しかし、このような処理をすると、不法行為制度の保険購入者は、賠償責任に加えて、必ず無保険者条項をも購入しなければならず、その分保険料が高額化するという批判がでてくる。この点についてオコンネルとジューストは、不法行為制度とノー・フォールト制度の保険の共存によって、ノー・フォールト保険の購入者から訴訟の提起をされる可能性もまたなくなり、保険料の関係は相殺されると主張する[44]。オコンネルとジューストは、このような選択ノー・フォールト保険制度の立法化には、以下の条件が不可欠であると述べる。①ノー・フォールト保険の購入者は、無保険者条項の目的に照らして無保険であると宣言し、さらに、無保険者条項の購入者は、ノー・フォールト保険購入者との事故にあたり、無保険者条項から給付を受けるかわりに、事故の相手方に対する訴訟提起権を放棄すること、②州政府は、最低限度の高い（少なくとも50万ドルの）ノー・フォールト給付の保険でなければその販売を認めないこと、③ノー・

43）Cal. Ins Code 11580. 2 (a)(2).（Deering's Supp. 1991）日本でもこの無保険者条項は存在するが、車検制度とのリンクからほぼ100％に近い自賠責の付保率を誇っていることから、さほど重要なものとして認識されていないのに対して、アメリカでは重要なものとなっている。All-Industry Research Advisory Council, *Uninsured Motorists*,（1989）. at 6 によれば、最高はコロラド州の30.3％で、20％台の州が7州ある。いずれの州も強制保険制度または賠償資力法があるにもかかわらず、このような状態なのである。カリフォルニア州の調査では、1988年には、26.5％もの無保険者率という結果もある。Marowitz, *Uninsured Motorist（SB850）Study*,（1990）, State of California Department of Motor Research and Development Section, at 2.

44）O'Connell and Joost, *supra* note 10 at 79.

フォールト保険の購入者から、訴訟により不法行為による損害賠償を受ける権利を奪うこと、④州は、賠償資力法または強制保険法の要件を満たす運転者とは、(a)非常に高額なノー・フォールト給付の保険か、(b)被保険者の過失によって傷害を被った人に対し、一定限度までの支払いを行い、また被保険者に対し、当て逃げや無保険者またはノー・フォールト保険の運転者との事故において、その過失に応じて不法行為損害の支払いを行う自動車保険のいずれかを購入しているものであること、を挙げている。さらに、何らの保険も維持していない車の所有者は、不法行為またはノー・フォールトいずれの担保範囲にも権利がないと規定することも可能であると主張している[45]。

2) このように、不法行為制度の保険とノー・フォールト制度の保険が共存している場合、次の３つのタイプの保険が提供されることになる。①アドオン型のノー・フォールト保険に無保険者条項を付加したもの。②非常に高い給付内容の修正型ノー・フォールトで、被保険者の不法行為訴権を完全に制限し、かつ不法行為によって訴えられることを防ぐもの。③現在の一般的な不法行為型の保険に拡張された無保険者条項を付加したもの。もっとも、それぞれの給付額や内容によって、多種多様な内容の保険が考えられるが、オコンネルは、消費者が選択しやすいようにその幅をできるかぎり狭めるべきであるとも述べている[46]。

　選択の傾向について、オコンネルとジョーストは、②は、比較的給付限度額の低い健康保険や所得補償保険に加入している人に向いているという。またこのタイプは、慰謝料は必要とせず、経済的損失の確実な回復を望む人に好まれるであろうとも述べ、ギャンブルを好まず、訴訟を避け、弁護士を信用しない人々に好まれるであろうという[47]。さらに③と異なり、重度の障害を被った人に対して厚い給付を行うと結論付ける。

　これに対して③は、非常に高い給付内容の医療保険と所得補償保険に加入している人に向いている。さらにこのタイプは、自動車事故で一儲けしようとす

---

45) *Id.* at 80-81.

46) *Id.* at 82.

47) *Id.*

る人や保険会社を信用しない人に好まれ、軽微な傷害を被った人に対しては、慰謝料との関係からノー・フォールト制度に比べて高額な支払いをすることになるであろうとも言う[48]。

　オコンネルとジョーストは、①のタイプについては何ら述べておらず、選択ノー・フォールト制度を導入した場合、②または③のシステムが事実上選択の対象になると考えているようである。

　この選択ノー・フォールト自動車保険制度が、これからどの程度支持を得られるかは確かではない。ただし、オコンネルとジョーストがこの提案をしてから、選択制度の導入に踏み切った州は3州あり[49]、これがさらに広まるかは興味があるところである。保険料の低額化をどの程度果たせるかもまったく不明であり、今後の運用実績の公表を待ちたい。

4　ブラウンの事故後選択ノー・フォールト

1）ブラウンは、アメリカに根強く残る不法行為制度への支持を前提とし、オコンネルとジョーストの選択ノー・フォールトに対する批判を配慮に入れた、事故後選択ノー・フォールト制度を提案している[50]。

　ブラウンによれば、オコンネルとジョーストの提唱する選択ノー・フォールト制度は、効果的ではあるが次のような欠点があるという。それは、①自動車保険の購入に当たり、消費者は2つのうち1つを選択しなければならないが、その選択に関して十分な情報が与えられるか疑問である。②不法行為制度とノー・フォールト制度の両者とも非常に複雑であり、消費者は、自己の有する選択権の意味も完全には理解できず、保険ブローカーの責任問題が生じる可能性も高い。なぜならば、保険購入時の選択が、実は自分にとって不利であったと事故後に発見した被害者は、ブローカーがその選択を完全に説明してくれな

48）*Id.* at 82-83.

49）ケンタッキー、ニュー・ジャージそしてペンシルバニアがこれであるが、興味深いことに、オコンネルとジョーストは、この選択ノー・フォールトは、ニュー・ジャージのように、収入保険料と保険の支払額が大幅なアンバランスとなっている州に対して、その導入は唯一の救済策とはなり得ないと指摘している。*Id.* at 83. ニュー・ジャージは、この採用と同時に、厳しい料率の規制を導入した。

50）Brown, *supra* note 11.

かったと非難するからである。ブローカーに対する保護は、一定の書式および資料を利用することにより可能だが、これは必ずしも消費者の自動車保険制度に関する理解能力の向上を意味するわけではない。

したがって、正しい選択というものは、事故が現実に発生して初めて可能になるとブラウンは考えている[51]。また、他人の車を運転した場合や、家族の者がファミリーカーを運転して事故に遭遇した場合などは、所有者本人ではなく、事故にあった者に選択させるのが合理的であり、同一法域の運転者の間で異なった責任のルールが適用されることは妥当でないという選択ノー・フォールトに対する哲学的な批判[52]も、事故前には２つの責任ルールが共存し、事故後にいずれかを選択できることから、この事故後選択ノー・フォールトには当たらないと主張している[53]。

2) ブラウンの事故後選択ノー・フォールト制度の内容を次にみてみよう。

まず不法行為請求権とノー・フォールト給付の関係については、①ノー・フォールト給付は、被保険者が相手方を不法行為請求権によって訴えないことを条件とし、②賠償責任条項は、ノー・フォールト給付による救済を選択しない相手方から訴訟を提起される可能性をカバーすること。したがって、被害者は、事故後不法行為かノー・フォールトによる救済を選択できるが、両方からの救済は認められない[54]。

しかし、この制度には保険料に関して逆選択の問題が生じる恐れがある。すなわち、被害者は自分に対する補償額が多い方を選択することになり、かえって保険料を高額化する可能性がある。この点についてブラウンは、その可能性は認めながらも、不法行為を選択するに十分な被害者であっても、ノー・フォールトのプランが、その者をノー・フォールトの方へ誘導するように適切

---

51) *Id.* at 1099.

52) Carr, *Giving Motorists a Choice Between Fault and No-Fault Insurance : An Economic Critique*, 26 San Diego L. Rev. 1089-1090（1989）.

53) Brown, *supra* note 11 at 1099.

54) *Id.* at 1100. なお、この事故後選択制度はまったく新しいものでなく、オコンネルは、高校の運動選手の傷害に当たりこの制度を提案しており、またスウェーデンの医療事故補償制度も同じだという。*See, Id.* at 1100, footnote 23.

であれば、問題は起こらないであろうという。この保険料の低額化は、不法行
為制度に対する小規模な改革により、少額の訴訟を締め出すことができればは
じめて可能となり、ノー・フォールト給付が、ほとんどの被害者の経済的損失
を填補するのに十分であれば、確実性と迅速性から不法行為ではなくノー・
フォールト制度を選択するからであるという [55]。さらに、不法行為制度選択
者と予測されるのは、経済的損失が少額かあるいはすでにその填補を他の財源
から得ており、主として慰謝料の請求のために訴訟を起こす者であり、これに
対しては、二重賠償の禁止や和解制度の強制、さらには慰謝料の制限などに
よって、不法行為の損害賠償額の制限を行えば、保険料の低額化が実現できる
と考えている [56]。慰謝料請求を主な目的とする訴訟の制限が妥当かについ
て、ブラウンは、このように保険料の低額化が大きな課題とされ、人々の要望
がそこにある以上、十分に経済的損失を填補することができるならばそれは許
されると解している [57]。

　次に、慰謝料請求に関する訴訟制限であるが、ブラウンは3つの方法が可能
であるという。その1つは、ミシガン州などのように文言による制限を加え、
不法行為に基づく請求であっても、被害者が重度の障害を被った者でないかぎ
り慰謝料の請求を一切認めないとすることである。2番目は、慰謝料に関し免
責額を設けることであり、例えば免責額を2万ドルと定めた場合、5万ドルの
慰謝料が認められた者は、差し引き3万ドルを受け取る事とする。3番目は、
金額による訴訟開始点の設定であり、被害者は自己の精神的損害がその設定さ
れた金額を超えていることを証明しなければ一切慰謝料が認められない事とす
ることであるが、この場合、この金額が低めに設定される可能性が強い [58]。
そうすると結局は設定した意味がなくなり、アメリカにおける金額による訴訟

---

55)　*Id.* at 1101.

56)　*Id.* at 1101-1102. オンタリオ州における調査によれば、自動車事故の内、不法行為制度による
　　90%以上の和解額または判決額が2万ドル以下であり、これは、不法行為制度による全体の金額の
　　ほぼ70%にあたり、また半分以上が慰謝料として支払われているという。そして、支払われた金
　　額の半分以上が比較的軽微なケースの慰謝料として払われており、慰謝料請求に関し文言で制限す
　　る訴訟開始点を設けた場合、アドオン型に比べて20%もの節約を果たすことができるともいう。

57)　*Id.* at 1103.

58)　*Id.*

制限が効果を発揮していないのと同じ結果につながる可能性が高い。いずれの
システムも、それぞれの長所短所を有しているが、ブラウンは、２番と３番の
組み合わせを提案している。一案として、精神的損害が４万ドル以下の場合に
は２万ドルの免責額を適用し、４万ドルを越えた場合には全額認めることにす
れば、低額の請求を回避でき、かつ重度の被害者に対しては完全にその填補を
行うことができるという[59]。ブラウンは、不法行為か、それともノー・
フォールトによる損失填補を選択するかは、事故後、弁護士や保険会社または
その両者からアドヴァイスを受けて行うことになるが、両者とも善管注意義務
と忠実義務を負うものの、不法行為制度を勧める傾向が強いことを認めてい
る。そこで、不法行為制度を選択した場合に予想される訴訟の期間やその経費
について、ある一定の形式によってその情報を被害者に対して与える立法を為
す必要があると強調している[60]。

　オコンネル＝ジョーストとブラウンの提案する選択ノー・フォールトは、選
択の時期をめぐって異なっているが、ノー・フォールト給付を比較的高額にす
るという点では顕著な差異はない。具体的な提案はないが、ブラウンは、オン
タリオ州で提案されたものを紹介してその骨格を示している[61]。

　この選択ノー・フォールト制度の成功の鍵は、ノー・フォールト給付の内容
にある。しかし、どの程度の給付内容が適正かということは、判断がむずかし
い。ただ注意しなければならないのは、自動車事故をめぐる全体の社会システ
ムが、オコンネルとジョーストの住むアメリカとブラウンの住むカナダでは異
なっており、必ずしもすべての状況が両者に共通するとは限らないことであ
る[62]。

　ノー・フォールト給付の内容をめぐる今後の議論に注目したい。

---

59) *Id.* at 1104.

60) *Id.*

61) *Id.* at 1105-1107.

62) 両国の大きな違いとして、ノー・フォールトを全州で採用しているカナダと、そうでないアメリ
　　カ。さらには、比較的充実した医療保険制度の完備されているカナダとそうとはいえないアメリ
　　カ、という点が指摘されている。

5　選択ノー・フォールトに対する批判

1）発表後 5 年を経過したオコンネルとジョーストの選択ノー・フォールト制度であるが、これに対する強力な批判も存在する。

フロリダ大学教授ジョセフ・リトルは、オコンネルとジョーストの提案を、トリックであると厳しく批判する[63]。この制度は、選択の自由という言葉を借りて、実は非財産的損害の放棄をさせ保険料の低額化を図ろうとするもので、手品師と同様に、保険購入者がその制度の選択によって得るメリットに目を奪われて、失うものの大きさに気が付かないのと同じであると批判する[64]。

リトルによれば、この選択ノー・フォールト制度の第 1 のトリックは、ノー・フォールト選択者に対して慰謝料請求を単純に禁止し、同時に不法行為選択者に対し、その金額制限を加えることにある。不法行為選択者がノー・フォールト選択者と衝突した場合には、（自分の無保険者条項が適用になるので）、自分の保険金額によって塡補可能な慰謝料（上限から財産的損害を控除した額）が制限され、相手方も不法行為選択者である場合には、その額は、相手方と自分の保険金額のどちらか高い方によってやはり同様の慰謝料制限が加えられるという結果になるが、不法行為選択者は、自己の非財産的損害額を事前に予測することは不可能であると批判する[65]。

しかしこの批判には疑問がある。ノー・フォールト選択者に対してはトリックといえなくもないが、この選択者は慰謝料の給付が受けられないことを事前に承諾し、その反面迅速なノー・フォールト給付が受けられるのである。また、不法行為選択者の慰謝料制限は、選択ノー・フォールト制度固有のものではなく、むしろ保険金額の上限という責任保険制度全般についていえるのであり、必要であれば高額な無保険者条項を購入して惨事に備えればよい。

次にリトルは、ノー・フォールト選択者に対する財産的損害の塡補が、実際に発生した損害額が、ノー・フォールトの給付額を超えてしまった場合に、その超えた部分の請求の道を閉ざしていることと、不法行為選択者に対して、そ

---

63) Little, *Reducing Noneconomic Damages by Trick*, 26 SAN DIEGO L. REV 1017（1989）.

64) *Id*. at 1018.

65) *Id*. at 1019.

の財産的損害額が相手方の責任保険の限度額（または自分の限度額）を超えた部分について、その請求の道を閉ざしていることに第２のトリックがあり、この制度は、慰謝料のみならず財産的損害までも制限してしまう制度であると批判する[66]。

　この批判に対しても疑問がある。なぜならば、オコンネルとジョーストが前提とするノー・フォールト制度は、非常に低い給付額のものではなく、ある程度高額な給付のものであるから、リトルの指摘するようなことが常に妥当するとはいえない。不法行為選択者についてみると、このようなことは別段オコンネルとジョーストの提唱する制度のもとに限って生じるものではなく、いかなる制度を採用しても結果として生じる可能性があるからである。さらにリトルは、フロリダ州のノー・フォールト制度を前提として論議を進め次のように批判する。自分は不法行為制度を選択するだろうが、その場合大惨事に備えて高額なノー・フォールト給付と賠償責任保険を購入することになり、保険料など下がる可能性はない。低所得者に対して保険料の低額化を図ることができるというが、高額なノー・フォールト給付のために結局は保険料が上昇するはずであり、所得のより低い人々は、低額に設定された賠償責任保険に目を奪われて、本来は彼等が維持すべきノー・フォールト保険をやめ、必要のない賠償責任保険を購入するであろう。この選択ノー・フォールト制度の導入は、低所得者に対して誤った選択をさせ、高所得者を守るという皮肉な結果を生むと批判する[67]。

　このようなリトルの批判は妥当であるか疑問の余地なしとしない。なぜならば、オコンネルとジョーストさらにはブラウンも主張しているように、この制度の導入には、それぞれのシステムについての正しい情報が与えられることが重要であり、この批判はその前提を一切考慮していないからである。また、リトルが採り上げている例は、選択ノー・フォールト制度だけに起こる問題ではなく、この制度の是非については、さらに突き詰めた論議が必要であると思われるのである。

66）*Id.*

67）*Id.* at 1020-1024.

2) 次にトロント大学の経済学教授、ジャック・カーの批判について検討したい[68]。カーは、オコンネルとジョーストが選択の自由としてあげているオートマチック車とマニュアルシフト車の例は、この保険制度の選択とは事情が異なり、妥当な例示ではないと指摘する。

カーによれば、選択の自由は、その選択によって影響を被る第三者が存在しない場合に妥当し、ノー・フォールト制度か不法行為制度かという選択には、影響を被る事故の相手方が存在し、損害賠償責任のルールに影響を与えてしまう。そのため、自動車保険においてこのような自由な選択は認められるべきではないという[69]。さらに、自動車事故によって、加害者は被害者に対して負担を負わせる。不法行為制度のもとでは、その法的責任は加害者にあるが、ノー・フォールト制度では、加害者がこの責任を逃れることになり、被害者がそれを負担することになってしまう。この選択ノー・フォールト制度の選択は、自己の過失による責任を自分で負うのかそれともその責任から逃れるのかということを意味するから、考えるまでもなく、過失ある者が責任を逃れようとするのは明白であり、このことは運転手の注意を散漫にし、ひいては事故の増加をもたらすと警告する[70]。

またカーは、一つの社会に異なった責任原則が共存するのは好ましいことではないとも述べる。その上に、環境汚染を例に挙げ、汚染者に対してその責任を逃れる道を認めてもよいのか、犯罪者にまでそれを拡張するつもりなのかとも批判する。そして、社会の一員がなんらかの損害を他の者に対して与えてしまった場合、与えた者がその責任を負うのは当然であり、そのような責任に関して選択の道を与えるのは不適当であると主張する[71]。

このようにカーの批判は、選択ノー・フォールト制度のみに対してではなく、ノー・フォールト制度全般に対しても当てはまるものであり、前述したノー・フォールト反対者の主張とかなりの部分で一致する。

次にカーは、逆選択の問題を採り上げる。すなわち、過失責任制度のもとで

68）Carr, *supra* note 52.

69）*Id.* at 1088-1089.

70）*Id.* at 1089.

71）*Id.* at 1089-1090.

は、ハイ・リスクの運転者は高額な保険料を課されることになるが、ノー・フォールト制度は、過失の有無を考慮せず保険金の支払いをするために、リスクの高い者と低い者の区別ができず、ハイ・リスクの者はノー・フォールトの保険を選択し、結局はノー・フォールトの保険料を上昇させる結果となる。これは、高リスクの者が低いリスクの者に対して負担を強いるという結果をもたらし、逆選択の問題を生じさせるという[72]。またオンタリオ州の医療保険を例にあげ、ハイ・リスクの者は、自分の保険料の上昇を考慮して、ノー・フォールト保険からではなく、むしろ医療保険からの医療費給付を求めることになり、結局は、医療保険制度まで混乱に陥れる可能性があるとまで指摘する。そして、このような逆選択は、保険料率の算定を極めて困難なものとしてしまい、料率規制を行っている場所では、選択制度の運用が非常に困難になると結論づけている[73]。カーの批判は説得力をもつように思えるが、環境汚染や犯罪者まで例に出してまでの批判は、いささか論理の飛躍ではないだろうか。また、ケベック州の調査を例に挙げてノー・フォールトの導入が事故の増加をもたらす[74]と述べているが、単純にそのように結論付けてよいか疑問である。

6　アメリカ自動車保険の今後

　混迷期にあるアメリカの自動車保険制度であるが、選択ノー・フォールト制度が、これを脱する手段となるかは判断がむずかしい。なぜなら、自動車保険制度全般を取り巻く他の状況があまりにも混乱しているからである。

　混乱の理由のひとつは、アメリカの裁判制度にある。陪審員制度を採用するアメリカにおいては、他の諸国に比べて裁判結果の予測がつきにくい。訴訟提起が容易なことも無意味な訴訟を多発させる要因ともなっている。裁判制度見直しの意見も多いが[75]、民事事件における陪審員裁判は連邦憲法で保証され

72）*Id.* at 1091-1092.

73）*Id.* at 1092.

74）*Id.* at 1090.

75）この議論については、松本＝ミラー・前掲注 1）（上）25 頁以下を参照。

ているため、その実現は困難であろう[76]。

　次に強制保険制度の問題がある。アメリカにおける無保険者率は日本と比べて非常に高いが、これが低ければ訴訟による損害回復の必要性は低下する。自動車の登録に際して保険証券の提示を求める州もあるが、全州レベルで実施されてはおらず、付保強制手段の導入が急務である。

　最低保険金額が非常に低いことも問題である。カリフォルニア州では、最低で対人1名1万5000ドル、1事故3万ドル、対物5000ドルの保険（ないしはこれに見合うだけの賠償資力）が強制されているだけで、対人賠償額は、日本の自賠責保険と比べると約15分の1という低さである。これでは、1度事故に遭遇すれば、簡単にこの額を超えることが予想され、訴訟多発の大きな要因のひとつでもある。

　つぎに医療保険を含む社会保障制度が充実していないことも、自動車事故における損害賠償制度を複雑にする理由となっている。これは、比較的に充実した社会保障制度を有するカナダとの大きな違いであり、1992年の大統領選挙でも争点のひとつとされている。

　このように、アメリカ自動車保険制度の混迷は、多面に渡るアメリカ社会の歪みが複合して現われてきたものであって、単純な処方箋ではこれを解決できないであろう。

　すでに指摘したように、アメリカにおける自動車保険制度をめぐる争いは、純粋な法理論的問題ではもはやなく、高度な政治的問題と化しているので、多くの批判にさらされるノー・フォールト制度であるが、政治的妥協の産物として、選択ノー・フォールト制度が採用されてゆく可能性もある[77]。

　アメリカの自動車保険制度が、これを取り巻く諸制度の改革と歩調を合わせてどこまで進めるか。これからの展開に注目したい。

76）合衆国憲法修正7条。

77）選択ノー・フォールト制度を、全面的なノー・フォールト制度移行への第1ステップと考える者もいる。Kittel, *No-Fault……or Your Fault*, INSURANCE REVIEW, Feb. 1991. 51. 52.

第3章 アメリカ自動車保険の現状と課題
―カリフォルニア州の動きを中心に―

1 ノーフォールト保険の現状

　まずはアメリカの自動車保険制度を簡単にご紹介いたしたいと思います。

　自動車事故の処理については、過失責任を基調とする不法行為制度のもとで処理するというのが1970年頃までのアメリカの状況でございました。マサチュウセッツで始まった賠償資力法制定以来、自動車の所有者は責任保険を購入するというのが一般的であったわけです。ところが、自動車事故の被害者救済に関するキートン＝オコンネルプラン、いわゆるノーフォールト保険が提唱され、1972年にマサチュウセッツ州でこれをはじめて採用いたしました。これがアメリカ自動車保険制度の一つの転換期であるといってよいと思います。

　このノーフォールト保険は、自動車事故が発生した場合、自己の過失の有無にかかわらず、自分の保険から給付を受けるという、不法行為型とは全く異なる形態をとっております。このノーフォールトは画期的な新制度であり、数多くの州がこれに追随しております。しかし、従来通りの不法行為型を維持する州も多かったわけでございます。レジュメにノーフォールトの各タイプを記述いたしましたが、ノーフォールトを採用している州にあっても、実際は訴訟制限が無いに等しいところや、付加型の州も多く、キートン＝オコンネルプランが、当初意図した形では普及しておりません。1980年代中盤の保険危機に際しても、ノーフォールトの導入が、その対策として有効であるという運動も展開されましたが、実を結ばず、オコンネル教授は、不法行為制度とノーフォールト制度の保険を共存させて、保険契約者にどちらかを選択させるという、選択ノーフォールト制度を提唱いたしました。しかし現在のところ、これを採用した州はわずか3州であり、とりあえずは選択とし、次第にノーフォールトの

方へ誘導していくという意図を有していたこの選択ノーフォールトも、やはり広く導入されるには至っておりません。カリフォルニア州に目を転じますと、ノーフォールト保険制度への移行は、数度にわたる住民提案を通じて試みられましたが、いずれも成立せず、カリフォルニア州におきましては、今後もノーフォールト制度への移行は無理であろうといわれております。

2　ノーフォールトはなぜ普及しないのか

　ここでノーフォールトの普及を阻む原因はなんであるかを考えてみたいと思います。ノーフォールト制度自体は、被害者の迅速な救済を必要とする自動車事故に対して、極めて適切な制度であるといって差し支えないと思います。それは、①過失責任主義では救済されない被害者を含めた、すべての被害者の救済が可能である。②被害者相互間での経済的損失に対する補償の公平性が確保できる。③補償の迅速化、補償に関する費用の削減・有効化、保険料の安定及び低額化、以上が可能であるからであります。にもかかわらず、ノーフォールトの普及が遅れているのは、保険制度自体、そして保険制度外、この2つの問題があると考えられております。

　保険制度自体に関してですが、仮に事故が発生し、Aには過失がなく、Bに100％過失がありとされるような状況であっても、Aは自分の損害を自分の保険で塡補する必要があります。自分には何ら悪い点はないのに、なぜこうなるのだという、素朴な疑問をアメリカ人は持つからであります。被害者の救済よりも、悪い者が責任を負わないのはフェアでないという疑問があるわけです。また、ノーフォールト保険のもとでは、財産的損害の塡補は受けられるものの、非財産的損害、いわゆる慰謝料については保険金額に制限が加えられるために、不法行為制度では賠償を受けられるのに、ノーフォールトでは一定の条件を満たさないと認められない。そのために、この点を強調して、ノーフォールトは被害者救済を不当に制限するものだとの批判もされます。しかし、例えば、ノーフォールトを採用しているニューヨーク州の担保内容は、単なる賠償責任を採用している州のそれと比べると、充実した内容となっていて、必ずしも被害者救済を不当に制限するとはいえないと思います。

　保険制度外の問題点としては、やはりアメリカにおけるトライアルロイ

ヤー、弁護士の存在が大きいと考えられます。ノーフォールトの場合、弁護士が活躍する場面は非常に少なく、自分の保険会社との給付をめぐる争いが中心になりますが、不法行為型の場合は、原告・被告双方に弁護士が最初の段階から必要になります。実は、アメリカに留学しておりまして、驚いたのがトライアルロイヤーと呼ばれる弁護士の存在でございました。サンフランシスコでテレビを見ておりましたら弁護士のコマーシャルが流れてまいります。そして「交通事故で泣き寝入りしている人はいませんか」、「権利の上に眠っている人はいませんか」、「勝訴して、あなたが賠償金を取得するまで費用は一切かかりません。今すぐこのトールフリーダイヤルへお電話下さい１－８００カーアクシデント」、あるいは、「私は、この法律事務所にお願いして10万ドルの賠償金を取得しました」、「私は25万ドル」というようなコマーシャルが流されるわけでございます。また事件屋ともうしますか、救急車の後を追いかけるような弁護士もいるといわれております。私の友人がバークレーに住んでおりまして、一時停止を無視して、交差点に進入してきた車両に側面から追突されたところ、たまたま交差点のところに法律事務所があり、「なにかあったら電話をくれ」と、降りてきた弁護士から名刺を手渡されたそうでございます。彼らは完全成功報酬制度、コンティンジェンシーフィーベースで弁護を行うため、勝訴しなければ１文にもならないわけですが、完全敗訴というのはあまりないようで、勝訴金額の３割、多いときには５割を報酬として受け取るといわれております。また、保険会社には被保険者を防御する義務がございますので、訴訟になれば、当然弁護士が必要になり、弁護士事務所を抱えるか、弁護士を社員として雇い、訴訟に備えているわけです。仮にノーフォールト導入ということになりますと、彼らの大半は仕事を失い、トライアルロイヤーにとっては死活問題とさえなりかねません。そのために、カリフォルニア州におけるノーフォールトの住民提案や不法行為制度の改革に関しては、常に彼らは反対の立場をとるという構図になっております。友人で、以前に保険会社の弁護専門の弁護士をやっておった友人に話を聞きましたところ、保険会社としてはノーフォールトや不法行為制度の改革には賛成であっても、保険会社に所属する弁護士としては反対に回るという構図になっており、カリフォルニア州においてノーフォールト制度の導入は今後まずないということでございます。

　こうしてみますと、カリフォルニア州における自動車保険制度の議論は、被害者の迅速な救済、公平な損害の補償という観点から議論されているのではなく、むしろ自動車保険制度をめぐるパンの議論に終始しているような感じを強く受けるわけでございます。

3　低すぎるアメリカの最低賠償限度額

　次に、保険金額の問題について検討したいと思います。各州の最低賠償資力は非常に低く設定されております。フロリダ州を例にとってみますと、死傷者1人あたりの最低賠償限度額は1万ドル、1事故あたりの対人最低賠償限度額は2万ドルでございます。1番高いニューヨーク州でさえ、死亡時には5万ドル、1事故10万ドルとなっております。カリフォルニア州はどうかと申しますと、1名1万5000ドル、1事故3万ドル、これが対人でございます。最初にアメリカの自動車保険に関して勉強を始めたときに、この金額はなにかの間違いではないかと、私は正直思いました。1985年当時、1ドル250円でございましたが、それでもカリフォルニアの最低賠償限度額は対人1人あたり400万円弱にすぎません。果たしてこれで自動車保険としての体をなしているのか疑問に思ったわけです。友人の話によると、救急車でエマージェンシールームに運ばれて1日もいれば、おそらく1万ドルは楽に超えてしまうだろうという話でございます。しかも、当時のカリフォルニア州は強制保険ではなく、事故を起こした後に賠償資力があることを要求するのみの賠償資力の州でございましたので、保険なしで運転されている車が非常に多いとも聞いておりました。このように低い保険金額と高い無保険者率では被害者救済になっていないのではないかと考えたわけです。保険金額が高ければ当然保険料も高額になる。高額な保険料は保険を購入できない人を増やす。それは高い無保険者率につながる。しかし、対人1名1万5000ドル、1事故3万ドルというような、カバレッジの極めて低い保険でさえ、果たして購入できないぐらいの高額な保険なのだろうか。保険金額、保険料、そして無保険者率が相互にリンクする関係にあるということは理解できました。

　まず、保険金額の問題からです。カリフォルニア州で賠償資力法が施行されましたのは1975年からでございますが、当時の最低賠償資力の要求額は現在

と同じでございまして、20年以上も増額されておりません。1973年に刊行されたカリフォルニア自動車保険法ガイドによりますと、カリフォルニア州では、州内で自動車を運転するに際して保険に加入していることは要求されていない。しかし、賠償資力法によれば、自動車事故を起こした者に関しては、運転免許を維持するために保険に入る必要があると述べております。これには例外がありまして、旅客営業用または貨物運送用の車輛に関しては、条例によって責任保険に加入していることが要求されておりました。1975年に入りますと、賠償資力法に改正が加えられ、一定額の損害を生じさせた事故を起こした運転者は、一定の賠償資力を有していることを証明しなければならないことになりました。その改正の理由は、自動車を所有する、または運転する者は、事故によって傷害を被った者たちに対する責任負担能力を保持することが、当然の責任であると考慮されたからであります。これによって一定額の損害を発生させた交通事故の当事者は、車輛局（デパートメント・オブ・モータービークル）に対して報告をし、なおかつ賠償資力を保持していることを証明しなければならなくなりました。これを怠ると運転免許取消等の処分が課せられることになったわけであります。しかし、あくまでも、この賠償資力法は、事故発生後に一定額の賠償資力があることを要求するのみで、言い方を変えれば、事故にさえ遭わなければ別に無保険は問題とならないということになります。したがって、保険へ加入するという強力なインセンティブにはなりませんでした。ところで、カリフォルニア州保険庁から出されている自動車保険ガイドを見ますと、「保全すべき資産がある場合には、最低賠償額よりも高額の保険を購入するよう考慮しなさい」、と記載してあります。また、コンシューマーレポートなどでも、保全すべき資産があるかないかが、高額の賠償限度額の保険を購入するか否かの判断要素とされておりまして、被害者の救済よりも加害者の資産保全が前面に出てくるあたりが日本とは大きく違うものを感じます。

4　高すぎる無保険者率

　次に無保険者の問題に移ります。レジュメに掲載しましたデータは若干古いのですが、1983年から1986年にかけて調査が行われた全米の無保険運転者の比率を抜粋いたしました。その数字はまさしく驚くべき内容でございます。最

高のコロラド州で33％、3台に1台が保険に入っていないというデータでございます。また、1995年にカリフォルニア車輌局（デパートメント・オブ・モータビークル）が行った調査によりますと、全州平均では27.5％、ロスアンゼルスカウンティでは37.11％の無保険者率であるというわけですから、これは本当に信じられない数字です。なぜこんなに無保険者率が高いのかというと、一つは強制保険ではないということ、もう一つは、保険料が高額であるという点にあると思われます。保険に加入している人は、比較的収入も高く、慎重であるといわれておりますから、自動車事故に遭遇し、仮に相手方が無謀な運転者であったり、あるいは著しく不注意であった場合には、その相手が保険に加入してない確率は、この無保険者率よりさらに高くなるということになりますので、それに対する対策が必要になります。それが無保険運転者危険担保条項の存在であります。カリフォルニア州では、文書によってこの担保条項を除外する旨の意思表示をしない限り、無保険運転者危険担保条項が自動的に付帯されることになっております。事故に遭遇した際、相手方が保険に加入している可能性は低く、このような形で自分の身を守らざるを得ません。しかし、仮に、強制保険制度を導入し、無保険者を追放することに成功するなら、これは必要のない条項となります。このあたりがアメリカらしいといいますか、無保険者を完全に駆逐することはできないので、そのための処理を無保険運転者危険担保条項に依存しているということになります。

5　高すぎる保険料

　保険料の問題に移ります。カリフォルニア州の人々が支払っている自動車保険の保険料ですが、1995年の平均数値は830ドル98セントとなっております。1ドル130円計算で11万円弱になります。これでは一体どれだけの保険金額でこれだけの保険料になっているのかはっきりしません。カリフォルニア州保険庁によれば、昨年度の調査では、30才で運転歴に問題のない場合、最低賠償限度額の保険、対人1名1万5000ドル、1事故3万ドル、対物5000ドル、この保険を購入すると、会社によって保険料が異なるものの、最低は592ドル、最高は1462ドルであったといわれております。平均値は、ロスアンゼルスでは978ドル、サンフランシスコでは512ドル、サンディエゴでは467ドル

というように、地域による差が目立っております。昨年１月に刊行されたコンシューマーレポートによれば、27才の独身男性、１日の走行距離が約20キロ、スピード違反歴１回で、最低賠償限度額の保険の場合、サンフランシスコ市郊外では1106ドルから1512ドルの保険料、市内に入りますと、1407ドルから1742ドルの保険料になっております。48才と45才の夫婦で、17才の娘を記名被保険者として追加し、２台の車を保険に付すことになれば、対人１名10万ドル、１事故30万ドル、対物５万ドルの保険であるとすると、サンフランシスコ市郊外では、1416ドルから2694ドル、市内では1828ドルから3039ドルの保険料となっております。この他に、自動車保険料率算定会が行った調査によりますと、アメリカに関しては、ニューヨーク州の保険料を取り上げて、日本を含む諸外国の保険料と比較しておりますが、単純比較で約４倍、アメリカの保険料水準がかなり高いことが明確となっております。なぜアメリカの保険料がこれほど高額なのかという点は、今回のシンポジウムとは直接関係がございませんので、これ以上の言及はいたしませんが、保険会社による被保険者の防御義務などの法的問題と、自動車の盗難や修理費用、そして保険詐欺など、法制度内外の諸問題の複合結果であるということは理解できます。

　このように保険料が高額であることは、保険の購入可能性、アフォーダビリティーの問題につながります。家計の点から保険を購入できたとしても、最低賠償額のものにしか入れないという人が多くなるのではないかという問題です。1992年８月のコンシューマーレポートにおもしろい例が掲載されておりましたのでご紹介いたします。購入価格１万8000ドルのファイアーバードトランザム、これは相当スピードの出るスポーツタイプの車だと思いますが、それを購入したミシガン州デトロイトの若い男性は、対人１名５万ドル、１事故10万ドル、対物２万5000ドルの保険の保険料として年間9177ドル支払わなければならないというのがございました。実に１年間の保険料が購入した車両価格の半分でございます。これを見ますと、最低限の保険であってもかなり高額な買い物となることがわかります。

6　カリフォルニア州における不法行為法・自動車保険改革運動

1）プロポジション51

　次に、カリフォルニア州の状況をご説明したいと思います。不法行為型の自動車保険制度を採用するカリフォルニア州では、自動車事故の損害賠償は不法行為法のシステムによって処理することになります。1975年でございますが、医師の医療過誤保険の保険料が急激に上昇した時期がございまして、非財産的損害、いわゆる慰謝料にキャップをかけ、10万ドルにするという改革が行われました。これは医療過誤事件に限定したものでございました。1986年には、記憶に新しい保険危機の真っ最中で、自動車保険を含めた不法行為改革運動が盛り上がり、住民提案51、プロップ51が通過いたしました。これは複数当事者の不法行為における連帯責任の一部制限でございまして、財産的損害と非財産的損害の取り扱いを別にし、財産的損害に関しては従来通り連帯、非財産的損害に関しては過失割合に応じて負担させるというものでした。これが一体自動車保険にどう影響するかですが、一例を挙げて説明させていただきます。

　一時停止の交差点で、それを無視して進入した車が、優先道路を走行中の車に衝突したといたします。仮に過失割合を10対0といたします。一時停止違反の運転者は100％賠償しなければいけませんが、彼には保険がありません。他に資産もありません。裁判所が実地検証をいたしましたところ、一時停止の標識が生い茂った木のためによく見えないことがわかりました。道路維持管理は、州または地方公共団体の責任であり、事故のほとんどは運転者の過失によるものであるとしても、標識が見えにくかった点も影響しており、陪審員は、5％の過失が州または地方公共団体にあると判断します。住民提案51の通過前でございますと、被害者の損害の全額を州または地方公共団体が支払わなければならないことになります。これが別名ディープポケットルールともいわれるもので、被害者の損害を全額カバーできるだけの保険、または資産を加害者が有していない場合、財産を有する者を不法行為訴訟の中に引きずり込んで、連帯責任の成立をねらうということがよく行われたわけです。事故全体を通して、誰が悪かったのかではなく、支払い能力のある者は誰なのかを捜す作業がトライアルロイヤーたちによって行われました。

　財産的損害と非財産的損害に分けることによって、比較的高額となりやすい慰謝料、また、時には天文学的数字となり得る懲罰的損害賠償を連帯債務から切り離すことは、支払い保険金の減少に役立ち、ひいては高騰した自動車保険料の引き下げにつながると考えられたのであります。実際、住民提案51のキャンペーンは保険会社の後押しのもとで行われました。ところが、保険料は安くなりませんでした。何故、保険危機が起こったかについてはいろいろな分析が行われております。不法行為の高額判決もたしかに一因であったようですが、保険料収入を目的としたキャッシュフローアンダーライティングの失敗や、保険サイクルに大きな問題があったともいわれております。

2）プロポジション103

　そこで不法行為の改革ではなく、保険料の直接的な引き下げを意図したプロポジション103が1988年の総選挙の際に提案され、通過いたしました。これは大変問題のある提案でございまして、10年経った現在でもこれに関する処理がすべて済んでいるわけではございません。特に、通過後の自動車保険の保険料を1987年11月8日における保険料水準から少なくとも20％引き下げること、そして保険会社に対して、余分に取りすぎた保険料を払い戻させる、いわゆるロールバックが特に問題となり、この払い戻しをめぐって多数の訴訟が提起されました。このプロポジション103でございますが、保険庁長官の公選制と相俟って、一種の政治の道具として利用された面もあり、かなりの混乱がございました。103の内容は、基本的には、⑴保険料の引き下げ実施と料率事前認可制度の実施を内容とする料率問題、⑵自動車保険料率区分要素に関する問題と優良運転者割引保険の提供実施に関する問題を含む、自動車保険自体の問題、そして⑶保険庁長官の公選制実施、あるいは保険事業に対する州反トラスト法適用除外法の廃止などを含むその他の問題、この3つに大きく分けることができます。この中で自動車保険に関する料率区分要素の変更では、①被保険者の安全運転記録、②被保険者の年間運転走行距離、③被保険者の運転経験年数、④保険庁長官が損害リスクに密接な関連を有するものとして規則によって定めるその他の要素、この順に従い、重要度に基づいて用いなければならないとした点は、自動車保険の保険料算定にも大きな影響を与えました。また、

過去3年間運転免許を保有していた者で、その期間中に2件以上の動的交通違反を犯していない者に対しては、保険料を20%割り引いた保険契約を提供することを保険会社に対して要求し、この優良運転者に対して保険の引き受けを拒絶してはならないとも定められております。これらの内容は、現在、カリフォルニア州の法的規制法典、コード・オブレグュレーションのタイトル10チャプター5サブチャプター4.7に挿入されております。この規制で注目されるのは、地域別料率の点でございます。保険会社は、従来、郵便番号区分によって地域別料率を導入しており、保険会社間はもとより、同じ保険会社であっても、郵便番号の違いにより極端な保険料の差がございました。例えば、私がもっている1986年の資料でございますが、ロスアンゼルスの一部では、最低賠償額の対人1名1万5000ドル、1事故3万ドル、対物5000ドルの保険、この保険料が1010ドルで、同じ保険会社で高級住宅地に移りますと444ドルというぐあいです。これはアメリカの居住環境にも関係がございまして、低所得者地区と申しますか、スラムといいますか、そういう地区は損害率が極端に高く、高級住宅街はそうではない。日本で考慮されているのよりもかなり細かい地域別料率が採用されております。しかし、これは極端ではないかという疑問や、どこに住んでいるかは、特にアメリカの場合、ある程度収入とも関係してまいりますので、貧富の差による差別で憲法に抵触するとの主張もございました。現在の料率規制で地域別料率は認められておりますが、算定要素としての優先順位がかなり低くされているはずでございます。

3）プロポジション213

　次にプロポジション213についてでございます。これは1996年の総選挙の際に投票に付された住民提案でございますが、内容は不法行為法の改革でございます。プロポジション213は次のような内容になっております。逮捕された犯罪者が被った傷害が、犯罪の実行行為または逃走の間の原因で発生した場合は、すべての損害賠償請求権を否定する。自動車保険に関連しているのは次でございます。事故後直ちに飲酒運転で逮捕された者、及び自動車を運転していた無保険者は、事故に遭遇して傷害を被った場合には、非財産的損害の請求権を否定される。但し、無保険者が、事故直後に飲酒運転で逮捕された者によっ

て自動車事故で損害を被った場合には、その非財産的損害の塡補は受けられる。このような内容になっております。このプロポジションは保険会社の支持を受けまして、77％の賛成のもとに通過して、民事法典（シビルコード）3333.3 条と 3333.4 条に挿入されております。直接的には、保険料の引き下げを意図したといわれておりますが、間接的には、このような規定をすることによって、無保険者の減少が期待されたわけでございます。

　実は、この 213 をめぐりまして、有名なものでは２つの訴訟が提起されております。1 つは遡及適用についてでございます。これはヨシオカ対シュペリア・コート・オブ・ロスアンゼルスというケースです。施行日につき、この法は、1997 年１月１日以降に裁判が開始されたものに適用されるとありました。日系だと思いますが、デビット・ヨシオカという人は、1994 年６月にロスアンゼルスで事故に遭い、事故当時彼は無保険でした。彼の主張によると、この事故は、後ろから追突されて、前の車にぶつかったものだということです。訴えを提起したのは 1995 年でございますが、ロスアンゼルスの裁判所は大変混んでいるようでございまして、訴訟が多く、裁判が開始されたのが 1997 年の 3 月でございました。そこでプロポジション 213 の適用問題が発生したわけでございます。この遡及適用を認めることは、イコールプロテクションまたはデュープロセスに反することなどを理由に訴えを提起しました。しかし、カルフォルニア高裁は、これらの主張をすべて退けております。

　もう１件、プロポジション 213 関連のケースで、ファッケンブンシュタイン対シュペリア・コート・オブ・サンフランシスコというケースがございまして、同じく憲法上の問題が争われておりますが、地裁の段階では 213 の施行停止が出されましたが、高裁の判断は、デュープロセス、イコールプロテクション等に反しないというものでございます。その後、カリフォルニアの最高裁は、これ以上プロポジション 213 の合憲性についての訴えを受け付けないという判断を下しておりまして、プロポジション 213 は、現行法として有効になっております。

4）AB650

　次に、AB650 というのを説明させていただきます。カリフォルニアは、従

来、賠償資力法の州でありまして、コンパルソリー、強制保険の州ではございませんでした。一定規模の事故を起こした後に一定の賠償資力の証明が必要であったのみでございます。このAB650と申しますのは、夫を無保険者による自動車事故で失ったというスビィアー下院議員による議員立法です。AB650は、1996年9月30日、州知事がサインをして、97年1月から施行になっております。内容としては、車輌登録に際して、モータービークルが賠償資力の証明を要求する。警察官は運転者に対して賠償資力の証明を要求できる。そして、これらに反して賠償資力の証明ができなかった者には罰金が課せられるという内容になっておりまして、車輌法典（ビークルコード）の16020条などに変更を加えるものでございました。この立法は時限立法で、2000年1月1日までとなっておりまして、現在、AB651という法案が提案されておりまして、これによると2003年1月1日までこの法律を延長させる、いわゆる時限立法の期間を延長するということでございますが、まだこれは通過しておりません。

　ところで、このAB650の通過は思いも寄らぬ現象を引き起こしてしまいました。というのは、無保険者が次々と捕まりまして、裁判所へ送られ、罰金判決を受けるのですが、この罰金が1350ドルでございます。ロスアンゼルスやオークランドのミュニシパルコートでは、交通違反の裁判を受ける者の少なくとも50％がこの無保険者であると言われておりまして、訴訟に影響を与え始めております。さらに、この1350ドルの罰金ですが、裁判所、裁判官によっては減額を認めているところ、一切認めないところというように分かれておりまして、罰金に関しても混乱がみられます。また、この罰金を安くしようとか、捕まったときは無保険であったけれども、裁判所に出頭した時に保険を購入していれば、罰金は科さないことにしようとかいう提案が、現在されておるわけでございます。

　カリフォルニア州における最近の動きですが、保険庁長官が低コストの保険を導入するという提案をしております。300ドルの自動車保険というもので、担保範囲は最低額の対人1名1万5000ドル、1事故3万ドル、対物5000ドルでございますが、優良運転者で、運転中携帯電話は使わない、自動車運転前の一定の時間はお酒を飲むことを慎むことなどが要求されておりまして、さらにシートベルトの着用を約束しなければなりません。また、年間7500マイル、

約1万2000キロ、月1000キロ以下の運転の場合は、同じく割引をする。さらに、事故後24時間以内に保険会社に必ず報告をする。これらの要件を満たさなかった場合には、支払い保険金から5000ドルを控除するというような内容を保険庁長官は提案されております。

7　自由化との関係で

　自由化に伴う問題点を最後にアメリカの状況から見てみたいと思います。基本的には、アメリカにおけるような残余市場の問題は起きない、自賠責法を改正しない限りそれはないだろうということで、私は今回、残余市場、レジデュアルマーケットについては資料として載せるだけで、残余市場についてはふれませんでした。自由化した場合、若年ドライバーが高額の保険料を要求される可能性がありまして、これらは賠償能力の低い者であり、被害者救済の点で特に問題が起きるということが、アメリカの例を見てもわかると思います。それから地域別料率でございますが、アメリカの動向を見る限り、ファクターとしては低い位置づけにすべきであろうと思います。もっとも日本とは住居環境が違いますので、日本とアメリカと同じような地域料率という考え方はできないだろうと思います。むしろ、自由化された場合でございますが、各保険会社間の保険料の比較、あるいは情報を開示する場所が必要になります。しかも、各社別ではなくて、並べて比較できるような情報を提示する機関というものが必要になるだろうと思います。カリフォルニア州でございますと、保険庁に連絡すると、そういう情報を開示してくれますし、インターネットのホームページを開きますと、この地区で何歳であるところの会社はいくら、この会社はいくらというような保険料の情報ソースを入手できます。但し、コンシューマーレポートなどもいっておりますように、必ずしも価格だけで保険会社を選定するのではなくて、いろいろな状況、特にその保険会社に対するコンプレイン（苦情）の状況なども保険庁は開示しておりまして、それなども見ながら消費者が保険会社を選択する、そういうシステムが必要ではないかと思います。

　実は、私の遠縁で、千代田火災の田中充さんに、留学に際して、「なぜアメリカに行くのか、あんな国に行って何を学ぶのか」と言われたことがございました。行く時には、ああいう風にならないためには、どうすればいいのか考え

てきますと答えました。それだったらいいだろうということで、留学に送り出していただきましたけれども、実際、アメリカの自動車保険を見ますと、正直なところ、日本人の目から見て正常視できないような状況がちょっと多すぎるのではないかということがございます。特に最低賠償額の低さとか、保険料が高いという点です。あるいは不法行為を改革するというのは理解できますが、本当に救済されなければならない者の存在を忘れて、パンの議論に終始するトライアルロイヤーの存在などは信じられません。

　また、元カリフォルニア保険庁長官のグリスピーさんとお話する機会があり、日本の自賠責制度のお話をしたんですが、「知っている。だけど、文化が違うからうちは関係ない」と言われたことがございました。一方、アメリカのある先生に自賠責の制度を話したところ、「そんな低い保険料でどうしてそんなことが維持できるのか、すばらしい制度だ」というふうにも言われました。

　いろいろな自由化の問題点に関して、アメリカは必ずしもお手本とする国ではないということを最後に指摘して、私の報告とさせていただきたいと思います。

第4章　カリフォルニア州自動車保険の混迷
―低価額自動車保険試行プログラムの現状と課題―

1　はじめに

　カリフォルニア州議会は、1999 年 9 月に議員提案[1] による自動車保険の改正を行ったが、その内容はショッキングなものであった。サンフランシスコ・カウンティ（群）とロスアンゼルス・カウンティに限定した試行（パイロット）プログラムではあるが、これまで同州車両法が要求していた強制最低責任限度額を、対人 1 名につき 1 万ドル、1 事故 2 万ドルそして対物 3 千ドルまで切り下げたのである。

　アメリカにおける自動車保険制度は、大きく不法行為型とノー・フォルト型に分けることができ、カリフォルニア州は伝統的な不法行為型に属する。コモン・ロー原則[2] に従い、交通事故の加害者は被害者に対して損害賠償を行わなければならないが、個人のポケットに限界があるのはアメリカも同様であり、この損害賠償は賠償責任保険によって肩代わりされるのが通常である。日本の自動車損害賠償責任保険（以下、自賠責保険という。）と同様に、カリフォルニア州も自動車の保有者に対して賠償責任保険の購入を義務付けており[3]、対人 1 名につき 1 万 5 千ドル、1 事故 3 万ドル、対物 5 千ドルがこれまで車両

---

1 ）エスクチア上院議員提案の SB171 と、スペイアー上院議員提案の SB527 は、いずれも 1999 年 9 月 10 日にカリフォルニア州上院を通過し、同年 10 月 7 日に州知事によって署名された。

2 ）Negligence（過失責任）の原則に従う。交通事故に主として関連するのは、Personal Injury（人身傷害）、Wrongful Death（不法死亡）であるが、これらは民事法典の中に規定がある。

3 ）カリフォルニア州は、以前は強制保険制度ではなかったが、1996 年の保険法改正によって実質的に強制保険制度へと転換した。

法の要求する強制最低責任限度額[4]であった。この金額を見た場合、日本の自賠責保険の定める対人1名につき3千万円と大きな開きがあることに気がつくが、これは何もカリフォルニア州に限ったことではなく、アメリカ全体の状況である[5]。

　アメリカにおける自動車保険の特徴の一つとして、強制最低責任限度額が著しく低く設定されていることが指摘できるが、被害者救済を考えた場合、それをさらに切り下げるということには大きな疑問が浮かび上がる。

　本稿では、カリフォルニア州が採用した試行プログラムを検討対象とし、このような切り下げに踏み切った背景を通して同州における自動車保険制度の混迷状況を明らかにし、自動車保険制度に対する日米の考え方の違いを提示したいと考える。

2　カリフォルニア州における自動車保険制度

1）賠償資力制度から強制保険制度へ

　カリフォルニア州は、自動車事故に伴う損害賠償制度とそれに対応する自動車保険制度に関しては、標準的な州であるといえる。不法行為制度を基礎とした賠償責任のルールに従って交通事故は処理され、自動車保険はノー・フォルト制度ではなく、伝統的な賠償責任保険制度となっている。

　自動車保有者に対して自動車保険の購入を強制すべきかどうかは立法政策による。1975年以前のカリフォルニア州は、かなり弱い形の賠償資力法の州であり、自動車の保有者に対して賠償責任保険の購入を義務付けてはいなかった[6]。賠償責任保険の購入は、自動車事故を起こした者の運転免許維持のために要求されるのみで、事故と無縁の保有者にとって、自動車保険は不要なものであった。また、1967年改正前の賠償資力法では、対人1事故1名につき1万ドル、1事故2万ドル、対物5千ドルであった。改正により対人1事故1名

4）CAL. VEHICLE CODE §16056によれば、対人1名につき1万5千ドル、1事故3万ドルそして対物5千ドルがこの強制最低責任限度額である。今回の試行プログラムは、2つのカウンティに限定して、切り下げた金額で合法とするものである。

5）各州の強制最低責任限度額については、自動車保険料率算定会『自動車保険の概況（平成11年度）』74頁を参照。

6）DAVID MELNICK, CALIFORNIA AUTOMOBILE INSURANCE GUIDE（1973）at 78

につき 1 万 5 千ドル、1 事故 3 万ドル、対物 5 千ドルに切り上げられたが、この金額は現在でも変わりは無い[7]。

　賠償資力法の改正により、自動車の運転者および保有者は一定の賠償資力を維持することが要求されることになったが[8]、これはあくまでも事故を起こした後に賠償資力があることを証明すれば足り、これが証明できない場合は運転資格を失うに過ぎず、車両局に対して通報義務の発生する一定額以上の損害を発生させた交通事故に関与したり、特定の交通違反を犯さない限り、賠償資力の有無を問われることはない。いわば典型的な賠償資力法の州へと移行したのである。

　ここで要求される賠償資力は、賠償責任保険である必要はなく、自家保険、保証証書（bond）あるいは車両局への現金預託であっても差し支えない[9]。もっとも、実際上は賠償責任保険の形態をとるのが通例であろう。

　ところで、強制保険制度で無い場合、交通事故の相手方が無保険運転者である可能性は高く、相手方に賠償能力も無い場合には被害者の損害は回復の道を失ってしまう。この様な場合に備えて無保険運転者担保条項を購入する必要があるが、カリフォルニア州でこの担保条項の提供が法律上要求されるようになったのは比較的早く、1959 年の保険法改正による[10]。それ以後、若干形を変えながらも現在の保険法に引き継がれている。

　現在の保険法 11580.2 条[11] は、賠償責任保険の提供にあたって保険会社は無保険運転者担保条項を提供しなければならないと規定しており、金額については、対人賠償責任の限度額と同額ないしは 1 名につき 3 万ドル、1 事故について 6 万ドルが標準的だが、高額のものを購入することは可能である。また、担保条項は、特定の書式に従った文書による方式でなければ、除外できないと規定されている[12]。なお、この無保険運転者担保条項に加えて、低価額保険

---

7) CAL. VEH. CODE § 16056（West 1971 & Supp. 2000）

8) CAL. VEH. CODE § 16050（West 1971 & Supp. 2000）

9) CAL. VEH. CODE § 16054, § 16054. 2, § 16056（West 1971 & Supp. 2000）

10) もっとも、1954 年 7 月から、複数の保険会社が一般的な賠償責任条項に加えて、賠償能力のない加害者に備えた条項を 5 ドルから 7 ドルの保険料追加で提供していたという。

11) CAL. VEH. CODE § 11580. 2（West 1981 & Supp. 2000）

12) Id

運転者担保条項が 1984 年の改正によって提供されることになった[13]。これらの条項に関する保険会社と被保険者の争いは、仲裁によって解決される旨が保険法 11580.2 条(f)項に規定されている。

　賠償資力制度であったカリフォルニア州が強制保険制度へ移行したのは 1997 年 1 月（1996 年保険法改正）である。全ての運転者および自動車保有者は、賠償資力の証明を常に自動車に備えておかなければならず、停車の際に警察官から提示を求められた場合には、この賠償資力を証明するものを提示しなければならないことになった。証明が求められるケースが増え、しかも証明ができない場合には罰則まで課されることになった。さらに、従来は要求されていなかった車両登録および更新に際して、賠償資力の証明が必要になった。1975 年の改正によって、運転者および自動車保有者は常に賠償資力を維持することが要求されたが、そのチェックシステムは極めて限定的で、実効性に乏しい強制方法であり、1996 年の法改正により、1997 年 1 月から強制保険制度へ移行したと見るべきであろう。

2）残余市場—オートモービル・アサインド・リスク・プラン—

　カリフォルニア州の自動車保険料率は、以前はファイル・アンド・ユーズ・システム（届出後使用制）であったが、1988 年のプロポジション 103（後述）により、事前認可制へと移行している。自動車保険は民間の会社が提供しているが、特別な組織がこれを提供する場合がある。

　日本の自賠責保険制度と異なり、保険会社に自動車保険の引受けが強制されていないところでは、一般市場において保険を購入できないハイ・リスクの者が存在しうる。残余市場（Shared Market）がその様な者に対して保険を提供するシステムがアメリカでは確立されており[14]、カリフォルニア州では、「オートモービル・アサインド・リスク・プラン」がその役目を果たしている。1996

---

13) 低価額保険者を無保険者と同様の意味に解するとの規定が挿入されている。なお、カリフォルニア州における無保険運転者担保条項については、Michael Brady & Marta Arriandiaga, *California Uninsured And Underinsured Motorist Law: An Updated Review And Guide*, 36 SANTA CLARA L. REV at 717

14) アメリカの残余市場については、尾上和宣「米国における自動車保険制度の概要」『世界の交通法』（西神田編集室、1992 年）330 頁以下が詳しい。

年のデータによれば、このアサインド・リスク・プランを通じて自動車保険を購入した者は、約 10 万人であり、全被保険者中の比率は約 0.7 ％であった [15]。カリフォルニア州のアサインド・リスク・プランは、保険法 11620 条により、このプランを運営するために 1947 年に設立された保険会社の団体であり、保険庁による監督を受けている。

　このプランが提供するのは、賠償資力法に定める最低責任限度額の賠償責任保険だけであり、一般市場より高額な保険料が設定されるのが通例である。カリフォルニア州において自動車保険を販売する保険会社はこのプランへの参加を強制され、プランでは引受けた保険を市場占有率にしたがって、各保険会社に割り当てる。このプランは、認定された保険代理人しか申請書を提出できないという制限がある。

　1988 年にカリフォルニア州においてアサインド・リスク・プランを通じて保険を購入した者は 4.92 ％であったが [16]、現在はその比率が 0.7 ％まで落ちているところから、カリフォルニア州における保険料が一般人にとって利用可能なレベルになってきたことが推測できる。

3　プロポジション 51 からプロポジション 103

1）プロポジション 51

　カリフォルニア州の自動車保険をめぐる状況が大きく動き始めるのは、1986 年の「プロポジション（住民提案）51」からである。この住民提案は、自動車保険に直接関係したものではなく、不法行為制度改革のひとつとして総選挙の際に投票に付されたものであった。住民の関心は、不法行為制度改革そのものにあったのではなく、この通過が保険料の値下がりに直ちに結びつくかのような保険会社を中心とするグループのキャンペーンに大きな影響を受けた。そし

---

15) INSURANCE INFORMATION INSTITUTE, THE FACT BOOK 1999, at 44

16) 尾上和宣・前掲注 14) 335 頁

て、保険危機[17]の中で自分たちに降りかかってきた「賠償責任保険」とりわけ「自動車保険」の異常なまでの保険料の上昇が[18]、この住民提案の通過によって解決できると信じた有権者の賛成によって成立した。

　ここでプロポジション 51 の内容を簡単に紹介する。伝統的な不法行為原則（コモン・ロー）によれば、複数の加害者が関与した場合、加害者の責任はそれぞれの過失割合に関係なく連帯となる（わが国の民法 719 条 1 項前段に定める共同不法行為と同じ考え方）。一例をあげよう。交通事故が発生し、B・C 両者が被害者 A の加害者であるとする。A に過失は無いものとし、B の過失を 90％、C の過失を 10％とする。A の損害額が 50 万ドル（財産的損害を 30 万ドル、非財産的損害（慰謝料）を 20 万ドルとする）であれば、B・C 両者は連帯してこの 50 万ドルを支払わなければならない。B の過失は 10％であるから、A の損害の 10％についてしか B の責任はないはずであるが、連帯責任制度の下では、内部的な求償関係は認めるものの、被害者 A に対しては B・C が連帯して責任を負うことになる。

　B が A の損害全額をカバーできるような賠償責任保険に入っており、C が無保険運転者のように賠償能力がない者であった場合、当然のことながら A は B から損害全額を賠償してもらうことになる。過失割合に応じた比例分を B が C に求償しようとしても、実際の回収は不可能となる。

　このように、被害者 A にすれば、加害者の中に 1 人でも賠償能力の高い者が存在していれば安心である。この連帯原則は、B の過失がわずか 1％であっても同じく適用されるのであるから、被害者としては訴訟の全体図の中に賠償能力の高い者を引き込むことが、事故の損害の填補を確実にすることへ直接結びつくのである。そのために、賠償能力の高い者として、大手メーカーや国・

---

17) 保険に関して問題となったのは、保険のアベイラビリティとアフォーダビリティ（カバーできる保険が存在することと、その保険料が購入可能な程度に低額であること）の 2 点である。アメリカの保険危機に関する邦語の文献として、『保険危機に揺れるアメリカ』（保険毎日新聞社、1986 年）と、リチャード・S・ミラー「アメリカ合衆国における不法行為改革の動向(上)(下)」判タ 621 号 15 頁以下、同 622 号 30 頁以下をあげておく。

18) 50％程度の値上がりは珍しくなかった。プロポジション 51 については、ジョン・ウェラン『カリフォルニア州の自動車保険法の最近の発展』（石田満監訳）安田火災記念財団叢書 NO.32（1989 年）。ウェラン教授によると、同氏の自動車保険料は 50％上昇したという（同書 34 頁）。

州や市町村などの地方公共団体が狙われ、完全成功報酬制度で事件を引き受ける原告弁護士たちの腕の見せ所といった状況に陥っていた。

　これがいわゆる「ディープ・ポケット・ルール」である。財布の豊かな者の狙い撃ちが、陪審制度との相乗効果によって拡大していった[19]。このような状況を打破するために始まった不法行為制度改革運動は連邦政府をも巻き込み[20]、全米各州において何らかの改革が加えられた。プロポジション 51 で問題とされた連帯責任の他には、損害賠償額の上限設定、重複填補ルールの変更、無意味な訴訟に対する制限、懲罰的損害賠償の制限、政府・自治体の損害賠償責任の制限、酒類販売業者の損害賠償責任の制限、定期金賠償の導入などが争点となった[21]。

　プロポジション 51 は、このような連帯責任原則を全面的に廃止するのではなく、財産的損害については従来どおり連帯責任とするが（カリフォルニア州民事法典 1431 条）、非財産的損害については、連帯ではなく過失割合に応じて責任を負担することになる（カリフォルニア州民事法典 1431.2 条）。先ほどの例では、B は財産的損害 30 万ドルについては全額責任を負わざるを得ないが、非財産的損害 20 万ドルについては、過失割合に応じて 10% の 2 万ドルのみの賠償でよいことになる。

　これによって損害賠償額の縮減が可能となり、それが保険料の値下げに結びつくという論理であったが、保険料の大幅な値下げなどは決して生じなかっ

---

19)　大手メーカーが被告となった場合、陪審員は被害者に有利な判断をしがちであるとか、あるいは高額な賠償を提示しがちであるなどの批判も加えられた。

20)　当時のレーガン政権は、この問題を検討するためのワーキング・グループを編成し 2 冊の報告書が提出されている。この委員会は、最初の報告書において、①過失責任制度への回帰、②信用できる科学的および医学的意見に基づく因果関係の認定、③連帯責任制度の廃止、④非財産的損害額を公正で合理的な金額に制限する、⑤将来の財産的損害に対する定期金支払制度の導入、⑥同一の損害に対する複数の支払の禁止、⑦成功報酬制度に対する制限、⑧裁判以外による紛争解決手段の奨励の 8 項目に関する改革提案を行っている。

21)　各州の改革の状況については、INSURANCE INFORMATION INSTITUTE, WORKING TOWARD A FAIR CIVIL JUSTICE（1987）at 49-51 を参照。

た[22]。これが次の「プロポジション 103」へと結びつく。

2）プロポジション 103

　プロポジション 103 は、1988 年 11 月の総選挙の際に投票に付された保険規制に関する住民提案である。その内容は、①保険料率の問題、②自動車保険の問題、③その他の問題、からなる。①の保険料率問題に関しては、ロールバック（いわゆる保険料引下げ）の実施と料率の事前認可制度への移行、②の自動車保険問題に関しては、自動車保険料率の区分要素の法定化と優良運転者に対する割引保険提供の実施、③のその他の問題については、保険庁長官の公選制の実施・家計保険種目に関する保険料比較情報の提供や保険事業に関する州反トラスト法適用除外の廃止などが盛り込まれていた[23]。ここでは、自動車保険に関する問題に限定して検討を進める。

　プロポジション 103 は、自家用自動車保険に関する料率区分要素を細かく定めようとするものであり、①被保険者の運転記録、②被保険者の年間走行距離、③被保険者の運転経験年数、④その他保険庁長官が規則によってリスクに密接に関連すると認めた要素、の①から④の順序でその重要度にしたがって料率区分要素として料率算定に用いることを要求する内容となっている。

　この料率区分要素の強制は、地域別料率に対する制限という狙いがある。保険危機当時に公開された資料によれば[24]、保険会社によって異なっているものの、郵便番号の違いが保険料の大きな違いをもたらしていることがわかった。被保険者本人のリスクとはあまり関係ないこの居住地域によるリスクが、自動車保険の保険料算定にあたって大きな比重を占めるのはおかしいのではな

22）当時、サンフランシスコ地元紙である「サンフランシスコ・クロニクル」に、「プロポジション 51 を通過させた際、我々は保険の購入可能性（アベイラビリティ）がすぐそこまできていると信じていた。しかし現実は違った」という記事が掲載されたことを記憶している。この保険危機の原因については、キャッシュ・フロー・アンダーライティングの失敗や保険サイクルなどの複数の原因があったと現在では分析されている。

23）プロポジション 103 については、John Whelan, *Proposition 103*, 6 Nihon Univ. J. of Com. L.49（1989）を参照。

24）保険庁の公開した郵便番号（Zip Code）別による保険料の比較により、郵便番号が違うだけで同じストリートの反対側とで大きな開きが実際に生じていることが取り上げられ、大きな問題となった。

いかという考えが広まった。また、これと関連して 1989 年 11 月 8 日以降、過去 3 年間運転免許証を有していた者で、同期間中に 2 件以上の動的交通違反を犯していない者は、優良運転者として保険料を 20％以上割り引いた保険契約を締結することができる。また、保険会社は、優良運転者に対して引受拒絶をしてはならないとの規定も提案されていた。

　このプロポジション 103 は、消費者団体から提案され、保険業界からの強い反対にもかかわらず通過した。

　プロポジション 103 は、その後保険業界からの違憲訴訟などのターゲットとされ、12 年経過した現在ではおおむね決着がついているが、ロールバックの処理に関してはいまだ総てが終了していない。

3）料率区分要素の詳細と問題点

　このプロポジション 103 により、保険庁長官は自家用自動車保険の料率区分要素に関する規則を制定することが義務付けられ、後に制定された規則は次のような内容となっている[25]。

　第 1 の必須要素は、被保険者の交通違反歴および事故歴等に関する安全運転記録。第 2 の必須要素は被保険者の年間走行距離。第 3 の必須要素は被保険者の運転経験年数であり、この順に応じた重要度で料率を算定することが要求される。これらの必須要素に加え、選択的な要素として、①自動車のタイプ、②自動車の性能、③自動車の使用目的、④被保険者以外の者による運転比率、⑤自動車の保有台数、⑥被保険者の学業成績、⑦被保険者の安全運転講習等の受講歴、⑧エンジンのサイズ・安全性・事故防止器具・修理の容易さ・盗難防止器具の有無など、⑨被保険者の性別、⑩結婚ないし未婚の別、⑪契約の継続期間、⑫喫煙者か否か、⑬追加運転者の状況、⑭同じ保険会社又は関連会社と他の保険契約を締結しているか否か、⑮事故率（地域別要素）、⑯保険金単価（地域別要素）、といった 16 の要素を任意的に用いることができるとされている。

　このように、料率の要素および重要度が規則によって定められ、地域別料率が任意要素で、しかも事故率と保険金単価に限定して利用することが可能とさ

25）CAL.CODE OF REG. Title 10, Chap 5, Sub Chap 4.7

れたにもかかわらず、なお保険料の地域的格差には大きいものがある[26]。

　ここで保険庁のホームページを利用して得られた数字を紹介する。これは実際の保険料とは一致せず、あくまでも参考であるとの断りが付されてある。被保険者は「免許取得1年の男性」で、「年間走行距離1万マイル、事故・違反歴無し」の同一条件とし、地区はロスアンゼルス・カウンティのサウスセントラル地区（無保険運転者率が州内で最高と推定された地区）とナパ市を選定した。両地域の代表的な保険業者の保険料で地域格差を比較すると、サウスセントラル地区ではAAAの保険料は1095ドル、Allstateの保険料は4280ドルであり、ナパ市ではAAAの保険料は475ドル、Allstateの保険料は1522ドルである。このように同じ被保険者・条件に対しても、地区が違うと格差が生じてくる。

　それでは個人の運転歴ではどうか。前頁と同様の条件の下で、「免許取得後15年の男性」について見てみると、サウスセントラル地区ではAAAの保険料は748ドル、Allstateの保険料は924ドルであり、ナパ市ではAAAの保険料は313ドル、Allstateの保険料は422ドルである。「免許取得1年の男性」の男性の場合と比べて、運転歴が保険料に確実に反映されていることがわかる。しかし、このような運転歴の長い優良運転者であっても、サウスセントラル地区とナパ市では、依然として大きな保険料格差が存在している。プロポジション103の料率要素に関しては、特にこの地域別要素による格差を問題として保険庁長官を相手とする訴訟が提起されたが、2000年12月に、カリフォルニア州控訴裁判所は原告に有利な判断を示した1審判決を覆し、被控訴人の請求を退ける判断を下した[27]。

　プロポジション103が提案された1988年11月の総選挙の際、もう一つの自動車保険関連の住民提案、プロポジション104があった。これはカリフォルニア州保険協会の提案によるもので、ノー・フォルト保険制度の創設を含んでいたが、否決されてしまった。しかし、プロポジション103の通過後、必ずしもこのような形の料率規制が保険料の低額化にはつながらないと考えた人々の手

26）カリフォルニア州保険庁のホームページを利用すると、保険料の比較が可能となっている。以前は細かいデータを入力して算出することが可能であったが、現在ではそこまで細分化して入力を行う形にはなっていない。

27）Spanish Speaking Citizens' v. Low, 103 Cal.Rptr.2d 75

によって、新たなノー・フォルト法案を含む自動車保険をめぐる動きが活発となってくる。

4　州議会法案 SB941 から AB650

1) SB941 と AB354

　1991 年 3 月にカリフォルニア州上院に提案された SB941 は、自動車保険のノー・フォルト化を内容とするもので、ジョンストン、ヒル両議員による共同提案であった。この法案は、その前の議会（1989 年 – 90 年）に提出されたノー・フォルト法案（AB354）を修正したものであったが、議会の承認を得ることはできなかった。ここで AB354 と SB941 を簡単に紹介しよう。

　AB354 はパトリック・ジョンストン議員の提案によるものだが、コンシューマー・ユニオンの支援を受けて提案されたものであり、修正型ノー・フォルト保険である。1988 年の住民提案に付されたプロポジション 104 は 1 万ドルの治療費、1 万 5 千ドルの休業損害を給付内容としていたが、この AB354 は、医療費 5 万ドル、1 ヶ月あたり 2000 ドル（36 ヶ月を上限）とする休業損害等、比較的厚めの給付を内容としており、訴訟による慰謝料は被害者に死亡又は重大な障害が生じた場合に限り認めるものであった。この法案は通過するに至らず、ジョンストン議員は次の議会において再度ノー・フォルト法案を提出する。これが SB941 である。

　SB941 にはいくつかの特徴がある。1 万 5 千ドルを上限とする医療費、1 月あたり 1000 ドル（2 年を上限）とする休業損害、1 日 25 ドル（1 年を上限）とする必要経費を給付内容とし、AB354 と同じく、被害者に死亡又は重大な障害が生じた場合に限り慰謝料請求訴訟を認める。また、ノー・フォルト給付に際しての紛争に仲裁制度を導入し、保険基金にこの調停と仲裁口座を設けようとするものであった。この法案のもうひとつの特徴に、車両登録に際しての賠償資力の証明の要求がある。これは事実上の強制保険制度への移行を狙うものであり、この手法は、後に SB651 の通過によって実現される。

　さらに、ジョンストン議員は、この SB941 にいわゆる「ペイ・アト・ザ・パンプ」（ガソリンの料金に自動車保険料を包含させて自動・強制的に保険料を徴収しようという仕組み）を取り入れようとした。ジョンストン議員はアクチュア

リーに対してこの方式を取り入れた場合の保険料についての概算を求めている[28]。これによると、1万5千ドルの経済的損失担保に対しては、ガソリン1ガロンにつき28セント、5万ドルの人身傷害担保と2万5千ドルの賃金喪失担保には同32セントが必要であるという。

「ペイ・アト・ザ・パンプ」は、元来、アンドリュー・トビアス氏によるアイデアであるとされている[29]。これは、純粋ノー・フォルト保険の保険料を、1ガロンについて25セントの賦課金を徴収することによって実現しようとするものである。さらに、自動車登録に際して141ドルの登録料を徴収し、運転歴の良好でない運転者にはさらに割増金を課そうとするものである[30]。

ロバート・ジェリー氏はその著書の中で[31]、このシステムについて、運営が比較的容易であり、さらに保険代理人が全く不要になることから、経費の大幅な削減にもつながる点がメリットであるが、システム導入には大きな障害もあると次のとおり指摘している。まず第1に、純粋ノー・フォルト制度であることから法廷弁護士たちが反対し、次に仕事を失う保険代理人たちが反対をし、さらにガソリン代の値上げに直接結びつくところから石油業界も反対に回ることになる。第2に、この方式では走行距離に重点がおかれ、事故に深く関係する交通量の激しさを重視していない。すなわち郊外に住み走行距離が必然的に長くなる者が多額の保険料を負担し、事故の危険性の高い交通量の多い都会の運転者が少額の保険料を支払う形となる。第3に、トビアス氏のプランでは健康保険の支払い範囲を超える部分のみ自動車保険からの填補を認めるので、健康保険料の値上がりを引き起こす。第4に、州境に住んでいる者たちは、賦課金の課せられていない隣接州でガソリンを購入することになってしまう。

このような問題点を含む「ペイ・アト・ザ・パンプ」は、結局実現されることなく、ジョンストン議員のノー・フォルト法案も成立するには至らなかった。この間、自動車保険料はいわば高値安定の状況を維持することになり、保

---

[28]　アクチュアリー、ドナルド・バシュライン氏からのSB941に関する報告書による。同報告書は私がジョンストン議員のオフィスを訪問した際に入手したものである。

[29]　ROBERT JERRY, UNDERSTANDING INSURANCE LAW 2d. Ed at 856（1996）

[30]　同様の発想は、ニュージーランドの事故補償法に見られる。ニュージーランドでは運転者への賦課金とガソリンに対する賦課金を基金の原資としている。

[31]　ROBERT JERRY, *supra* note 29 at 856

険料の低額化を目的とする住民提案が、1996年に入り再度提案されることに
なる。

2) プロポジション200と213

　1996年春には、純粋ノー・フォルト制度に極めて近いノー・フォルト制度
の導入を内容とする「プロポジション200」が提案された[32]。このプロポジ
ション200は、自動車の保有者に対して人身傷害補償保険の購入を義務付ける
もので、運転はもちろんのこと、同乗者もこれによってカバーされ、歩行中に
自動車事故の被害者となった場合もカバーの対象となる。

　加害者が酒酔い運転者であった場合や重罪行為を犯していた場合には訴訟提
起が認められるが、それ以外は訴訟提起を認めない。

　人身傷害補償保険は、1事故1名につき最低限度5万ドルとし、医療費のほ
かに喪失賃金なども含む。さらに、保険会社に対して25万ドルから500万ド
ルの範囲の人身傷害補償条項を提供することを要求し、100万ドル以下の担保
範囲を購入する場合には、権利放棄書への署名を要求する。

　訴訟制限と関連して、永続的労働能力喪失や重大な障害を被った場合には、
25万ドルを上限とする慰謝料給付の担保範囲を用意する。

　このようにかなり意欲的なパッケージとなっていたが、法廷弁護士を中心と
する強い反対のために通過しなかった。

　1996年11月には、不法行為の改革が住民提案に付される。プロポジション
213がこれで、その内容は次の3点である[33]。

①　逮捕された犯罪者の被った傷害が犯罪の実行行為又は逃走に起因するもの
　　である場合には、総ての損害賠償請求を認めない。

---

32) No-Fault Motor Vehicle Insurance, Official Title and Summary Prepared by the Attorney General, Analysis by the Legislative Analyst, カリフォルニア州政府のホームページからダウンロードしたものである。
　　http://primary96.ss.ca.gov/e/ballot/prop200.html
33) Limitation on Recovery to Felons, Uninsured Motorists, Drunk Drivers. Initiative Statute, Official Title and Summary Prepared by the Attorney General, & Analysis by the Legislative Analyst, カリフォルニア州政府のホームページからダウンロードしたものである。
　　http://vote96.ss.ca.gov/e/Vote96html/BP/213.htm

② 事故後直ちに飲酒運転で逮捕された者および運転中に傷害を被った無保険運転者には、非財産的損害の填補を認めない。

③ ただし、事故直後に飲酒運転によって逮捕された者によって傷害を被った無保険者は非財産的損害の填補を受けられる。

　この提案は保険会社の支援を受け、77%の賛成によって通過した。これは直ちに条文化されて民事法典 3333.3 条と 3333.4 条に規定されている。この慰謝料制限は運転者本人についてであって、遺族の固有の慰謝料は制限を受けない[34]。

　この提案は、損害賠償額の制限によって保険料の削減を狙ったものだが、同時に無保険運転者の損害賠償額を制限することによって、無保険運転者率の減少を期待したものであった。このプロポジション 213 を巡っては訴訟が提起され[35]、一時は執行が停止されたが、いずれも棄却されて現在にいたっている。プロポジション 213 は、所得が低いために保険に加入できない者に対して厳しい結果をもたらすものである。裁判では憲法上の問題はないものとされたが、やはり何らかの対策が必要であるとの認識は深まった。

3）AB650

　プロポジション 213 の通過に先立ち、2 で検討した自動車保険の強制保険化をもたらす法案が議会で通過していた。AB650 がこれである。この AB650 は意外なところで問題を発生させてしまった。それは、この法案に盛り込まれていた罰則条項に起因する。

　AB650 は、車両局に対する車両登録およびその更新に際して、自動車保有者に対して賠償資力の証明を要求し、さらに高速道路上で警察官は運転者に対してこの証明を要求できるという内容である[36]。そしてこの賠償資力の証明

---

34) Horowitch v. Superior Court, 77 Cal.Rptr.2d.245

35) Yoshioka v. Superior Court, 68 Cal.Rptr.2d.553, Quackenbush v. Superior Court, 70 Cal.Rptr.2d.271, modified on denial of rehearing, review denied, certiorari denied 119 S. ct.73

36) この法案の提案理由によれば、無保険運転者率が高い理由は、賠償資力の維持が法によって要求されているにもかかわらず、警察官に対して実効性のある行動が認められていない（事故が発生した後しか保険の証明を要求できず、停車させたときにはその要求ができない）点にあるということであった。

ができない場合は、罰金が課せられることになっていたが、この法の施行以来、警察官の求めに対して賠償資力を証明できない者が次々と見つかり、大量の違反者によって裁判所の審理に影響が出るほどの状態に陥ったといわれている[37]。特にロスアンゼルスやオークランドなどの無保険運転者率の高いところでは、裁判を受ける者の約半数がこの条項の違反者であったという[38]。

　1999年改正前の車両法16029条(a)[39]は、最初の有罪判決に際しては500ドル以上1000ドル以下の罰金、最初の有罪判決から3年を経過しない場合の再度の有罪判決に際しては1000ドル以上2000ドル以下の罰金と規定していたが、裁判所の経費上乗せ等によって罰金が1350ドルにまでつり上がっていた。この罰金をめぐっても裁判官によって取扱いが異なり、減額を認める判事がいる一方、一切減額を認めない判事もいた。中には100ドルまで引下げる判事や、保険を購入するまで運転を認めないが、購入した段階で罰金を科すのをとりやめる判事が出るなど、罰金の取扱いをめぐっても混乱が生じてしまった[40]。

　混乱の原因のひとつは、予想を越えた無保険運転者率の高さにある[41]。さらに、低所得のために保険を購入できない者に対して高額な罰金を科すことに対する裁判官たちの反発にも原因はある[42]。そのために、無保険運転者に対する対策が真剣に考慮されることになり、その大部分を占める低所得者に対してどのような対策を施すかが次の課題となった。プロポジション213とAB650の施行によって顕在化した問題が、低所得者のための試行プログラム制度へとつながって来る。

37）　この状況については、Gary Schwartz, *Auto No-fault and First-Party Insurance: Advantages and Problems,* 73 USC L. Rev at 669

38）　Kenneth Reich, Frying to Turn the Comer on Uninsured-Driver Woes, L.A.TIMES, Sept.16, 1999 at B5. この点については、カリフォルニア州保険庁を訪問した際にも問題点として取り上げられた。

39）　CAL.VEH.CODE § 16029(a)（West 1971 & Supple. 2000）

40）　Gary Schwartz, *supra* note 38 at 669

41）　AB650の提案にあたり、少なくとも28％程度の無保険運転者率と推定していた。Assembly Bill No. 650（Chapter 1126）at 3

42）　Gary Schwartz, *supra* note 38 at 669

5　試行プログラムの成立とその内容

1）試行プログラム成立の背景

　極めて弱い賠償資力法から、強制はするものの実効性に乏しい賠償資力法へと実質的転換したカリフォルニア州であったが、無保険運転者率は高いものと推測されていた。All Industry Research Advisory Council のデータによれば、1986 年の数値は約 23％と推定されていた[43]。

　無保険運転者率の推計のために、カリフォルニア州保険庁は 2 つの調査を行っている。1999 年 2 月に公表された報告書[44] によると、1997 年 6 月 1 日時点における車両総数（保険が付されるべき台数）は 2350 万台であり、22.6％が無保険運転者と推計された。これは、車両局における登録車両数を算出してこれを保険に付せられるべき車両数とし、保険会社より得られた保険に加入している車両総数との関係から算出したものである。

　この調査は全州レベルのものに加えて、郵便番号別（1717 地区に分けられる）の無保険運転者率をさらに算出してあり、従来から指摘されていた南カリフォルニアの高さが数値によって明確に示される結果となった。

　カウンティ別に見ると[45]、インペリアル・カウンティ（カリフォルニア州の南東部に位置し、アリゾナ州境のカウンティ）が、46.5％という最大の数値を示した。ロスアンゼルス・カウンティは 30.7％、サンフランシスコ・カウンティは 19.3％であった。これをさらに郵便番号別に見ると、驚くべき数値が出てくる。ロスアンゼルスの中心部、郵便番号 90013 地区は 81.3％、90011 地区は 78.9％というように、地区に 1000 台以上の車両登録がなされている地区で、無保険運転者率の高い上位 40 地区のうち、32 地区がロスアンゼルス・カウンティであった。ロスアンゼルス・カウンティだけでカリフォルニア州の全無保険運転者総数の約 3 分の 1、ロスアンゼルス・カウンティ以外の南カリフォルニア 11 カウンティをそれに加えると、州全体の 4 分の 3 の無保険運転者数と

43）All Industry Research Advisory Council, Uninsured Motorist, 1989 at 7

44）Robert Bernstein, California Uninsured Vehicles as of June 1,1997,California Department of Insurance, Feb 1999

45）*Id* at 35

いうことになり、南カリフォルニアが非常に深刻な状況にあることが数値からも明らかになった。

　無保険運転者率が高い上位 10 地区は、1990 年統計による平均所得が 1 万 9 千ドル以下で、上位 30 地区は 10％以上の家庭が公的扶助を受けていた。反対に低い上位 10 地区は、1990 年統計による平均所得が 6 万 5 千ドル以上であり、上位 30 地区で公的扶助を受けているのは 4％未満であった[46]。また、保険料との関係からは、高額な上位 12 地区は無保険運転者率の高い上位 100 地区に入っており、保険料の低い 12 地区のうち、率の高い上位 100 地区に入っているのは、わずか 1 地区である[47]。このように、無保険運転者率と平均所得および保険料水準に相関性があることが明らかになった。

　1999 年 7 月に公表されたカリフォルニア州保険庁による調査では[48]、2 月に公表された無保険運転者率よりも若干高い 28.1％と推計されたが、誤差の幅から 25.5％から 30.9％の間と報告されている。この調査では保険が付されるべき車両総数を推計し、その数値と保険が付されている車両数を比較するという 2 月に公表された統計手法と概ね同じ手法を採用しているが、それぞれの基礎とする数字をさらに厳密な手法で算出している。

　次に、カリフォルニア州保険庁が実施した「無保険運転者の特徴」に関する調査[49] を見てみる。これは、無保険運転者の特徴と、保険に加入しない理由を見出すために行われた。これによると、その特徴は以下のとおりであった[50]。

①　受けた教育のレベルが低い傾向（高校又はそれ以下）にある。

②　30 歳以下（特に 18 歳から 24 歳）である。

③　自宅は持ち家ではない。

④　白人ではない（ヒスパニック系および黒人である）。

---

46) *Id* at 28

47) *Id* at 29

48) Lynn Hunstad, Estimating Uninsured Vehicle & Uninsured Vehicle Rates : Sensitivity Data and Assumptions, California Department of Insurance, July 1999

49) Lynn Hunstad, Characteristics of Uninsured Motorist, California Department of Insurance, February 1999. これは電話によるインタビューによって得られた数値の分析である。

50) *Id* at 2

⑤　所得が低い（2万ドル以下）。

⑥　移動の頻度が高い（あまり家にいない）。

⑦　男性である。

　また、無保険である理由は、およそ以下のとおりであった[51]。

①　車を所有しているが、乗っていないあるいは壊れている：49％

②　保険料が高すぎて手が届かない：30％

③　保険購入の必要がない（車にそれだけの価値が無い、あるいは安全運転者で事故など起こさないと確信している）：6％

④　将来は保険に入るつもりである：5％

　さらに、保険金額を切り下げた低価額自動車保険に対する興味については、無保険運転者の73％が興味を示している。現在最低限度の保険を購入している者の中では、69％がこの保険に興味を示しているが、総ての担保範囲について法の定める最低限度額を超える保険を購入している者の61％は、全く興味を示していない[52]。保険料水準については、現在無保険運転者のうち、10％の値下げであっても興味を示すものが77％であった[53]。さらに、年収2万ドル以下の所得層では、69％がこの購入に興味を示し、興味を示した者のうち、81％が保険料値下げが10％であっても購入するであろうと答えている[54]。

　また、無保険運転者の多い地区における優良運転者の保険料水準に関する調査も行われたが、これらの調査結果が試行プログラム制定に際しての基礎となった。

2）試行プログラムの内容

　この試行プログラムは、エスクチア上院議員の提案によるSB171（ロスアンゼルス・カウンティ）とスペイアー上院議員の提案によるSB527（サンフランシスコ・カウンティ）の2つの法案からなる。なお、2つの法案に関連して、スペイアー上院議員提案のSB652も州上院を通過したが、このSB652は、車両

51）*Id* at 18

52）*Id* at 27

53）*Id*

54）*Id* at 29

登録および更新の際に賠償資力証明を要求する旨のSB650が時限立法であったため、その限定を解除するものであった。

　SB171は1999年1月11日に提案され、1999年9月10日に州上院を通過している。数度の修正を経たが、基本的な構造は変わっていない。SB527は、1999年2月19日に提案され、SB171と同様に9月10日に州上院を通過し、いずれも10月7日に州知事による署名を得て、10月10日に法律として制定された[55]。

　試行プログラムの内容は次の通りである。

① 　ロスアンゼルス・カウンティとサンフランシスコ・カウンティに限定して実施されること

② 　試行期間は2000年7月1日から2004年1月1日までとすること

③ 　保険契約の内容は賠償責任のみとし、無保険運転者担保条項・低価額保険運転者担保条項は含まないこと

④ 　保険金額は対人1事故1名につき1万ドル・1事故2万ドル、対物3千ドルとすること

⑤ 　ロスアンゼルス・カウンティの保険料は450ドル、サンフランシスコ・カウンティの保険料は410ドルとし、被保険者が満19歳から24歳までの独身男性の場合は25%割増とすること

⑥ 　加入には所得制限があり、連邦貧困基準の150%以下であることを必要とすること[56]

⑦ 　試行プログラムの対象地域に居住していること

⑧ 　年齢は19歳以上であり、過去3年間連続して運転免許を保持していること

⑨ 　過去3年以内に、以下のような2つ以上の交通事故又は2つ以上の交通反を犯していないこと。ａその人の過失が主な原因となって発生した物損事

---

55) この改正は、ロスアンゼルス・カウンティに関しては車両法11629.7条から11629.84条に規定され、サンフランシスコ・カウンティに関しては同じく車両法の11629.9条から11629.995条に規定されている。

56) 連邦貧困基準は家族の構成員数によって定められている。4名の場合は1万6千700ドルであるから、その150%（2万5千50ドル）以下の所得であることが必要となる。

　故、ｂ駐車違反等以外の動的違反

⑩　過去３年以内に、その人の過失による人身傷害又は死亡事故を起こしていないこと

⑪　所有する車の記録に関して、車両法に定める重大な罪又は軽い罪によって逮捕されていないこと

⑫　連邦又は州の所得税の目的上、被扶養者とされる大学生でないこと

⑬　対象となる車は、購入時点での価格が１万２千ドル以下であること

⑭　購入できる契約数は、１家族について２契約を上限とすること

⑮　このプログラムは、オートモービル・アサインド・リスク・プランを通じて提供されること

⑯　保険料は１回払いだけではなく、最初に100ドルを支払い、残りを６回の分割で支払うことも認められること

　このように、優良運転者のみを対象とする試行プログラムがスタートしたわけであるが、いくつかの問題点を含んでおり、以下に５つの問題点に関して簡単に指摘しておきたい。

　１つ目は対象となる地域である。ロスアンゼルス・カウンティは理解できるが、サンフランシスコ・カウンティ（19.3％）よりも、むしろ無保険運転者率の高い、フレズノ・カウンティ（26.2％）や、サンバーンディノ・カウンティ（25.5％）の方が、必要性は高かったのではないかと思われる。このプログラムはそれぞれロスアンゼル・カウンティとサンフランシスコ・カウンティから選出されている上院議員の提案によるもので、他の地区を代表する州議会議員の理解が得られなかったのかもしれない。

　２つ目は、無保険運転者の中で、ハイリスク集団である若年層が除外されていることである。しかし、プロポジション103の通過によって自動車保険の保険料率は運転歴を重要要素とすることとされているために、この点を改正しなければ若年層をこのプログラムへ取り込むことはできない。エスクチア議員の立法担当スタッフ、ミストレッタ氏とのヒアリングの際に、この点をたずねたが、当初は総ての者を対象としようと考えたが、プロポジション103のためにこれが可能ではなかったと答えてくれた。

　３つ目は強制責任限度額の切り下げである。被害者救済の点から問題がある

ものといえる。

　4つ目は所得制限であるが、これの設定いかんが、プログラムの普及に影響を与えると思われる。

　最後は分割払い制度の導入である。車両登録の関係から、100ドルだけを払って保険に加入し、あとの保険料を支払わない被保険者の出現は容易に想像できる。もっともこれはこのプログラムに限った問題ではなく、カリフォルニア州の自動車保険全体についていえることではある。これだけ保険料を切り下げたのであるから、何らかの厳格な制限を設けるべきではなかったかと思える。

6　試行プログラムの現状

1）試行プログラムの実績

　2000年7月1日からスタートしたこの試行プログラムであるが、その状況は当初の予想とは異なっている。法案提出者のエスクチア上院議員は、この制度のスタートにあたり次のように述べていた[57]。

　「私は明日、7月1日からカリフォルニア州における初めての試みである低価額自動車保険がスタートする旨を皆様にお知らせすることを非常に嬉しく思います。そして、何年もの間、このように手が届く自動車保険を待ち望んでいた低所得者の皆様にトールフリー（注・フリーダイヤル）番号をお知らせしなければなりません。カリフォルニア州の低価額自動車保険プログラムは、オートモービル・アサインド・リスク・プランによって運用されます。（中略）

　働く貧困層と富裕層の不均衡が拡大するに連れ、好ましい社会全体の政策をもたらすため、そしてこのような「命綱の自動車保険」の設立に関し、道義上の責任を感じておりました。ロスアンゼルスの複数地区では、自動車保険料は年間で1800ドル以上します。低価額保険の保険料は、最低限の賠償責任を提供して、年間で450ドルです。これによってロスアンゼルスにおける低所得の優良ドライバーは、保険が購入可能となり、毎日の生活の中で法を破ること（注・無保険で運転すること）がなくなります。

　私は、このプログラムがロスアンゼルスとサンフランシスコ限定であり、州

57）エスクチア上院議員の記者発表にあたっての原稿。エスクチア上院議員のスタッフから入手した。

全体の試行プログラムでないことについて非常に失望していることを認めなければなりません。なぜ州全体であるべきか。それは300万人を超えるカリフォルニア州の人々が、手の届かない保険料のために、無保険の状態で運転しているからです。

　この低所得者のための自動車保険は、カリフォルニア州の保険加入運転者数の拡大に効果があります。これが拡大すると、現在無保険運転者との事故に備えて運転者自身を守るために支払っている、付加的な「無保険運転者担保条項」の保険料を減額することができます。さらに、これは自立したプログラムであり、州政府からの補助金はなく、保険会社が損失を被ることもありません。これは総てのカリフォルニア州民にとって道理にかなった方針であります。

　この非常に革新的な試行プログラムは長い間待たれていたものでありました。上院および下院の議員たちは、消費者保護のために自動車保険の強制について長い時間を費やし、低所得の家庭を置き去りにしてまいりました。私は、ここロスアンゼルスの低所得運転者の皆様に明白なメッセージを贈りたい。この保険は皆様を助けるためにデザインされました。これは賠償責任だけですが、公平であり入手可能なものです。私はこの新しい保険によって、あなた自身を守るため、そしてこのプログラムの成功と将来の拡大を確実なものとするために、ぜひこのプログラムを利用してもらいたいと強く主張いたします。（以下、略）」

　このように、エスクチア上院議員は試行プログラムの成功をある程度確信していたと思われる。しかし、現実はどうであったか。

　スタートしてから6ヶ月が経過したこのプログラムであるが、カリフォルニア州保険庁の調査によれば[58]、試行プログラムの加入状況は芳しくない。2000年7月から12月末までの加入状況は、カリフォルニア州全体でわずか555件であり、その内訳はロスアンゼルス・カウンティが532件、サンフラン

---

58) この低価額自動車保険に関しては、カリフォルニア州保険庁およびエスクチア上院議員の立法担当スタッフに対して3度のヒアリングを行った。1回目は2000年5月、2回目は2000年9月、そして3回目は2001年1月である。以下、この試行プログラムの運用状況に関する数値は、総て2001年1月に行った3回目のヒアリングの際に、カリフォルニア州保険庁の担当官から提供を受けた数値である。残念ながらこの数値はホームページ等でも公表されていない。

シスコ・カウンティは 23 件である。これを月別に集計したのが下表である。

　月別集計で見ると、ロスアンゼルス・カウンティは、7 月から 9 月の数値が比較的高いことに気づく。これはプログラムのスタートにあたり、州保険庁がマスコミ等を利用したキャンペーンを行った成果であろうと分析されている[59]。サンフランシスコ市に関しては、マスコミではなく、市バスの停留所等への掲示にとどまっているために、市民の関心を喚起できないでいるのではないかと分析されている[60]。

　試行プログラムの実施にあたっては、州議会の依頼によってアクチュアリーがその分析を行った[61]。それによると、現在、自動車保険を購入していない者の約 35 ％にあたる 60 万人がこの保険を購入し、既に自動車保険を購入している者においても、約 70 万人がこの保険を購入することになろうと予測していた[62]。しかしながら、この予測は現在のところ大きく外れたといわざるをえない。もっとも、この点についての州保険庁担当者の意見は悲観的ではなかった。担当者によれば、「低所得者への働きかけは草の根運動と同じであり、時間をかけてこの低価額自動車保険をプロモートする必要がある。新たなキャンペーン等を行い、このプログラムの認知度を高めることによって、加入者数は増加してゆくであろう。このようなプログラムはすぐには結論が出ない。息の長い活動が必要であり、1 年や 2 年では結果が出ないことは承知している[63]。」ということであった。しかし、エスクチア上院議員の立法担当ス

【表】試行プログラムの加入状況　　　　　　　　　　　　　　　　　　　（件）

	7月	8月	9月	10月	11月	12月	合計
ロスアンゼルス	97	139	105	73	75	43	532
サンフランシスコ	2	6	7	5	1	2	23
合　計	99	145	112	78	76	45	555

59）3 回目のヒアリングの際に、カリフォルニア州保険庁の担当官から、試行プログラムのプロモーション活動をどのように行って来たかについての説明を受けた。

60）この点も 2001 年 1 月に行ったカリフォルニア州保険庁におけるヒアリングの際に指摘されたものである。

61）Donald Bashline, Actuarial Report on Low-Cost Auto Insurance Options

62）*Id.*at 15

63）2001 年 1 月に行ったカリフォルニア州保険庁におけるヒアリングによる。

タッフは、州保険庁の担当者とは若干異なり、この数値を深刻なものとして考えており、普及等に関する何らかのアクションが早急に必要であろう[64]と述べていたのが対照的であった。

このプログラムは、あくまでも試行プログラムであり、2004年1月1日までの期間限定が付されているので、少なくとも2002年ないしは2003年までにある程度の実績を残さなければ継続ないしは本格的な全州システムへの拡大は困難であると予想できる。

2) 試行プログラム普及低迷の原因分析

試行プログラムがそれほど普及しない理由は、保険庁の担当官が指摘する宣伝の不足の他にもいくつか考えられる。

第1は、販売サイドの問題である。この保険を販売することのできる代理人は、運営主体であるカリフォルニア州オートモービル・アサインド・リスク・プランによって有資格とされた者に限定されている。これは、通常の保険会社が販売する保険ではなく、プール保険である同アサインド・リスク・プランによって提供する形態を採ったためであろうが、販売チャネルが限られていることはやはり普及の妨げになろう。また、この保険を販売した際に代理人が得ることのできる報酬は保険料の12％であり、この保険契約が要求する各種要件のために、保険契約申込書は複雑なものとなり、申込書作成に費やす時間がその報酬とつり合わない可能性もある。しかも、申し込んだにもかかわらず、最終的には引受が拒絶され、あるいは引受けられたとしても、自動車の登録が終了した後には途中で解約される可能性も高く、代理人にとってメリットの多い保険ではない。

第2は、カリフォルニア州の損害保険マーケットが安定し、保険会社間の競争が厳しくなっていることもあげられよう。州保険庁の調査によれば、自動車保険の損失は、1991年から1997年まで連続して減少してきた。1991年には、個人自動車保険における賠償責任の損失は、約52億ドルであったが、1997年

---

64) エスクチア上院議員の立法担当スタッフ、マイケル・ミストレッタ氏の個人的見解（2001年1月に行ったヒアリング時）。

には約42億ドルまで減少している。もっとも、賠償責任と車両損害の合計額は、1991年には約74億ドルであり、1992年には70億ドルを下回ったものの、97年からは増加に転じ、98年には約76億ドル、99年には約79億ドルに上っている。このように、1997年からの損失の増加は気になるものの、カリフォルニア州における自動車保険の状況は概ね安定しており、低価額自動車保険に頼らなくとも保険を購入できる者が増加したとも推測できる。低価額保険の保険料に若干の上積みをするだけで、それ以上の担保範囲の購入が可能であるか、あるいは低価額保険の保険料より低額でより大きな担保範囲の購入が可能な場合もある。自動車保険の状況が大きく変化する可能性もあるが、現時点では同様な保険料で一般の自動車保険を購入できる余地が存在する。このような状況では、低価額保険はそれほど魅力的なものとはならないであろう。

　第3は、担保範囲の切り下げにもひとつの原因があると思われる。やはり対人1名につき1万ドル、1事故2万ドル、対物3千ドルのカバレッジは、いざ事故に遭遇した場合には極めて不十分なものとなろう。これに関連して、不十分なカバレッジの低価額保険の購入を勧めた代理人が、十分に保険契約者のことを考慮しなかったこと等を理由として、訴訟に巻き込まれる可能性も無しとしない。

　第4に、保険加入が法律によって強制されているにもかかわらず、保険料をどれだけ安くしても、保険に加入する意思の全くない者は依然として存在する[65]。これなどは、現状では対処法が見つからない。保険契約の存在の証明を車両の登録にリンクさせた手法は効果的であったが、その登録すら行わない者には効果がない。また、自動車は生活に不可欠な存在ではあっても、所得の低い者にとっては、低価額保険の保険料自体がやはり高額で手の届かないレベルの可能性もある。自動車はどうしても必要だが、保険料よりもまず「パン」という貧困層がカリフォルニア州にはかなり存在するように思える。このような人々は、日本であれば自動車を購入できない階層が中心になろうが、アメリ

65）カリフォルニア州保険庁の無保険者に対する意識調査によれば、45%がこのような低価額保険に興味を示さなかった。Lynn Hunstad, Characteristics of Uninsured Motorist, California Department of Insurance, Feb 1999, at 27

カでは職を求める上でも自動車は重要な存在である。このように、いくつかの
理由が複合して低価額保険の普及を阻んでいるものと思われ、その解決策は見
出し難い。

3）試行プログラム加入者の分析

　次に加入者の細かい内容を検討しよう。試行プログラムでは、19歳から24
歳の独身男性運転者に対して25％の割増保険料が課される。しかし、555名の
加入者のうち、この割増保険料の対象となっているのは20名に過ぎない。一
般にリスクが高い若年ドライバーの加入が思うように進んでいないのはやはり
問題であろう。年齢の傾向は30歳代から50歳代にかけての加入者数が多く、
また年収では5001ドルから1万ドルの者の加入数が多い。低価額自動車保険
の購入が財政的に可能であるというボーダーラインが、この階層であるかもし
れない。これより下の階層は年収5千ドル以下で、日本であれば年収約60万
円以下ということになり、おそらく日本では車を所有できない階層であろう。
これに対してアメリカではこの階層が車を所有するあたりが、車が生活に不可
欠な存在であることを強く示すものと思われる。

　次に交通違反歴を見てみると、555件のうち、103人が動的な交通違反を犯
した者であったが、残りの452名は交通違反歴の無い者であった。なお、引受
拒絶の理由を見てみると、①免許取得から3年を経過していない、②家計の収
入が基準を超えている、③複数の動的交通違反がある、④重罪等の犯罪者で
あった、などが中心で、保険代理人が試行プログラムの内容をよく理解してい
ないためであると思われる。

　ところで、この制度新設の趣旨と目的から見ると、この試行プログラムに加
入した者が、以前は自動車保険に加入していたか否かが注目される。555名の
うち61名（11％）が以前は別の自動車保険に加入していたと答え、338名（約
60％）が以前は無保険であったと答えている。156名（約29％）は無回答であ
るが、これは無保険であった者と思われ、新規加入者のうち90％近くが以前
は無保険であったと推測できる。この数値は、無保険運転者の減少にはある程
度の効果があったことを示すものだが、限られた加入者数の中の数値であっ
て、その効果の普遍化はできない。なお、以前は別の自動車保険に加入してい

たと答えたのは11％である。試行プログラムのスタートにあたり、対人1名1万5千ドル・1事故3万ドル・対物5千ドル（通常の強制最低責任限度額）の保険に加入している者が、保険料の関係から、低いカバレッジの試行プログラムへ流入するのではないかとの懸念も示されていたが[66]、それほど多くは流入していないことがわかる。

4）試行プログラムの課題

　現時点での試行プログラムの課題は、加入者数拡大に尽きる。推定ではあるが、約29.1％、約530万台ともいわれるカリフォルニア州の無保険者の問題は、被害者救済の上からも放置しておくことはできず、無保険者数減少のための諸策がこれからも講じられることになろう。しかしながら、現時点で見る限り、強制保険化、無保険運転者に対する罰則、慰謝料請求権の制限そして低価額保険の提供のいずれもが期待されたほどの効果を発揮していない。

7　カリフォルニア州自動車保険の変質―むすびにかえて―

　低価額自動車保険制度導入の背景やそして現状を通してこの試行プログラムを検討してきたが、最後にカリフォルニア州における自動車保険の変質について検討を加え結びとしたい。

　賠償責任保険は、被保険者が損害賠償債務を負担するに至った場合に、その債務の肩代わりの役目を果たす。自動車事故を例にとって考えると、加害者側からは自己の財産保護という目的があろうし、被害者の側からは損害填補のための重要な原資である。

　日本においては、自賠責保険は3000万円まで賠償責任額をカバーし、任意自動車保険の普及率は自家用車ベースで75％を超え[67]、対人賠償の限度額の

66）この点は、1999年5月に行ったヒアリングの際に、カリフォルニア州保険庁の担当官とマイケル・ミストレッタ氏のいずれからも提示された懸念であった。しかし、試行プログラムがスタートした7月から同プログラムへの極端な流入を示してはいない。

67）自動車保険料率算定会・前掲注5）144頁を参照。

ほとんどが無制限となっている[68]。この限度額を見ただけでも、日本の自動車保険は被害者救済が前面に出たシステムであるといえる。このような対人無制限の任意保険に加入している限り、過失相殺の問題はあるが、被害者に対して一応無制限の補償を提供できるからである。ところが、この被害者救済に関する状況は、アメリカにおいては全く異なるといっても差し支えないであろう。

アメリカ自動車保険の問題として、高額な保険料、それと深く関連する無保険運転者率の高さがあるが、強制最低責任限度額の低さも重要な問題である。メイン州とアラスカ州を除いて1事故1名あたりの限度額が10万ドルに届かず[69]、カリフォルニア州の試行プログラムのように1万ドルというのは、余りにも低すぎるといわざるを得ない。確かに、1事故あたりの平均損害額は1998年の数値では約1万ドルであり[70]、平均額はカバーできるとしても、それを超えるような重大な事故を起こした場合、10万ドルですら意味をもたなくなってしまうことが容易に予想できる。何を基準として強制最低責任限度額を設定するかは大きな問題であるが、カリフォルニア州における試行プログラムの導入にあたっては、1事故あたりの平均支払額が基準とされたし[71]、同州の標準的な責任限度額が10万ドルであることを考えると[72]、彼らの発想の中

---

68) 自動車保険料率算定会・前掲注5) 153頁によれば、任意保険に加入している自家用乗用車の約98%が対人無制限である。

69) 自動車保険料率算定会・前掲注5) 74頁を参照。対人1名の限度額が1万ドルの州はフロリダ、ルイジアナ、ミシシッピーそしてオクラホマの4州であるが、2万ドルないし2万5千ドルという州が増えている。もっとも、カリフォルニア州のように1万5千ドルという州も8州ある。

70) 1997年の人身傷害1事故あたりの平均支払額は、10,445ドルであった。
INSURANCE INFORMATION INSTITUTE, *supra* note 15 at 90

71) このプログラムの分析を行ったアクチュアリーによれば、85%の損害がこの限度額でカバーできるという。Donald Bashiline, *supra* note at exhibit 2

72) カリフォルニア州保険庁は、自動車賠償責任の標準（standard）契約として、対人1名10万ドルを提示している（カリフォルニア州保険庁のホームページ）。保険料算出にあたっての参考として、対人1万5千ドルの契約は基本（basic）と表現している。なお、アメリカにおいて多くは法が要求する最低限度の賠償責任保険を購入しているものの、守るべき多額の財産を有している者は、それを上回る賠償責任保険を購入しており、34%の者が10万ドルの賠償責任保険を購入しているという。STEPHEN J. CARROLL, ALLAN ABRAHAMSE & MARYVAIANA, NO-FAULT APPROACHES TO COMPENSATING PEOPLE INJURED IN AUTOMOBILE ACCIDENTS 100-05 (1991)。しかし、果たして10万ドルでも十分なのかという疑問は大きい。

に「万が一重大な事故を起こしてしまった場合はどうするか」という発想は見出し難い。死亡事故などの件数は、日本のそれよりはるかに高い数値を示すアメリカであるが[73]、「万が一」に備えて対人無制限に加入する行動をとる日本人とは大きな違いを見つけることができる。もっとも、保険料が日本のようなレベルにあれば、100 万ドルの保険に加入するかもしれないが、現状では余りにも高額な保険料となる可能性が高く、現実的とはいえない。

　それでは強制最低責任限度額の保険にしか加入していない者が重大な事故の加害者となった場合、被害者は限度額を超える部分の賠償を加害者から受けることが可能であろうか[74]。それが可能であれば問題はないが、たとえば 10 万ドルを超える賠償金を標準的なアメリカ人が容易に支払えるとは思えない。加害者は不動産などの個人資産を売却して賠償金に当てることになろうが、自己の財産保全のために個人破産を申し立てることも十分に考えられる。日本の民事執行法では、不動産などは総て差押えの対象となるが、アメリカの差押禁止財産の範囲は日本より広く、場合によっては自宅まで残る。債権者が手を伸ばせる財産は極めて制限的であり、不足する損害額を填補することは非常に困難であろう[75]。であるからこそ、連帯責任の法理を活用し、不法行為訴訟の輪の中へ賠償能力のある者を引き込むという努力が法廷弁護士の手によって続けられてきたのである。

　このような現状を考えるとき、アメリカにおける賠償責任保険、特に一般人が加入する自動車損害賠償責任保険の本質は、十分な賠償能力の確保という中にはもはや存在しないことが明らかになろう。カリフォルニア州の試行プログラムの対象者である低所得者が重大な事故の加害者となった場合、被害者が期待できるのは強制最低責任限度額である 1 万ドルが上限ということになる。そのために、被害者は自分を守る方策をとる必要があるが、傷害保険、高度障害

---

73) 1997 年の全米の交通事故死者数は 4 万 1 千 967 人であり、人口 10 万人あたりの交通事故死者数は、日本の 8.9 に対し、アメリカは 15.7 であった。『交通安全白書（平成 11 年版）』541－542 頁。

74) シュルツによれば、典型的な無保険者は訴える意味のない無資力者であるという。Gary Schwartz, *supra* note 37 at 617. 最低限度の賠償責任保険しか購入していない一般人は全く同じであるとはいえないが、多額の賠償能力を有するとは思えない。

75) アメリカの民事執行システムについては、高木新二郎『アメリカ連邦倒産法』（商事法務研究会、1996 年）が詳しい。

保険に加え、自己の購入する自動車保険に低価額保険運転者担保条項を含めることが不可欠になってくる。

アメリカにおける強制保険の持つ意味は、日本の自賠責保険が提供するような被害者に対する基本補償ではなく、最低それだけの賠償は可能であるという意味にしか過ぎない。いわば自動車という文明の利器を利用する対価として最低限の賠償能力を維持させるという点にしかなく、危険を感じる者は自己防衛のために各種保険を組み合わせて事故に備えることが重要である。ノー・フォルト保険は、そのような状況に対応するために、いわば自己防衛型の保険として登場したわけだが、カリフォルニア州においてはノー・フォルト保険への移行は絶望的である。

仮に今回の試行プログラムが全州レベルに拡大された場合、無保険運転者率が減少したとしても、賠償能力の低下した被保険者が増加するわけであるから、低価額保険運転者担保条項はこれまで以上に自己防衛のために重要なものとなるであろうし、これまで以上に高額な医療費給付条項を購入する必要性が高まるであろう。重大な事故の被害者になる可能性に備えて、高度障害保険への依存度も高まる可能性が強い。

過失責任原則は現代社会の大原則ではあるが、カリフォルニア州を見る限り、この原則が妥当する領域は確実に狭まってきたといえる。自動車賠償責任保険はその限度額の低さから、もはや被害者救済に十分な効果を発揮するものではない。自己防衛型の保険を購入することが不可欠な状況に移っており、カリフォルニア州の自動車保険の混迷状況がそれを明確に示していると思われる。

日本においては、自賠責保険制度を維持する限り、同様な問題が将来生じるとは思われない。しかしながら、物価や損害賠償額の上昇等に自賠責限度額の上昇が伴わず、リスク細分化保険の普及により、任意自動車保険の購入が困難なハイリスク集団が多数発生した場合には、類似の問題が発生することは十分に考えられる[76]。この点、自賠責保険および任意自動車の保険料の今後の在り方も含めて更なる検討が必要であると思われる。

---

76) 特に問題となるのは免許取立ての若年ドライバーである。任意保険の保険料は高額となるが、これらの者の収入はそれほど多くはなく、アフォーダビリティの問題が発生する。

第5章　アメリカ自動車保険の現状と課題

1　はじめに

　自動車先進国アメリカにおける被害者救済制度の動向は、常に世界中から注目を集め、比較検討の対象とされる。コモンローの支配するアメリカにおいては、交通事故の被害者は、加害者の過失を基礎とする不法行為責任を、裁判を通じて追及するという手法が採用されてきた。被害者への賠償金の引き当てとなるのは加害者の財産であり、不幸にして無資力の加害者の過失行為によって犠牲者となった者は、何らの賠償金も得ることができなかった。

　自動車が普及し始めそれにともなって事故も増加すると、交通事故被害者の救済は大きな問題となる。コネチカット州は、1925年に自動車所有登録者に対して一定の賠償資力を要求する「賠償資力法」[1]を制定し、自動車の所有者は一定額の責任保険を購入するのが一般的となった。しかしながら、過失責任を基調とする被害者救済制度は、ほどなく問題点を表面化させる。1932年に公表されたコロンビアレポート[2]は、費用と時間の浪費、救済されない被害者の顕在化を指摘し、過失の有無に関係なく被害者を救済する「ノーフォルト」保険制度を提唱するものであったが、注目を集めたものの採用する州は出現しなかった[3]。

---

1 ）Conn. Pub. Acts Ch.183（1925）. この具体的な内容については、M. G. WOODROOF ET AL., AUTOMOBILE INSURANCE AND NO-FAULT LAW（Clark, Boardman and Callaghan, 1974）75頁以下に詳しい。

2 ）COLUMBIA UNIVERSITY COUNCIL FOR RESEARCH IN THE SOCIAL SCIENCES, REPORT BY THE COMMITTEE TO STUDY COMPENSATION FOR AUTOMOBILE ACCIDENTS（Press of International Printing Co., 1932）.

3 ）アメリカの隣国カナダでは、このコロンビアレポートに影響を受けた「ノーフォルト」制度が、サスカチュワン州において1946年に採用されている。WOODROOF, *supra* note 1 at 320.

　アメリカの自動車保険制度が変化し始めるきっかけとなったのが、1965 年に公表されたキートン＝オコンネルプランとして知られる「交通事故被害者に対する基本補償：自動車保険改革の青写真」[4] である。1971 年には、アメリカ連邦運輸省が「アメリカ合衆国における交通事故損失とその補償」と題する報告書[5] を大統領に提出した。これも被害者救済の視点から、ノーフォルト制度への移行を推薦するものであった。

　このような中、1971 年にマサチュウセッツ州がノーフォルト保険制度を採用すると、数多くの州がそれに追随し 20 州がこれを採用するに至ったが、全州に広まることはなかった。また、連邦法レベルでのノーフォルト法案[6] も検討されたものの、結局は実現には至らなかった。そのようなノーフォルト保険制度であったが、1980 年代に発生したいわゆる「保険危機」において、保険料低額化の選択肢として再度注目を集めた。しかしながら、ノーフォルト制度と賠償責任保険制度を選択させるとする「選択ノーフォルト」制度[7] もまた、わずか 3 州で採用されたにとどまり、連邦レベルでの立法化も成立を見るに至っていない[8]。この「保険危機」においては、不法行為制度の改革も同時に問題となり、慰謝料の制限など遡上に上り、各州でさまざまな形の不法行為改革[9] が施された。

　1990 年代は比較的落ち着きを見せていたアメリカの自動車保険制度であったが、1990 年代末期からまた動き始めた。カリフォルニア州の低所得者向け

---

4 ） ROBERT KEETON & JEFFREY O'CONNELL, BASIC PROTECTION FOR THE TRAFFIC VICTIM : A BLUE PRINT FOR REFORMING AUTOMOBILE INSURANCE（Little Brown, 1965）.

5 ） United States Department of Transportation, *Motor Vehicle Crash Losses and Traffic Compensation in the United States, A Report to the Congress and the President*（U.S. Government Printing Office, 1971）.

6 ） 複数の連邦法案が検討された。WOODROOF, *supra* note 1 at 425. なお、アメリカにおける自動車保険制度は各州の監督下にあり、連邦法案はいわばモデル法を提示するものであった。

7 ） 選択ノーフォルト制度については、拙稿「アメリカ自動車保険制度の改革―ノーフォルト保険の現状と課題―」石田満先生還暦記念『商法・保険法の現代的課題』（文眞堂、1992）315 頁以下。

8 ） 1997 年から断続して選択ノーフォルト法案が提出されたが、いずれも本格的な審議を迎えることはなかった。

9 ） 賠償責任保険の保険料が高騰するという問題が発生したが、これに対する対応策のひとつとして不法行為の改革も進められた。

自動車保険制度の導入やコロラド州の不法行為制度への回帰 10) などである。

　本稿は、2000 年代に入り、新たな動きを見せ始めているアメリカの自動車保険制度の現状を検討の対象とするものである。アメリカの自動車保険制度の現状を概観した上で、これまでアメリカの自動車保険制度が内包する問題点として指摘されてきたそれぞれの課題、最低賠償責任限度額、無保険者率そして保険料水準を、どのように解決しようと試みているかを検討するものである。さらに、新たな問題として浮上してきている保険詐欺の状況を簡単に検討する 11)。

2　自動車保険制度の現状

1）賠償資力法 12) と強制保険制度

　日本は自賠責保険制度を対象となる車両に対して強制し、この保険制度が被害者に対する基本的保障を提供する重要なシステムであるが、アメリカの被害者救済制度は必ずしも保険制度に全面的に依拠しているわけではない。

　賠償資力法は、事故に関与した者に対し、保険またはボンド（保証証券）等によって、一定額の賠償資力を備えていることを要求する。もっとも、一般的なのは日本と同様な自動車所有者に対する強制賠償責任保険である。さらに、ハイリスク等のために一般の市場では保険を購入できない者のために特別な保険プランを提供したり、残余市場を通じて保険を提供したりするシステムもある。また、低所得者に限定した保険プランなど、保険購入者の属性別のプランが用意されている。加えて、加害者に対して訴訟を提起し、勝訴判決を得たものの、相手方が無資力のために救済を受けられない者を救済する不履行判決支払基金なども用意されている。そして、これらの内容やシステムは州によって大きく異なる。

10）コロラド州は、2003 年にノーフォルト制度から不法行為制度へと再移行した。

11）検討に際しては、Peter Kinzler, *Auto Insurance Reform Options : How to Change State Tort and No-Fault Laws to Reduce Premiums and Increase Consumer Choice*, Issue Analysis August 2006, A Public Policy Paper of the National Association of Mutual Companies を主に参照することをあらかじめお断りしておく。

12）Financial Responsibility Law. コネチカット州の立法を嚆矢とする。前掲注 1）参照。

　賠償資力法は、賠償責任保険を含む、何らかの形による賠償資力の証明要求であり、自動車を運転している時点では必ずしも要求されない。カリフォルニア州を例に取ると、一定額を超える損害が生じた事故を発生させた運転者は、車両局（モータービークル）[13] に対して報告をし、かつ賠償資力を証明しなければならないという制度となっていた[14]。これは、事故発生後に一定額の賠償資力があることを要求するのみであり、事故に遭遇さえしなければ無保険は問題とならない。そのために、保険加入への強力なインセンティブとはなり得ず、最終的にカリフォルニア州は1996年に賠償資力法から強制賠償責任保険制度へと移行した[15]。

　現在、賠償資力を要求するのみで、強制保険制度を実施していないのは、ニューハンプシャーとウィスコンシンの2州である。他の州は全て強制保険制度を採用している。

2) 不法行為制度と賠償責任保険

　アメリカの自動車保険制度は、大きく不法行為制度とノーフォルト制度に分類できる。伝統的な過失責任原則に基づく賠償責任保険制度を採用しているのは、現在28州である[16]。

　この制度による被害者救済は、裁判制度を通過することが必要となる。交通事故によって損害を被った被害者は、事故を起因とする傷害等による損害の回復が認められるが、そのためには事故の相手方の故意または過失と事故との因果関係を立証することが必要であると同時に、それぞれの州が採用している過失原則[17] によっては、事故の原因が相手にあり、自分には全く過失がないことの証明、あるいは自己の過失が相手方と同等ないしはそれ以下であることを証明する必要がある。

---

13) California Department of Motor Vehicle. 車両登録を管理する役所であると同時に、運転免許の発給・更新等も管理する。

14) この間の経緯等については、拙稿「カリフォルニア自動車保険の混迷—低価額自動車保険試行プログラムの現状と課題—」自動車保険研究4号39頁以下。

15) この経緯については、拙稿・前掲注14）16頁以下。

16) INSURANCE INFORMATION INSTITUTE, THE III INSURANCE FACT BOOK 2007 at 64-65.

　不法行為制度の下では、加害者の賠償資力を確保するために賠償責任保険への加入が強制されるが、購入が必要となる保険は対人賠償条項（Bodily Injury Liability Coverage）が中心となる。アメリカの賠償責任保険の特徴でもあるが、この対人賠償条項に加えて、対物賠償条項（Property Damage Liability Coverage）も強制されるのが通例である。この点、日本の自賠責保険が対人賠償のみを強制しているのとは異なる。

　対人賠償条項の最低賠償責任限度額は、日本の自賠責保険と比較すると極めて低く設定されている。カリフォルニア州を例に取ると、対人１名あたり１万５千ドル、１事故あたり３万ドルとなっている[18]。なお、カリフォルニア州では低所得者向けの自動車保険制度が導入されており、その保険が提供するのは、対人１名あたり１万ドル、１事故あたり２万ドルであり、１ドル120円で換算すると１名あたりわずか120万円である。ルイジアナ州では、通常要求されているのがこのレベルの保険である。最も高い最低賠償責任限度額となっているのは、アラスカ州やメイン州の対人１名あたり５万ドル、１事故あたり10万ドルであって、ほとんどの州は、対人１名あたり２万５千ドル、１事故あたり５万ドルである。

　1985年当時の強制保険の内容は、15/30/5と表現される、対人１名あたり１万５千ドル、１事故３万ドル、対物５千ドルを最低賠償責任限度額とする州がほとんどであったが[19]、若干ではあるが現在では引き上げられている州が多い。この点については再度検討する。

　不法行為制度の州においては、賠償責任担保条項が強制されるが、最近はこれ以外の担保条項も強制される傾向にある。コネチカット州、メイン州、そしてバーモント州では、無保険運転者危険担保条項（Uninsured Motorist Clause）

17）寄与過失制度（Contributory Negligence）を採用している州では、被害者に少しでも事故に寄与する過失があった場合、全ての損害賠償は否定される。現在のところ、アラバマ州など４州とコロンビア特別区がこの原則を採用している。比較過失原則（Comparative Negligence）を採用している州にあっては、純粋比較過失原則の州では不要であるが、50％ルールあるいは51％ルールの州では、事故の過失が相手方と同等かそれ以下であることの証明まで必要とされる。

18）各州の最低賠償責任限度額については、前掲注16）のファクトブック63頁〜65頁による。

19）1985年当時の状況については、Insurance Information Institute, Insurance Facts 1985-1986 Property/Casualty Fact Book at 47による。

と低価額保険運転者危険担保条項（Underinsured Motorist Clause）が、賠償責任担保条項以外にも強制となっている。無保険運転者危険担保条項だけが強制されている州は、コロンビア特別区やイリノイ州など7州である。なお、強制保険州ではないニューハンプシャー州とウィスコンシン州においても、賠償責任保険を選択した者には、無保険運転者危険担保条項が強制される。

　無保険運転者危険担保条項は、相手方が無保険で賠償資力がなかった場合に被害者を救済する自己防衛の担保条項であるが、強制保険制度を採用していながらこのような担保条項を強制するのは、無保険者率があいかわらず高いという現状がある[20]。さらに、当て逃げによって加害者が特定できない場合にも備えるという意味もある。

3）ノーフォルト保険制度

　1971年にマサチュウセッツ州が初めて導入し、アメリカの20を超える州において採用されたのが「ノーフォルト」保険制度である[21]。これは、伝統的な過失責任原則に基づく不法行為制度では救済されない、交通事故被害者の救済を目的としたものであった。被害者相互間での経済的損失に対する補償の公平性を確保し、さらに、裁判制度を通過させる必要性を排除することによって補償を迅速化することや、補償に要する費用の削減と有効化、そして保険料の安定及び低廉化を目的としたものであった。

　ノーフォルト保険の特徴は、自動車事故が発生した場合に、当該事故被害者の過失の有無にかかわらず、一定額の給付を行う制度であるという点にある。

20）例えばカリフォルニア州の最近の調査では、1995年には約29.87％と推定された無保険者率は、2003年には14.3％まで減少してきている。California Department of Insurance. NEWS：Rate of Uninsured Motorists, www.insurance.ca.gov/0400-news/0200-studies-reports/ 1200-uninsured-motorist/index. cfm/. もっとも、1985年当時のカリフォルニア州の無保険者率は23.3％であり、保険危機による保険料の高騰が無保険者率の増加へ直結したことが分かる。なお、1996年にカリフォルニア保険庁が行った調査によると、地区別ではロスアンゼルス市中心部の81.72％が無保険者率として最高であり、南カリフォルニアを中心に50％を越える地区が多数に上った。拙稿・前掲注14）55頁以下。

21）アメリカ各州のノーフォルト保険制度の概要については、佐野誠『世界のノーフォルト自動車保険』（損害保険事業総合研究所、2001）14頁以下に詳しい。

したがって、自損事故の被害者もその給付の対象となる。

　この制度の下では、被保険自動車の所有者（記名被保険者）、家族、同乗者及び歩行者は、過失等の立証を行うことなく、その損害の一定限度額まで、当該自動車保険の保険会社からノーフォルト給付を受けることができる。

　現在のところ、ミシガン州など 19 州がこのノーフォルト保険制度を採用している。ノーフォルト保険から給付される一般的な費目は、①医療費用、②逸失賃金、③家事等の代替サービス、④葬儀費、そして⑤遺族給付であり、経済的損失に限定され、いわゆる慰謝料は給付されない。給付費目や給付限度額、そして給付期間などは各州で異なる。

　ニューヨーク州を例に取ると、①医療費及びリハビリの費用、② 1 月 2,000 ドル、3 年を限度とする 80％の逸失賃金、③ 1 日 25 ドル、1 年を限度とする代替サービス等の費用、そして、④死亡の場合 200 ドルの遺族給付金、以上がノーフォルト給付の具体的な内容である。これはニューヨークのノーフォルト給付基本プランであり、これ以上の金額のノーフォルト給付をオプションの形で買い増すことも可能である。なお、ノーフォルト保険であるといっても、賠償責任担保が一切ないのではなく、人身損害 1 人あたり 2 万 5 千ドル、1 事故5 万ドル、対物 1 万ドルの賠償責任の担保条項も含まれる。なお、死亡の場合、対人は 1 人あたり 5 万ドル、1 事故あたり 10 万ドルまでの賠償責任が担保される。また、無保険運転者危険担保条項も含まれ、その担保範囲は賠償責任と同じである [22]。

　ノーフォルト保険の特徴は、ノーフォルト給付の中に、慰謝料などの非財産的損害に関する給付がない点にある。いわば、慰謝料と過失の問題をトレードオフし、裁判を行うことなく被害者救済を図る制度であるが、完全に慰謝料請求権を剥奪することに対する抵抗はアメリカでは大きい。そのため、一定の場合に限り裁判システムを通じて非財産的損害の回復を認めるという手法を採用した。どのような場合に訴訟提起が認められるかによって 4 つのタイプに分かれる。

22）11 NYCR 65-1.1.65-1.2.

(1)　純粋ノーフォルト[23]　アメリカではこれを実施している州はないが、このタイプは被害者の加害者に対する訴訟提起を一切認めない。ノーフォルト給付からが全てである。非財産的損害の填補はない。

(2)　修正ノーフォルト　一定の基準（訴訟開始点。Threshold）を設け、それを満たした場合に限り訴訟の提起を認める。訴権制限の設定によって、さらに文言によるもの（Verbal Threshold）[24]と金額によるもの（Monetary Threshold）[25]に分かれる。この訴訟開始点を超えるかが慰謝料を得ることができるかの境目となる。

(3)　付加ノーフォルト　加害者に対する訴訟提起に制限を加えず、ノーフォルト給付の他に加害者に対する損害賠償請求も同時に認める。賠償責任型の保険にノーフォルト給付を付加しただけであるため、これをノーフォルト保険と呼ぶべきではないという見解が強い[26]

(4)　選択ノーフォルト[27]　これを導入しているのはケンタッキー州、ペンシルバニア州そしてニュージャージー州であるが、具体的内容は異なる。ケンタッキー州は、金額による訴訟制限の設けられた修正型のノーフォルト保険と、伝統的な不法行為型の保険の選択を認める。ペンシルバニア州とニュージャージー州では、不法行為形にノーフォルト給付を付加した保険と、文言による訴権制限を設けた修正型のノーフォルト保険の選択を認める。

　　ノーフォルト保険は、一時期23州において採用されるに至ったが、その後

---

23) Pure No-Fault. これが本来提唱されていた形のノーフォルトである。カナダのケベック州やマニトバ州、さらにはニュージーランドの事故補償法がこのタイプである。

24) 死亡・重傷事故に限り、訴訟提起を認めるとするのがこれである。現在、フロリダ州、ミシガン州そしてニューヨーク州が文言による訴訟制限を設けている。

25) 金額の設定は州によって異なるが、5,000ドルを超える損害額とするハワイ州や、医療費2,000ドルとするマサチュウセッツ州など、6州が金額による訴訟制限となっている。

26) Kinzler, *supra* note 11 at 6 は、アドオン型の州を不法行為付加形と分類している。アドオン型に分類される10州のうち8州はノーフォルト給付が選択となっている。選択した場合のノーフォルト給付の水準は、平均的な不法行為制度の州における医療費支払条項と同額かそれ以下だとも指摘している。オレゴン州とデラウェア州がノーフォルト給付条項の購入を強制している。デラウェア州のノーフォルト給付（人身傷害給付）の内容は、1名につき15,000ドル、1事故につき30,000ドル（オレゴン州は39,500ドル）となっており、医療費支払条項よりかなり高額となっている。

27) アメリカの選択ノーフォルト保険については、拙稿・前掲注7）参照。

不法行為制度へと回帰する州が出現し、現在では新たにノーフォルト保険を採用しようとする州は見あたらない。むしろ、不法行為制度への回帰傾向が強まっているように思われる。

3　不法行為制度の改革と自動車保険

1）過失原則

　アメリカにおける自動車事故の加害者に対する損害賠償請求訴訟においては、被害者である原告が請求原因の存在について主張・立証することが必要とされる。この点、自賠法が３条件の立証を被告側に転換しているのとは大きく異なる。不可避的に発生する交通事故などの場合、相手方の過失の立証は難しい。たとえ主張・立証に成功したとしても、被告側は、違法性や因果関係、または責任に関する阻却事由を抗弁として提出できる。そして、この抗弁が認められた場合、原告の損害賠償請求は認められない。

　寄与過失原則（Contributory Negligence）は、損害賠償請求訴訟において被告側の提出できる抗弁のひとつである。これは、賠償請求をする事故の被害者に少しでも事故に関与した過失が存在した場合、一切の賠償請求権を剥奪するという厳しいものである。したがって、歩行者を自動車が一方的に撥ねるといったような事故や、停止信号で停止している自動車に後ろから追突するような、いわゆる100対0の場合には、被告側はこのような抗弁を持たないが、事故の発生に少しでも双方が関与しているような場合、寄与過失の抗弁が認められれば、双方の損害賠償請求権は剥奪される。もっとも、事故の発生を避ける最後の機会を利用できたのが被告である場合には、損害賠償を認めるという「最後の機会準則」[28] による原則の修正は認められていた。しかし、因果関係の問題として考慮されているために、寄与過失原則の下では被害者に対して全面的に損害賠償を認めるか、一切を否定するかという、オール・オア・ナッシングの結論しか認められない。

　そのため、不法行為責任を基調とする限り、賠償責任が発生するケースは極めて限定的にならざるを得ない。わずかな過失しかないにもかかわらず、重大

28）Last Clear Chance がこれである。

な損害を被った被害者は、相手方から損害賠償金を得ることが不可能となる。これでは、損害の公平な分担という観点からは妥当ではない。そのため、イギリスでは 1945 年の法改正[29] により寄与過失原則を因果関係の問題ではなく、賠償額算定のための準則とした。アメリカでは 1960 年代以降に、判例や州法によって修正が加えられ、多くの州がこの寄与過失原則から離脱した。これによって、交通事故被害者が一切の損害填補を受けることができないという状況に陥る可能性は減少した。しかしいまだにアラバマ、ノースカロライナ、バージニア、メリーランドそしてコロンビア特別区が寄与過失原則を採用している。

　寄与過失原則は、比較過失原則（Comparative Negligence）へと移行してゆく。これは、被害者の過失の程度に応じて、得られる損害賠償額を減額するというものであり、日本における過失相殺と内容的に類似する。比較過失原則は内容的に 4 種類に分けられる。

(1)　純粋比較過失[30]　被害者は自己の過失の程度にかかわらず、加害者から損害の賠償を受けることができるが、その金額は過失の程度に応じて減額される。例えば、損害額を 10 万ドルとし、被害者の過失を 80％とすると、2 万ドルが賠償される。これは、日本の過失相殺と同じ結果となる。

(2)　50％ルール[31]　被害者は自己の過失が加害者の過失を上回らない場合に限り、加害者から損害賠償を受けることができる。損害額を 10 万ドルとし、被害者の過失を 50％とすると、5 万ドルの損害賠償を被害者は受けることが認められる。

(3)　49％ルール[32]　被害者は自己の過失が加害者の過失より小さいときに限り、加害者から損害の賠償を受けることができる。損害額を 10 万ドルとし、被害者と加害者の過失をそれぞれ 50％とすると、双方とも損害賠償は受けることができない。被害者の過失を 49％とすると、49,000 ドル削減され、51,000 ドルの損害賠償が認められる結果となる。

---

29) Law Reform Act of 1945.

30) Pure Rule と呼ばれる。カリフォルニア州やミシガン州など 10 州がこのルールを採用している。

31) New Hampshire Plan とも呼ばれる。このルールを採用しているのが一番多く、ニューハンプシャー州やマサチュウセッツ州など 20 州である。

32) Georgia Plan とも呼ばれる。このルールを採用しているのは、ジョージア州やユタ州など 10 州である。

⑷　スライト＆グロスルール[33]　被害者は自己の過失が軽微（Slight）であり、加害者の過失が重大（Gross）である場合に限り、加害者から損害の賠償を受けることができる。この場合の損害額は事故の過失の度合いに応じて減額される。

このような過失原則は、純粋比較過失原則を除いて被害者救済への大きな障害ともなりかねない。過失原則から離れたノーフォルト保険制度が提唱された理由のひとつでもある。

2）好意同乗者法の廃止[34]

好意同乗者法によれば、運転手の好意により無償で同乗させてもらった者は、運転者の過失によって事故が発生して傷害を被ったとしても、その運転者を不法行為に基づいて訴えることができない。ただし、運転者が重大な過失によって事故を起こした場合や、未必の故意ないしは故意によって事故を惹起した場合には、損害賠償請求を認める。さらに、損害賠償が認められる場合でも、現実に身体に生じた損害額に限定するなど、損害賠償額に制限を加える。

この法の目的は、運転者をつまらない訴訟から守り、さらには保険会社を運転者と共謀した詐欺的訴訟から守る点にあった。1960年代には半数近くの州でこのような規定が設けられていたが、1970年代以降これを廃止する州が増え始め、現在のところアラバマ州がこの好意同乗者法を維持しているのみである。もっとも、あらゆる場合に好意同乗者による訴訟提起が認められるのではなく、ヒッチハイカーや直近の家族関係にある者は、通常の過失の場合であっても、訴訟の提起が認められない[35]。

3）連帯責任法理[36]の排除

日本における車対車の交通事故の場合、複数の加害者が存在するケースはそ

33）現在のところ、このスライト＆グロスルールを採用しているのはサウスダコタ州だけである。

34）Guest Statutes のことである。

35）ヒッチハイカーが問題となった最近の事件として、インディアナ州における KLLM, INC. V. LEGG, 826 NE. 2d 136（Ind. 2005）がある。

36）Joint & Several Liability のことである。

れほど多くはなく、事故の直接の相手方以外の者をも巻き込んで訴訟を提起することはまれである。これに対してアメリカの交通事故訴訟の特徴は、事故の直接の相手方以外の者を被告として提起するところにあるといえる。そのような場合にターゲットとされるのは、自動車メーカーや道路等の維持管理責任を負担する州政府や連邦政府、さらには地方公共団体などである。

連帯責任法理の下では、複数の加害者が存在した場合、それぞれの加害者の過失割合から離れて、被害者が選択して被告の1人または数人に対し、個別的または共同的に損害賠償全額の請求を行うことが認められる。そして、一部の加害者が全額を支払った場合、支払を行った者には、他の加害者に対して自己の負担部分を超えた額の求償が認められる。そのため、被害者としては、事故の全体の構図の中に賠償能力を備えた者を引きずりこむことが、高額な賠償金を確保することにもつながる。これをディープ・ポケット・ルールと呼ぶ。

交通事故が発生し、加害者として直接の事故の相手方である運転者と道路の設置管理者である州政府が被告とされ、州政府に例えば5%の過失があったと陪審員に判断されたとする。被害者の損害額が慰謝料を含み100万ドルだとすると、被告は州政府から100万ドルの賠償金を得ることが認められる。州政府は、本来の負担額である5万ドルを超えた95万ドルを運転者に対して求償することになるが、賠償能力のない場合には取り戻すことは不可能となる。

1980年代半ばからの不法行為制度改革[37]では、まずこの連帯責任法理の制限がターゲットとされた。各州において比較過失原則の採用が進む中で、連帯責任法理は加害者と被害者間の公平性のバランスを欠くものとも批判された。各州で立法による対応が進んだが[38]その内容は一様ではない。全ての損害賠償費目について連帯責任の排除を行う州[39]、非財産的損害について連帯責任の適用を排除する州[40]などに分かれた。さらに、医療過誤訴訟など一定の類

---

37) 不法行為制度改革については、金光良美『米国の保険危機』（保険毎日新聞社、1987）60頁以下など参照。

38) 各州における個別の対応については、National Association of Mutual Insurance Companies, *Joint and Several Liability Reform States*, www.namic.org/PrintPage.asp?ArticleID=6446 に、改正を加えた全州の内容が掲載されている。

39) コネチカット州やアイダホ州などが全面的に連帯責任法理を廃止した。

型に属する不法行為訴訟における適用を排除した州もある。

　この連帯責任法理の制限は、比較過失原則が被害者救済を促進するものであったのに対し、反対に制限を加える効果を有している。

4）副次的給付非控除ルール[41] の排除

　副次的給付非控除ルールとは、不法行為に基づく損害賠償請求訴訟における損害賠償額の決定に際して、被害者である原告が受領した、加害者の出損に基づかない他の財源から取得した保険金、見舞金、社会保障給付などは、その存在を考慮の対象に入れない（損害賠償額からの控除対象としない）とする原則である。したがって、医療費について原告が加入していた保険から給付がなされたとしても、そのことは損害賠償額とは無関係であるとされる。これらを考慮に入れて控除すると、加害者である被告がそれらの給付によって結果的に利益を受けることになる。そのような利益を受ける根拠に欠けることや、これらを控除対象とすると、損害賠償責任の持つ不法行為の抑止効果を阻害すること、自ら手当てをしていた被害者が、そうでない被害者との比較において相対的に不利になることが理由としてあげられていた[42]。

　しかしながら、このような副次的給付非控除ルールは、結果的に被害者の重複した損害回復を認めることとなり、不法行為に関連するコストを押し上げることともなる。そのため、不法行為改革におけるターゲットとなり 24 州において改正が加えられた[43] が、その内容は一様ではなく、アリゾナ州などのように医療過誤訴訟に限定するものや、ミネソタ州などのように生命保険金は控除対象としない、あるいはフロリダ州などのように保険代位の対象となるものは控除対象としないなどの内容に分かれている。

40）カリフォルニア州やオハイオ州では、非財産的損害に関してのみ連帯責任法理が廃止された。カリフォルニアは、住民提案 51 の通過によるものである。

41）Collateral Sauce Rule.

42）Kinzler, *supra* note 11 at 26.

43）各州の具体的な改正内容については、National Association of Mutual Insurance Companies, *Joint and Several Liability Reform States*, www.namic.org/PrintPage.asp?ArticleID=6443 参照。

5）非財産的損害額の制限

　慰謝料などの非財産的損害に対する賠償額は、損害賠償額全体を押し上げるものとして何らかの制限が加えられるべきであるとの主張がなされてきた。一般的に非財産的損害の賠償額は財産的損害とほぼ同額と判断される場合が多い。そのため、重度の後遺障害を被った被害者の場合には、極めて高額な非財産的損害額が認定される結果となる。

　医療過誤事件に関しては、1975 年にカリフォルニア州がその上限を 25 万ドルに制限するという改正を加えていた[44)]が、自動車事故には適用がないとされていた。1980 年代半ばからの不法行為改革では、交通事故を含む全ての不法行為訴訟に限度額を設けるとする州は少数にとどまり、医療過誤訴訟にそのような制限を加えるとする州が多い。しかし、このような賠償額の制限に関しては、当該州の裁判所において憲法違反であるとの判断を下された州が複数存在する[45)]。

6）不法行為改革と被害者救済への影響

　寄与過失原則から比較過失原則への移行や好意同乗者法の廃止など、1960 年代から 1970 年代にかけてのアメリカの不法行為制度改革は、被害者救済拡大という効果を有していた。この 2 つの他にも、家族や政府あるいは慈善団体などを、その非難可能性の程度に関係なく訴えることができないと規定する免責法や、不法死亡に対する出訴期間制限法の撤廃などが行われた。

　このような改正が被害者救済に対してどれだけの効果を発揮したかを分析するためには、1971 年に行われた連邦運輸省の調査[46)]と、ランド研究所の調査結果[47)]を比較すると明らかであると Kinzler は指摘する[48)]。連邦運輸省の調査では、交通事故によって負傷をした者のうち、54％の被害者が不法行為制度

---

44) CAL. CIV. CODE. § 3333.2 (West 2007).

45) フロリダ州、ワシントン州、ニューハンプシャー州、オハイオ州、アラバマ州などの州裁判所は、非財産的損害の上限設定を憲法違反であるとの判断を下した。

46) United States Department of Transportation, *supra* note 5.

47) Stephen J. Carroll and Allan F. Abrahamese, *The Effects of a Choice Automobile Insurance Plan on Insurance Costs and Compensation : An Updated Analysis* (Rand Institute for Civil Justice, 1999).

48) Kinzler, *supra* note 11 at 15.

の下で損害の回復を得ることができなかったが[49] 1997 年のデーターを基にし
たランド研究所の調査によれば、その割合は 30％にまで低下し、しかもその
中で最大の被害者集団は、自損事故による被害者であった[50]。この自損事故
被害者は不法行為制度の下では救済対象とはならない被害者集団であり、不法
行為制度の改正が自損事故以外の被害者救済へ極めて効果的であったことが示
されている。興味深いことに、1970 年代の不法行為の改正は、コスト（保険
料）の上昇と何かを相殺して保険料の低額化を図るという意図はなかったこと
である。全米法曹協会によって提唱された不法行為の改正案[51] が、どれだけ
保険料に影響を与えるかについて 1978 年に保険数理人が行った研究によれ
ば、保険料は平均として 58％上昇するとされていたという[52]。

　これに対して、1980 年代半ば以降に施された不法行為の改革によって廃止
ないしは導入された数々の制度は、1960 年代から 70 年代にかけての改正とは
異なって、むしろ交通事故被害者が手にすることのできる損害賠償金を減額す
る直接的な効果を持つものであった。それは、この時期の改革の理由が、いわ
ゆる保険危機として知られる賠償責任保険の保険料の異常なまでの高騰を押さ
えるための対策であったことにその理由がある[53]。連帯責任法理の廃止ない
しは修正や、副次的給付非控除ルールの廃止、さらには非財産的の損害に対する
金額制限規定の導入などは、被害者に対して保険会社から支払われるべき保険
金の直接の削減につながる。この他にも懲罰的損害賠償の金額制限規定も同様

---

49) United States Department of Transportation, *supra* note 5 at 26.

50) Carroll & Abrahamese, *supra* note 47 at 11 footnote 9.

51) これは、①寄与過失原則から比較過失原則への移行、②好意同乗者法の廃止、③不法死亡に対す
　る出訴制限の撤廃、④無保険運転者危険担保条項の強制を含む、統一強制自動車損害賠償責任保険
　の提唱、さらに人身傷害の保険金限度額の上限を、1 人につき 1 万ドルから 5 万ドルへ、さらに 1
　事故 2 万ドルから 10 万ドルへと引き上げるものであったが、金額の引き上げ以外はほとんどの州
　でこのような改正が施されたという。Kinzler, *supra* note 11 at 15.

52) この調査は、当時ステートファーム保険会社の主任保険数理人であった Dale Nelson 氏によるも
　のである。*Id.* at 41 note 42.

53) 保険危機における賠償責任保険の保険料の高騰は、とりわけ医師の賠償責任保険の保険料、公共
　施設などの賠償責任保険の保険料に影響を与えた。さらに、一般庶民が購入する典型的な賠償責任
　保険である自動車保険の保険料をも異常なまでに押し上げた。1985 年後半から 1986 年にかけての
　この騒動では、前年度比で 50％を超える自動車保険の保険料値上げが家計を直撃した。

の効果が期待できる改革であるが、むしろ医療過誤訴訟や製造物責任訴訟など
において効果が規定できるものであって、交通事故被害者の救済との関連性は
深くはない。

　このような不法行為改革がどれほど効果を有していたかという点について
は、明確な疑問が提示される。カリフォルニア州を例に取ると連帯責任法理の
修正だけでは自動車保険料は従前のレベルには戻らず、連帯責任法理の修正を
求めた住民提案 51[54] の通過によって保険料が下がると期待していた一般人を
落胆させる結果となった。これが、自動車保険の保険料の料率算出を直接規制
する住民提案 213[55] へとつながった。

　保険危機から 20 年を経過したが、異常なまでの保険料の値上がりの原因に
ついては、アスベストなどの製造物責任に対する相次ぐ巨大クレームの発生だ
けではなく、高金利下で過当競争に走った保険会社が、キャッシュ・フローア
ンダーライティングによる料率引き下げを行ったことにも大きな原因があった
と指摘されている [56]。

4　被害者救済が直面する自動車保険の問題点

1）最低賠償責任限度額と賠償水準

　アメリカの自動車保険制度の問題点として第一に指摘できるのは、極めて低
額に設定された最低賠償責任限度額である。これは、無保険者率や保険料とも
関連する問題であり、どのレベルに設定するかは政策的な判断の産物であると
いえる。

　被害者救済の問題を考えた場合には、できるだけ高額な限度額設定が望まし
いのはいうまでもない。不幸にして重大な事故を発生させてしまった場合、被
害者に対する損害賠償額を十分にカバーできる賠償責任限度額でなければ、加
害者は全財産を失う危険性に直面する。しかし、平均的な損害賠償額に対応で
きるレベルに設定しておけば、おおむね被害者に対する賠償金はカバーできる

54）Proposition 51. この概要については、ジョン・ウェラン『カリフォルニア州の自動車保険法の最
　　近の発展』安田火災記念財団叢書 No.32（1989）37 頁以下。

55）Proposition 103. この概要については、拙稿・前掲注 14）13 頁以下。

56）例えば、金光良美・前掲注 37）14 頁以下。

のであるから、むしろ守るべき財産のある人が、安心のために高額な賠償限度額の保険に加入すればよいとの考えもある。さらに、車なしでは生活することができない車社会アメリカにおいては、誰もが容易に保険料を支払うことが可能なレベルに設定しなければ、かえって無保険者の増加を招く。強制保険としている以上、低所得者であっても支払うことが可能な保険料のレベルから、むしろ逆算して賠償責任限度額を設定すべきであって、必要であると考える人は自己防衛のために高額な賠償責任限度額の保険に加入し、あるいは事故の相手方が無保険者ないしは低価額保険者である場合に備えた担保条項を購入すればよいとの考えもありうる。

　私が初めてアメリカの自動車保険制度に触れた 1985 年当時、一般的な州における最低賠償責任限度額は、15/30/5 と表現される、対人賠償 1 名あたり 1 万 5 千ドル、1 事故あたり 3 万ドル、対物賠償 5 千ドルであった。1 ドルを 250 円と換算しても、1 名あたりの賠償責任限度額は 375 万円、1 事故で 750 万円、対物で 125 万円である。当時の日本の自賠責保険は、すでに対人賠償 1 名あたり 2500 万円[57] であったから、日本のレベルと比べると極めて低い状況であった。もっとも、当時標準的な保険として提示されていたのは、対人 1 名あたり 10 万ドル、1 事故 30 万ドル、そして対物 5 万ドルであったから、それを円換算すると 2500 万円、7500 万円、そして 750 万円となり、1 名あたりの対人賠償限度額では同額となる。しかしながら、このような比較的高額の賠償責任保険を購入しているのは限定的であり、多くは必要最低限の保険を購入していた。

　最低賠償責任限度額は、物価や賠償水準の上昇に応じて段階的に増額されて行かなければ、損害賠償額の上昇に対応できず、十分な救済を受けることのできない被害者を生み出す。しかしながら、アメリカ各州の最低賠償責任限度額の推移は、我々の眼からは信じられない状況にある。いくつかの州を例にとって 30 年間の推移を検討する。

　驚くべきことに、30 年間で一切限度額が変わっていない州が複数ある。また、カリフォルニア州のように、新たに低所得者向けの自動車保険を開始し、

57）昭和 60 年改訂の金額である。

【表】各州の最低賠償責任限度額の変遷

州名	1976 年	1986 年	1996 年	2006 年	上昇率
アラスカ	25/50/10	50/100/25	25/50/10	50/100/25	2 倍
アリゾナ	15/30/10	15/30/10	15/30/10	15/30/10	変わらず
カリフォルニア	15/30/5	15/30/5	15/30/5	15/30/5 (10/20/3)	変わらず (3 分の 2)
ハワイ	25/ 無制限 /10	25/ 無制限 /10	25/ 無制限 /10	20/40/10	5 分の 4
マサチュウ セッツ	5/10/5	10/20/5	20/40/5	20/40/5	4 倍
ミシガン	20/40/10	20/40/10	20/40/10	20/40/10	変わらず
ルイジアナ	5/10/1	10/20/10	10/20/10	10/20/10	2 倍
ニューヨーク	10/20/5	10/20/5 死亡 50/100	25/50/10 死亡 50/100	25/50/10 死亡 50/100	2.5 倍 (5 倍)
テキサス	10/20/5	15/30/15	20/40/15	20/40/15	2 倍
バージニア	10/20/5	25/50/10	25/50/20	25/50/20	2.5 倍
ワシントン	15/30/5	25/50/10	25/50/10	25/50/10	1.66 倍
日本	1500 万 (50) / 無制限	2500 万 (125) / 無制限	3000 万 (300) / 無制限	4000 万 (360) / 無制限	2.6 倍

　上昇率は、1976 年当時の対人賠償 1 名あたりの限度額が 2006 年には何倍になったかを示す。
25/50/10 が示すのは、最初の数値が 1 名あたりの限度額。次が 1 事故あたりの限度額、そして最後の
数値が対物賠償の責任限度額である。日本の（　）内の数字は、当時の為替レートから計算したドル
建ての限度額。1976 年は 1 ドル 300 円、1986 年は 1 ドル 200 円、1996 年は 1 ドル 100 円、2006 年は
1 ドル 120 円で計算した。2006 年のカリフォルニア州の（　）内は、低所得者向けの保険の最低賠償
責任限度額である。

　Insurance Information Institute の Fact Book の各年度の数値である。

　その限度額は 30 年前よりも逆に低いレベルに設定されている州もあり、さらに
ハワイ州は 1 名あたりの限度額も 1 事故あたりの限度額も引き下げられている。
しかしながら、これらの州はやはり例外であり、多くの州では引き上げがなさ
れている。それにしても、日本の自賠責保険の保険金額のレベルは高い。それ
でも、重大な事故が発生した場合には十分ではないのであるから、アメリカ各
州の州法による強制保険制度と最低賠償責任限度額の意味するものは、日本の
自賠責保険のそれとは全く異質なものであると考えざるを得ない。交通事故被
害者の救済と基本補償を提供する日本の制度に対して、いわば最低限度の補償
を提供する制度にとどまり、自動車という危険な装置を運転することにともな

う、最低限度の費用負担制度と理解するほかはない。法が強制するのは最低レベルに止め、それ以上のものは各自が自助努力によって対応する（低価額保険者危険担保条項や無保険者運転危険担保条項、さらには生命保険や傷害保険などによる）のがこの制度の持つ意味であると明言しているようにも理解できる。

　この最低賠償責任限度額の低さは、被害者に対する過剰払いと過少払いの問題を引きおこす。不法行為型の州においては、裁判制度を通じて加害者の賠償責任を追及する形になる。被告が加入していた保険会社は被告を弁護する義務を負い、弁護士費用を負担する。そのため、訴訟費用や効率性の観点から、低額の事件についてはそれほど争うこともなく和解し、重傷で損害賠償額も極めて高額となると思われる事件については、徹底的に争うという傾向があると指摘されている。ランド研究所の調査によれば、1 ドルから 2 千ドルの間の経済的損失に対しては、250％の賠償金支払となっており、このうち 150％は慰謝料相当額である。これに対して、経済的損失が 2 万 5 千ドルから 10 万ドルの場合は、経済的損失のわずか 56％に相当する額しか填補されておらず、10 万ドルを超える場合には、経済的損失のわずか 9％に相当する額の填補しか受けることができていない[58]。

2）保険料の水準

　アメリカの保険料水準は、低すぎる最低賠償責任限度額の設定にもかかわらず、極めて高額である。カリフォルニア州を例に取ると、現在の平均保険料は 827 ドル 78 セントであり、全米平均では 837 ドル 88 セントである。1995 年当時のカリフォルニア州の平均保険料は 830 ドル 98 セントであったから、それほど大きな変化を見せてはいない。全米平均はどうかといえば、665 ドル 62 セントであったから、こちらは 30％近い上昇となっている。

　最低賠償責任限定額から見る限り、極めて割高なアメリカの保険料であるが、純粋な民間会社が提供するアメリカの自動車保険と、ノーロス・ノープロフィット原則に基づいて運営されている日本との違いは大きい。

---

58) Stephen Carroll et al. *No-Fault Approaches to Compensating People Injured in Automobile Accidents* (Rand Institute for Civil Justice, 1991) at 187.

　ところで、州別に保険料を単純比較することは誤解の要因となる。それは、強制される最低賠償責任限度額の違いに加えて、不法行為型かそれともノーフォルト型かで担保範囲の内容も大きく異なるからである。2007年のファクトブックによれば、保険料の高い上位5州の中にノーフォルトの州が4州入っている[59]。これが、ノーフォルト保険は高すぎるという批判の原因ともなっている。ところで、アメリカの自動車保険料率は州によって規制されているが、完全な地域別料率の導入は、都市部とそうでない地区との間に大きなギャップを生み出してしまっている。2007年のファクトブックは、対人1名あたり、10万ドル、1事故あたり30万ドル、対物賠償5万ドルの賠償責任限度額、さらに1名あたり10万ドル、1事故あたり30万ドルの低価額保険者危険担保条項と無保険者危険担保条項を備えた自動車保険を購入するとした場合の比較を取り上げている。それによると、最も保険料が高いのはミシガン州デトロイト市で5,894ドル、次いでペンシルバニア州フィラデルフィア市で4,440ドル、それ以下はニュージャージー州ニューアーク市、ニューヨーク州ニューヨーク市、そしてカリフォルニア州ロサンゼルス市と続いている[60]。

　このように大都市の保険料が高い理由については、交通量による交通事故の可能性の高さや、自動車盗難や破壊の対象となる危険性の高さ、さらには保険詐欺の発生可能性の高さによるものと指摘されている。

3）無保険者率

　無保険者率の高さは、各州が頭を痛め続けた問題であった。強制保険制度を導入しているにもかかわらず20％を超える州が多く、その強制方法をどうするかが課題であった[61]。さらに、強制保険制度を導入し、毎年1回の車両登録時に保険加入証明書の提示を求めることとしたカリフォルニア州では、登録

59）Insurance Information Institute, *supra* note 16 at 54, 56.

60）*Id.* at 56.

61）例えば、All Industry Research Advisory Council の調査によれば、1986年時点で最も無保険者率が高いとされたのはノーフォルトのコロラド州の33.06％であり、賠償資力法のみであったカリフォルニアでは23％であった。これに対してノーフォルトのマサチュウセッツ州は3.9％、同じくニューヨーク州は6.3％であり、全米平均では12.9％であると推測された。All Industry Research Advisory Council, Uninsured Motorists（1989）at 6.

補充注文カード

貴店名

定価3,520円
税10%

著者　福田　弥夫

発行所　保険毎日新聞社

書名　自動車保険契約における利害調整の法理

定価　本体3,200円＋税

年　月　日

部　部数

書名

ISBN978-4-89293-477-3
C3033 ¥3200E

9784892934773

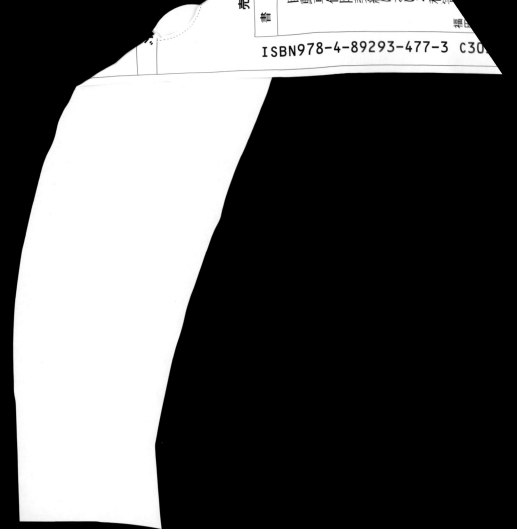

ISBN978-4-89293-477-3 C30

の直後に保険契約を解約するケースが続出した。

　これに対する各州の対策は厳罰の導入である。ほぼ全州[62]において何らかの罰則規定が導入されているが、内容にはかなりの違いがある。重いところでは、デラウエア州は、1,500ドルから2,000ドルの罰金に加えて、運転免許の停止6ヶ月となっており、メリーランド州では、100ドルを上限とする罰金か1年以内の拘禁である。軽いところでは、アラスカ州の免許停止または取消し、カリフォルニア州は100ドルから200ドルの罰金である。

　このような罰則規定の導入は効果を示し始めてはいるが、あいかわらず無保険者率の高い州が存在している。2005年の調査によれば[63]、ミシシッピー州がもっとも高く26％、アラバマ州が25％、カリフォルニア州も同じく25％となっている。この数値を1986年の数値と比較すると、ミシシッピー州は2％の増加、アラバマ州は0.4％の増加、カリフォルニア州は2％の増加となっており、強制保険制度を採用しておりながら、それが実行されていないという現実が浮かび上がってくる。特にカリフォルニア州は、1997年から強制保険制度の州へと移行し、無保険運転者に対して罰金を科すという規定まで導入されたにもかかわらず、無保険者率の改善が見られていない。

　無保険者率に関するカリフォルニア州保険庁の調査は、この数値とは若干の開きを見せている。1995年には29.87％と推定されたカリフォルニア州全体の無保険者率は、2001年には13.10％まで順調に下がってきたが、2002年から若干の上昇を始め、2003年には14.3％と推定されている[64]。カリフォルニア州の無保険者率が根本的な改善を果たすことができないのは、車両登録時に保険カード（加入証明書）の提示を求めるのみで、登録後に契約を解約してもそれが捕捉できない点にも理由があった。そのためカリフォルニア州では、2006年1月1日から保険会社に対して個人所有車両の保険契約解約の情報を車両局に通知することを義務付けた。通知を受けた車両局は、車両の所有者に対して保険加入の証明を行わない限り、車両登録を停止するという通知を送付するこ

62）ニューハンプシャー州とバージニア州が罰則規定を設けていない。INSURANCE INFORMATION INSTITUTE, *supra* note 16 at 63-65.

63）*Id.* at 60.

64）カリフォルニア州保険庁のホームページによる。前掲注20）参照。

ととなった。さらにこの通知には、低所得者向けの低価額保険の案内が添付されている。低価額保険を担当するカリフォルニア・アサインド・リスクプランの担当者によれば、この通知を受け取った後に、あわてて電話による照会をするケースが増加しているという。

　無保険者に対する制裁は、罰金や拘禁さらには車両登録や運転免許の停止、取消しにとどまらない。事故に遭遇した場合の制裁である。「ノーペイ・ノープレイ」と呼ばれるこの動きは、カリフォルニア州における 1996 年の住民提案 213[65) の通過によって、自己責任法として成立した。これは、飲酒運転者と無保険運転者が交通事故に遭遇した場合、非財産的損害の賠償請求を認めないという内容であり、損害賠償請求の制限という点から無保険者に対して制裁を課すものである。

5　自動車保険が抱える新たな問題―結びにかえて―

　アメリカの自動車保険制度は、1960 年代から 70 年代にかけて行われた、寄与過失原則から比較過失原則への移行、さらには好意同乗者法の廃止ないしは適用制限などによる不法行為制度の改正によって被害者救済の方向へと進んできた。さらに、1970 年代からのノーフォルト自動車保険の普及は、被害者救済のための確実な一歩となるはずであった。しかしながら、訴訟制限の効果をほとんど期待できない、非常に低い金額に設定された訴訟開始点を持つノーフォルト制度を導入した州が多かったため、ノーフォルト本来の効果を発揮することができなかった。さらに、1980 年代中盤から社会問題と化した保険危機の中で、優れた給付内容を持つにもかかわらず、単純な保険料比較によってノーフォルトから不法行為へ回帰した州も生じた。また、保険危機と同時にその対策として注目された連帯責任法理の修正ないし廃止などの一連の改革は、被害者救済という視点から見た場合に、むしろ開かれていた救済の門を閉じる結果となったように思われる。

　保険危機から 20 年が経過し、アメリカの自動車保険は新たな混迷期へ静かに動いているように思われる。表面化はしていないが、低いままに固定しつつ

65）Proposition 213. この内容については、拙稿・前掲注 14）51 頁以下。

ある最低賠償責任限度額は、重篤な障害を被るような事故に遭遇した被害者に
対し何らの助けにもならない。破産者保護に極めて厚いアメリカの民事執行制
度の下では、最低限度の賠償責任保険にしか加入していない者から、保険金額
を超えた損害の回復を求めることは困難である。さらにこの問題は、カリフォ
ルニア州で提供されている低所得者向けの低価額自動車保険の普及によって一
層深刻さを増すものと思われる。サンフランシスコ・カウンティとロスアンゼ
ルス・カウンティ、そしてその周辺の地域に限定されていたこのプログラム
は、2006 年 4 月から全州を対象とすることとなった。所得や付保対象自動車
の価額などの要件をクリアーした低所得者は、対人 1 名あたりわずか 1 万ド
ル、1 事故あたり 2 万ドルの責任限度額の賠償責任保険を購入することができ
る。そのような保険の購入者は、不法行為債務の引き当てとなるような個人的
資産を保有しているとは思われない。このような動きが格差社会アメリカにお
いて他州に広まることは十分に考えられることである。自動車保険制度と不法
行為制度によって救済されない被害者は、最終的には社会保障による救済を受
けるしか道は残されていない。

　保険詐欺もアメリカ自動車保険の大きな問題である。ノーフォルト保険を採
用しているニューヨーク州はノーフォルト給付がかなり充実している。そのた
め、この給付に着目して詐欺的請求を行うものが急激に増加した。特に医療費
の詐欺的請求や水増しは深刻であり、2002 年に支払われたニューヨーク市内
のノーフォルト給付のうち、PIP に対する 30％から 36％の請求が詐欺ないし
水増しによる請求であったとされる [66]。その手口としては、カイロプラク
ターや整復士などの治療を受け、あるいは必要もないのに MRI や EMG を利
用するなどの手口が報告されている。さらには、そのような手口に弁護士が関
与している例が特にニューヨーク市内では多いという。ニューヨーク州保険局
詐欺部門は、2002 年にノーフォルト給付の詐欺に関与したとして、182 人を逮

---

66)　Insurance Research Council, Auto Injury Claimants in New York City vastly Different From
　　Claimants in the Rest of New York State, IRC Study Finds, New Release May 10, 2006. なお、このよ
　　うな状況はニューヨークに限らず、ニュージャージーなども詐欺や水増し請求の問題を抱えてお
　　り、不法行為制度への移行を強力に主張するグループの口実を与える結果ともなっている。

捕している ⁶⁷⁾。

　このような保険詐欺の状況はノーフォルト制度の州に限らない。不法行為制度の州であるカリフォルニアでも、自動車保険の保険詐欺や水増し請求が増加している。2002年に支払われた人身傷害に対する保険金支払のうち11％から15％が詐欺または水増しによるものであったと指摘されている ⁶⁸⁾。カリフォルニア州保険庁も、ニューヨーク州と同様に保険庁内に詐欺部局を設けて活動にあたっている。

　医療費などを中心とするこのような詐欺的請求ないしは水増し請求は、自由診療の国アメリカでの出来事とも思われがちだが、過剰診療や濃厚診療はわが国においても問題である。医師以外にも、医療類似行為従事者による事件が日本でも後を絶たない。

　人身傷害補償条項付き保険の普及によって、ノーフォルト給付に極めて類似した給付が保険から受けられるが、そこにアメリカのような問題が入り込む可能性は高いといえる。アメリカ自動車保険の現状から学ぶものがあるとすれば、保険詐欺に対する強硬な姿勢を維持した対処方法である。

　不払い問題によって、ともすれば灰色のケースに対しても保険会社が躊躇して支払を行う危険性が現在のところ高いように思われる。しかし、モラル事案に対しては強硬な姿勢を貫くことが重要であることをアメリカの経験は示している。

　詐欺的請求に揺れるアメリカのノーフォルト制度採用の各州であるが、不法行為制度に移行した場合、被害者救済のレベルが格段に落ちる危険性を現状は示している。この現状を修正するのはかなり困難であろう。

---

67)　New York Department Insurance, Insurance Frauds Bureau Annual Report 2003 at 25.

68)　Insurance Research Council, Insurance Fraud and Buildup Approximately $400 Million to California Auto Injury Claims, IRC Study Finds. News Release January 5, 2006, www.ircweb.org/News/20060105. pdf

第二部

海外保険スキームの自賠責保険制度への
応用に関する考察

第6章　自賠責保険のノー・フォルト化とその課題
―自損事故惹起者の救済スキームのあり方を中心に―

1　はじめに

　不可避的に発生する交通事故は、現代社会が車社会であることの大きな代償である。第1次交通戦争と言われた昭和40年代中盤には、1万7千人にせまった交通事故死者数[1]であったが、その後は減少したものの、ここ数年は、年間約1万人弱の交通事故死者が発生している[2]。注意すべきは1級から3級のいわゆる重度後遺障害を負う交通事故被害者数の増加である。救急医療技術の発展と車輌安全性の向上により、従来であれば死亡していたと考えられる被害者が一命をとりとめたものの、重度後遺障害を被るケースが増えている[3]。

　このような交通事故被害者の救済には、保険制度が不可欠であるといってよい。不法行為責任を基調とする損害賠償制度は、交通事故の加害者の被害者に対する賠償責任を負担するシステムであるが、被害者が死亡または重大な障害を被るようなケースでは、その賠償額は高額なものとなり、一個人が賠償額の全額を負担できるのは稀有である[4]。そのために自動車を運転するものは、不幸にして事故の加害者となり、損害賠償責任を負担するに至った場合に備え

1）警察庁の統計資料によれば、昭和45年の死亡者数は16,765人であった。平成12年度版「交通安全白書」8頁。

2）平成11年の死亡者数は9006人であった。平成4年に1万1451人まで上昇したが、その後は若干の減少傾向にある。ここ数年は1万人の大台を切っているが、これは警察庁の24時間統計上の数値であって、30日以内の死者数は、24時間死者が1万人を下回った平成8年以降も、1万人を上回っている。なお、交通事故件数および死傷者数は増加しており、平成11年は死傷者総数が100万人を超えた。

3）自賠責保険の支払件数で見ると、平成元年度の約千件に対して平成10年度は約2千件であった。前掲注1）平成12年度版「交通安全白書」66頁。

て、賠償責任保険に加入することになる。日本の自動車保険制度は、この賠償責任制度を基調とするシステムであり、自動車損害賠償保障法 5 条は自動車の運行供用者に対して自賠責保険への加入を義務づけ、一定の賠償資力を確保させている。

　ところで、この自賠責保険は「賠償責任」に備えた保険であるために、不幸にして交通事故の被害者となった場合でも、加害者が存在しないいわゆる自損事故や、加害者に賠償責任が発生しないいわゆる加害者無責の場合には、賠償責任を負担する者が存在しないために、被害者は事故により発生した損害の填補を受けることができない（以下加害者無責と自損事故の被害者の両者を合わせて「自損事故惹起者」と表現する。これは、自らの自動車の運行に起因する急激かつ偶然な外来の事故により身体に傷害を被り、かつそれによって生じた損害について、自賠法第 3 条に基づく損害賠償請求権が発生しない者をいうものとし、相手方のないいわゆる車両単独の事故（自損事故）を惹起した者と、相手方のある事故で相手方に全く責任のない事故を惹起した者の両者を含む）[5]。

　自己行為責任を基調とする不法行為の損害賠償システムは現代社会の原則であるが、車社会における交通事故の発生がいわば不可避的なものであり、この原則をあくまでも貫くべきか評価が分かれるところであるといってよい。特に車対歩行者という事故形態から車対車という事故形態への変化に対して、従来型の賠償責任制度は対応しきれないという弱点を有している[6]。

　このような賠償責任システムに対して、アメリカやオーストラリアの一部の州やカナダでは、交通事故の被害者が自己の過失の有無に関わらず、一定額の

4）釧路地裁昭和 61 年 8 月 5 日判決（交通民集 19 巻 4 号 1047 頁）では、医師の死亡ケースにあたって 2 億 2 千万円の損害額が認定されており、東京地裁平成 7 年 3 月 30 日判決（交通民集 28 巻 2 号 545 頁）では、40 歳会社役員の後遺障害のケースで、2 億 9 千 736 万円の損害が認定されている。死亡や重度後遺障害のケースでは、1 億円を超える損害額の認定は珍しくない。

5）この定義は、自動車事故対策センター「自動車自損事故惹起者対策に関する調査・研究報告書」2 頁による。

6）事故類型別分類によれば、自賠責保険制度の発足当時の昭和 31 年には、交通事故死者の 46.9％が歩行者であったが、平成 11 年にはいわゆる自損事故による死亡者を含めて、43.0％が車両搭乗中の死亡者である。前掲注 1）平成 12 年度版「交通安全白書」16 頁。いわゆる走る凶器型から走る棺桶型への形態変化であり、昭和 50 年を境に、「乗車中」の死亡者と「歩行中」の死亡者数が逆転した。歩行中の死者数の比率は減少傾向にあり、反対に乗車中の死者数の比率は増加傾向にある。

給付を自己の契約する保険会社から受けるというノー・フォルト保険制度を採用しており、被害者救済の上で一定の効果を上げている。もっともノー・フォルトといっても多種多様であり、一定の場合には、被害者に対して加害者に対する訴訟を利用した賠償責任追及を認めるために、この訴訟提起との関係でノー・フォルトの効果が出ていないと批判されるものもある。

　私は、平成11年2月より運輸大臣（現在国土交通大臣）の私的諮問機関である「今後の自賠責保険のあり方に係る懇談会」の委員を務めているが、本稿では、この懇談会において行われた自賠責保険のノー・フォルト化についての議論を振り返り、今後の検討の前提とするものである。そのため、この検討会のために私が作成したメモや資料そして懇談会資料として作成されたノー・フォルト化に関するワーキングペーパー[7]を中心にこの議論を進めることをお許しいただきたい。

　検討の順序として現行の自賠責保険の包含する問題点を検討し、ついで賠償責任制度と自損事故惹起者の関係について検討する。次にアメリカにおけるノー・フォルト保険を検討し、そのシステムの評価を行う。次に自賠責保険のノー・フォルト化に伴う課題を検討し、自損事故惹起者救済スキームの検討をする。最後に被害者救済の理念との関係で自損事故惹起者救済について検討する。

2　自賠責保険の問題点

　現行の自賠責保険制度は、自賠法3条における運行供用者の損害賠償責任の発生を前提として構築されている。そこには、民法709条の不法行為責任が根底にあり、運行供用者の故意または過失が被害者に対する損害賠償責任発生の要件とされる。もっとも、自賠法3条は民法の不法行為責任成立の要件を緩和し、本来は被害者が立証すべき運行供用者の故意または過失の立証責任を転換し、運行供用者の側で、①自己および運転者が自動車の運行に関し注意を怠らなかったこと、②被害者又は運転者以外の第三者に故意又は過失があったこ

7）平成11年6月23日「今後の自賠責保険のあり方に係る懇談会」第4回検討会において配布された参考資料2。

と、③自動車に構造上の欠陥又は機能の障害がなかったこと、これらの 3 条件を立証できない限り、損害賠償責任を免れることはできないとしている。これが、自賠責保険の実質的無過失責任化であると評価される理由でもある[8]。さらに、被害者保護という自賠責保険の趣旨（自賠法 1 条）に基づき、民法では行うことが原則とされる過失相殺（民法 722 条）もこれを緩和し、被害者に重大な過失がある場合に限り減額を行うとしている[9]。

　同様に、受傷と死亡の間および受傷と後遺障害との間の因果関係の認否が困難な場合も、重過失減額と同じく減額を行うとし、厳格な民事責任法理ではなく、被害者保護を優先した賠償責任原則を打ち立てている。その意味では、わが国の自賠責保険は諸外国の制度と比較しても優れたシステムであるといってよい。しかし、不法行為責任の発生を前提とし、それによって生じた損害の填補を行うシステムであるために、自賠責保険および政府保障事業では救済しきれない被害者が存在することも確かである。これらの被害者を自賠責保険の枠組の中で救済する必要があるのかを検討する必要がある。

　自賠責保険によっては救済されない交通事故被害者は、いずれも責任保険という性格上、救済の対象とはならない事故の被害者である。その一つは加害者が無過失で損害賠償責任の発生しない事故（加害者無責事故）であり、もう一つは車両単独事故や踏切事故のように、事故の相手方の存在しない事故（自損事故）である。これら自損事故惹起者は、自賠責保険はもとより、政府保障事業でも救済の対象とはされていない。民事責任法理からは、これらの被害者について生じた損害の原因はすべてその被害者にあるのであるから、損害全額はすべて自己負担すべき性格のものであるという結論が導かれる。

　このような考えに対しては、次のような批判が可能である。それは現行の過失相殺のあり方と深く関連する。現在の手法は、交通事故当事者間の過失合計

8）運輸省自動車交通局保障課監修『自動車損害賠償保障法の解説』（新訂版、ぎょうせい、1998 年）57 頁。もっとも、完全な無過失責任ではなく、加害者の側で 3 条件を証明できた場合には、賠償責任は否定されるのはもちろんである。ただ、その免責が例外的であるという構造に自賠法 3 条はなっている。

9）この重過失減額制度は法定化されたものではなく、自動車損害賠償責任保険損害査定要綱の中に、「第 5・減額」として、重大な過失による減額、被害者に重大な過失がある場合は減額を行うと定めている。

を 10 割とし、それぞれの過失割合を算定する。その基準としては、東京地裁民事第 27 部編の新基準 [10] が用いられるのが通常である。しかし、その過失割合の認定には人的要素が強調され、交通事故実態に合致していないという批判がある [11]。さらに、交通事故調査、事故分析のいずれも不十分な場合が多く、正確に事故を再現できていないケースが多く見られ、物理の原則を無視するような判決がでる可能性があるとの指摘 [12] には驚きすら覚える。この問題は、被害者が死亡した場合の加害者無責の問題とも関連する。なぜならば、交通事故調査が生き残った一方の当事者の口述を中心に作成されるために、いわば死人にくちなしの状態で、死者に一方的に不利な内容のものとされる可能性が大きいというのである。つまり、過失相殺を行う以前の事故実態そのものが不正確なものであり、それを前提として過失相殺を行うことはさらに不正確となり、被害者、被害者の遺族にとって到底納得が行くものとはならない可能性が大きい。

　もっとも、これに対しては交通事故調査、事故分析を精密に行うことにより、より正確な事故再現が可能であり、それを下にして過失相殺を行うことに問題はないとの批判も可能である。しかし、現実に年間 85 万件以上も発生する交通事故すべてに対して正確な事故調査が可能であるとは思われない。これは過失相殺そのものに対する問題点ではないが、過失相殺は正確な事故調査を前提として行われるのであり、事故調査自体の正確性に疑問を提示されると、それを前提として判断される過失割合自体に疑問が生じる。仮に現状では正確な過失割合の認定自体が難しいものであるとすると、それにしたがって処理せざるを得ない不法行為責任制度自体に対しても問題は派生する。これは不法行為制度そのものが内包する問題ではなく、それを実現する過程における実態面での問題である。そこで、不正確なものとなる可能性が高い「過失割合」を考慮するよりも、被害者に対して一定額の損害填補を行うシステムの方が実態面に適合するのではないかとの考えが浮上する。

---

10)「別冊判例タイムズ No.15」（全訂 3 版、1997 年）。

11）この点については、運輸大臣「今後の自賠責保険のあり方にかかる懇談会」の席上、交通工学関係の委員から強く指摘されたところである。

12）この点についても、同様に交通工学関係の委員から指摘された。

　ところで、自賠責保険は、被害者保護の点から過失相殺を制限的に行っており、現在のところ被害者の過失割合が 7 割未満の場合には死亡事故、傷害事故のいずれの場合も減額をせず、7 割以上 8 割未満の場合には、死亡、傷害のいずれの場合も 20％の減額。8 割以上 9 割未満の場合には、死亡は 30％減額、傷害は 20％減額。9 割以上の場合には死亡は 50％減額、傷害は 20％減額となっている。このように処理することにより、ある意味では不正確となるケースが想定されうる事故調査結果の補正を行っているとも評価できようが、むしろパッチワーク的処理であって、被害者救済の充実のために一歩踏み出す必要があるのではないだろうか。

　なお、自損事故惹起者と判断される死亡者数は、年間約 2500 人程度であると推計されており[13]、自賠責保険の枠内では保護できない交通事故被害者が存在している。死亡事故件数を見ても、車両単独事故は全死亡事故件数の約 4 分の 1 （23.2％）であり[14]、これは交通事故死亡者数の中で決して見逃すことのできない数であると思慮される。

　自損事故惹起者救済に関する現行の自賠責保険の問題点を整理すると、2 点に集約できよう。一つは過失割合に関するものであり、交通事故の調査・分析とそれに基づく過失割合認定のプロセスについての疑問である[15]。もう一つは不法行為制度から脱却して、広く交通事故被害者の救済を考えるべきかとい

---

13)　死亡無責は平成 11 年度中で 725 件である、自動車保険料率算定会「自動車保険の概況」平成 11 年度版 27 頁。平成 10 年度と比較すると、59 件増えている。平成 11 年における車両単独事故による死亡事故発生件数は 2010 件である。前掲注 1) 平成 12 年度版「交通安全白書」29 頁。もっとも、これは、警察庁の「事故類型別統計」によるものであり、この死者数には、自損事故による同乗者の死者数も含まれている。したがって、自損事故によって自賠責保険の支払い対象から除外される者はこの数値より少ない。

14)　前掲注 1) 平成 12 年度版「交通安全白書」29 頁。

15)　この疑問は死亡無責の判断に際して特に強調された。平成 8 年度は 720 件であった死亡無責の件数が、平成 9 年度には 373 件へと減少しているが、これは死亡無責がマスコミ等で取り上げられたことが影響しているのではないかとの疑問をもたらした。なお、自動車保険料率算定会は平成 10 年 4 月以降、無責事案や重過失減額の適用可能性のある事案については、「自賠責保険有無責等審査会」で審査をし、その結論に対して異議が申し立てられた場合には第三者で構成される「自賠責保険有無責等再審査会」で審査を行うというシステムを採用している。平成 11 年度の状況は、審査対象となった死亡事故は 2201 件で、減額なし 357 件、重過失減額 1062 件、無責 725 件で、57 件が再審査となった。自動車保険料率算定会・前掲注 13) 27 頁、28 頁。

う疑問である。両者はある部分では密接に関連するが、本稿では特に後者に焦点を合わせて考えて行くこととする。

3　賠償責任保険制度と自損事故惹起者の救済

　自損事故惹起者を自賠責保険や政府保障事業において救済すべきかについては、議論が大きく分かれるところである。次にこの点を検討したい。

　積極的に救済すべきという考え方の論拠として、以下のようなものが提示できる[16]。①死亡無責事故の件数と自損事故による死者数の合計は自動車事故死者数全体の約3割に上ると考えられ、自動車事故被害者全体の保護を強化すべきという観点から、これらの被害者についても救済の道を確保すべきである。②現在の車社会において、自動車ユーザーであれば誰もが無責事故や車両単独事故の被害者になりうる。自賠責保険の枠組内でユーザーの共同負担によってこれら被害者の救済を図ることは、実質的に総てのユーザーおよびその家族にとってメリットといえる。③現在の交通事故調査体制から考えれば、無責事故や自損事故の中には、加害車両が存在していたにもかかわらず、被害者が死亡しておりその点の立証が困難であったものが存在しうる。また、道路構造などに多くを起因するが、これらの原因を立証して道路管理者に賠償を求めることが事実上困難なケースも存在しうる。実態面から被害者にとってかなり酷な事例が存在することも想像に難くない。これらの被害者を自賠責保険の枠内で救済することは政策的にも意義がある。

　このように、積極的な考え方は交通事故の実態面に視点を置いている。

　これに対して、消極的な考え方の理由としては、以下のようなものが提示される[17]。①そもそも他人に損害賠償請求をできないような、自らの過失によって招いた事故の責任は自らが負担すべきである。自賠責保険は賠償責任を担保するものであって、このような被害者を自賠責保険の枠内で救済することについては、国民的コンセンサスが得られない。このような制度的改正は自賠

16）前掲注5）自動車事故対策センター報告書5頁、6頁に指摘されているものに私見を付け加えた。

17）前掲注5）自動車事故対策センター報告書6頁に指摘されているものに、懇談会の席上、委員から指摘されたものを付け加えた。

法の目的の変更になりかねない。②特に自損事故惹起者には、暴走行為や酒酔い運転等、社会的に見ても非難されるべきであるというイメージが強く、これらを自賠責保険加入者全体の負担で救済することには強い抵抗を感じる。③自らの過失によって招いた事故の救済は、任意保険や生命保険・傷害保険によるべきである。任意保険の自損事故担保条項（人身傷害補償条項つき保険以外は対人賠償に強制付帯）は、共済を含めた普及率が約 85％である。自賠責保険によって死亡無責事故や自損事故の被害者を救済することについては、自ら保険料を支払ってこれらの事故に備えているユーザーの理解が得られるか疑問である。現行の賠償責任体系を崩してまで救済するべきではなく、任意保険に委ねるべきである。④ 100％自己に過失がある場合のように、損害賠償を請求する相手がいない被害者は何も自動車事故に限らない。このような被害者をどう救済するかは社会保障の枠組の中で議論すべきではないか。

　このように、消極的な考え方は、賠償責任という現代資本主義社会の原則の維持がその根底に存在しており、また、任意保険という補完手段が用意されており、しかもその普及率がかなり高いところから、任意保険に加入しないという選択を自ら行った極少数の被害者のために、制度的枠組を変更することに抵抗を示している。さらに、他の事故被害者と比較して、自動車事故の被害者のみが救済を受けるような制度を設けてよいのかという、損害賠償ないしは社会保障システムの整合性からの疑問も提示される。

　自損事故惹起者を自賠責保険の枠組の中で救済すべきか否かは、ここ数年の間に新たに出現した問題ではなく、自動車が一般に普及し、事故形態が変化するに連れて浮き彫りになった問題である。この問題の調査・研究を行った自動車事故対策センターの報告書（昭和 58 年 10 月）は、結論を提示せず、積極的意見と消極的意見の両者の見解と、それぞれのメリット、デメリットを正確に指摘している。これらの考え方の対立は、どちらかだけが正しいというものではなく、政策的にどう考えるかという問題に最終的に帰着する。

　次に自損事故惹起者を自動車保険のシステムの中で救済するノー・フォルト保険について検討を加えることにする。

4　アメリカにおけるノー・フォルト保険

　ノー・フォルト制度の概要と現在までの動向を最初に概観することとしたい[18]。

　自動車保険制度へのノー・フォルト保険制度導入を唱えた、キートンとオコンネルの「自動車事故被害者のための基本補償」[19] は、1965 年に発表されたが、これがこの領域におけるノー・フォルト保険の原点ではない。自動車保険へのノー・フォルト制度導入というアイデアは 1932 年に遡る。コロンビア大学の研究所による自動車事故の損失補償に関する報告書[20] がこれであり、不法行為を基礎とする責任保険形態ではなく、車輌登録者が購入し、事故の被害者、傷害を被りあるいは死亡した者の過失の程度に関係なく、一定額がその保険から給付されるシステムの導入を提唱している。当時のコモンローの下では、寄与過失原則[21] が主流であり、ほんのわずかでも被害者に過失があった

---

18)　アメリカのノー・フォルト自動車保険制度について検討を加えた邦語文献は多数あるが、ここではその代表的なものとして、藤倉皓一郎「アメリカにおける自動車事故被害者の救済制度」『損害賠償制度と被害者の救済』ジュリスト 691 号（1979 年）208 頁、ウェルナー・プエニクストロフ「米国における主要ノーフォルト・プログラムの比較と検討」ジュリスト 682 号 116 頁（西島梅治訳）を上げておく。アメリカにおける代表的な文献としては、WOODROOF, FONSECA & SQUILLANTE, AUTOMOBILE INSURANCE AND NO-FAULT LAW（1974）, JOOST, AUTOMOBILE INSURANCE AND NO-FAULT LAW（1992）などがある。

19)　KEETON & O'CONNELL, BASIC PROTECTION FOR THE TRAFFIC VICTIM（1965）

20)　この研究はコロンビアレポートとして知られている。Columbia University Council for Research in the Social Sciences, *Report by the Committee to Study Compensation for Automobile Accidents*（1932）Columbia University, この内容については、WOODROOF, FONSECA & SQUILLANTE, *supra* note 18 at 317-320

21)　Contributory Negligence, 寄与過失原則は、自己の損害の発生に寄与した被害者の自身の過失を意味するが、加害者の過失と比べて被害者の過失が軽微であっても加害者の不法行為責任を全面的に阻却するものであり、交通事故の場合など、双方に何らかの過失が認められれば損害賠償請求はできなくなる。そのために、自己のわずかな過失のために損害の回復が全面的に否定される被害者が出現してしまった。なお、現在ではほとんどの州において比較過失原則、Comparative Negligence システムが採用されている。しかし、この比較過失原則であっても、被害者の過失と加害者の過失が等しい場合には一切損害の回復を認めないもの（50％ルール）、被害者の過失が 1％でも加害者の過失より大きい場合には一切損害の回復を認めないもの（51％ルール）がある。もっとも、この 2 つ以外にも日本の過失相殺のようにその過失割合に応じて損害賠償額の削減を図るシステムもある。

場合には、加害者の損害賠償責任は否定されてしまうため、不法行為制度の下では全く救済されない交通事故被害者の存在が問題となっていた。もっとも、このコロンビアレポートによるシステムは、ノー・フォルト保険というよりは厳格責任化した責任保険制度とも評価できる。その意味では日本の自賠責保険の厳格責任とも基調を一にする考えが根底にあろう。給付内容等は当時アメリカでスタートした労災保険の給付内容に似たものであり、慰謝料の給付は設けられていない。このコロンビアレポートは、コストの面や政府による広範なコントロールに対する反発、強制保険とする事への批判などから、結局は立法化には結びつかなかった[22]。

　1946年に入り、カナダ、サスカチュワン州においてコロンビアレポートを下に立法化されたのがサスカチュワン自動車保険法[23]である。自動車登録の際に3万5千ドルの傷害保険、財産保険そして不法行為保険の購入を自動車所有者に対して義務付けるものであり、3万5千ドルを超えた部分の損害が賠償責任保険から支払われる形となっている。このサスカチュワンプランは、後のアメリカにおけるノー・フォルト導入の意図の一つが訴訟費用のコスト削減にあったこととは関係なく、一種の社会保障的制度として導入されており、この保険を提供するのは民間の保険会社ではなくサスカチュワン州政府保険局であることがあわせて注目される。当時としては非常に画期的であったこのサスカチュワン州法は、当時アメリカにおける自動車保険改革にほとんど影響を与えなかったと評価されている[24]。

　その後アメリカでは、自動車保険改革の動きが強まり、カリフォルニア大学エーレンツバイク教授による「完全補償保険」制度の提案[25]に始まり、テキサス大学グリーン教授による改革提案[26]、ペンシルバニア大学モリス教授とポール教授による提案[27]、そしてキートン・オコンネルのプランへとつな

---

22) WOODROOF, FONSECA & SQUILLANTE, *supra* note 18 at 319-320

23) Saskatchewan Automobile Insurance Act of 1946

24) WOODROOF, FONSECA & SQUILLANTE, *supra* note 18 at 321

25) EHRENZWEIG, "FULL AID" INSURANCE FOR THE TRAFFIC VICTIM-A VOLUNTARY COMPENSATION PLAN（1954）

26) GREEN, TRAFFIC VICTIMS TORT LAW AND INSURANCE（1958）

27) Morris and Paul, "*The Financial Impact of Automobile Accidents,*" 110 U. PA. L. REV. 913（1962）

がってくる。

　キートンとオコンネルの提唱したノー・フォルト保険制度は、伝統的な不法行為に基づく損害賠償制度から脱却し、事故によって損害を被った者が、その過失の有無を問わず、自己の保険会社から損害の填補を受けるシステムである。このような制度導入の目的は、①従来の制度では救済されなかった者を救済する。②損害賠償額の不公平を解消する。③訴訟に関連する費用を削減し、効率化を図る。④被害者の迅速な救済の実現。以上の4点にあった。この制度は1971年にマサチューセッツ州ではじめて導入され、以後多くの州で採用されるに至った。しかし、その多くはキートンとオコンネルの意図からは程遠いシステムへと変容しており、多くの州で従来からの不法行為制度とこのノー・フォルト制度の共存が図られているのが実状である。現在26州（コロンビア特別区を含む）において、何らかの形でノー・フォルト保険が採用されているが、それぞれのノー・フォルト保険制度は細部においてかなり異なった内容となっている。また、カナダの各州が採用するものも同様である。ここで、現在実施されているノー・フォルト保険を分類することにする。

　1　純粋型ノー・フォルト[28]。これは、被害者による不法行為に基づく損害賠償請求権の行使を一切認めない。被害者は自己が購入したノー・フォルト保険からの給付を受けるが、その給付内容に非財産的損害（慰謝料）は認められないのが通例である。アメリカではこのシステムを採用する州はないが、カナダのケベック州、マニトバ州そしてサスカチュワン州がこの純粋型ノー・フォルトを採用している。なお、ニュージーランドは事故補償法という独自のシステムを採用し、自動車事故に限定せずあらゆる形態の事故の被害者をノー・フォルトシステムで救済しており、社会保障体系の中に交通事故被害者の補償を取り込んでいる。

　2　修正型ノー・フォルト[29]。これは、被害者の損害が一定の訴訟開始要件（Threshold）を満たした場合に、不法行為に基づく損害賠償請求権の行使を認

---

28) Pure No-Fault, これが真の意味でのノー・フォルト保険である。

29) Modified No-Fault であるが、これを真のノー・フォルト（True No-Fault）と表現する場合がある。Jerry, Understanding Insurance Law（2d.ed）1996 at 850

める（非財産的損害の賠償請求もできる）もので、訴訟開始点の定め方によって文言による制限（Verbal Threshold）と、金額による制限（Monetary Threshold）に分かれる。文言による制限は、被害者が死亡もしくは重大な障害を被ったことを要件とし、金額による制限は、損害額が一定の金額を越えることを要件とする。現在のところ文言による制限を採用しているのは3州[30]であり金額による制限を行っているのは7州[31]である。カナダではオンタリオ州が文言による制限を採用しているが、金額による制限をしている州はない。

3　付加型ノー・フォルト[32]。これは、純粋型ノー・フォルトや修正型ノー・フォルトとは異なり、不法行為に基づく損害賠償請求権の行使には一切制限を加えない。一定の医療費や逸失賃金などがノー・フォルト保険から給付される。この付加型ノー・フォルトを採用しているのは、11州とコロンビア特別区である。

4　選択型ノー・フォルト[33]。契約者に対して修正型ノー・フォルトまたは付加型ノー・フォルトのいずれかを選択させるものであり、現在3州[34]がこれを採用している。なお連邦レベルであるが、第106回連邦議会において選択型ノー・フォルト法案[35]が提出されたが、成立を見なかった。

5　アメリカ型ノー・フォルトの問題点

導入後約30年を経過したアメリカのノー・フォルト保険であるが、このシステムのもつメリットとデメリットが明確になってきたと思われる。1970年当時、ノー・フォルトのメリットとされていたのは①現在の不法行為制度の下

---

30) フロリダ州、ミシガン州そしてニュー・ヨーク州がこれである。

31) マサチューセッツ州、カンザス州、ユタ州、コロラド州、ハワイ州、ミネソタ州、メイン州そしてノースダコタ州がこれである。

32) Add on No-Fault

33) Choice No-Fault である。なお、アメリカにおける選択ノー・フォルト保険については、拙稿「アメリカ自動車保険の改革—選択ノー・フォルト制度の行方—」『商法・保険法の現代的課題』（石田満先生還暦記念）（文眞堂、1992年）315頁以下を参照されたい。

34) ケンタッキー州、ニュー・ジャージー州そしてペンシルバニア州がこれである。もっとも、具体的な内容は各州において異なっている。

35) S.837 & HR 1475, Auto Choice Reform Act of 1999

では救済されない被害者が救済できる³⁶⁾。②訴訟コスト等の削減により、保険料のうち被害者に渡る部分が増加する、そして、保険料の低額化が可能となる。③被害者に対して迅速に保険金が支払われる、この３つが中心であった。①と③に関しては、どのノー・フォルトであっても効果が出ているが、②に関しては、システムによって大きく異なっている。とりわけ、付加型のノー・フォルトではこの効果は全くない。

　純粋型ノー・フォルトシステムは、訴訟を通じて被害者の救済を図る必要がないという大きなメリットを有しており、迅速な救済とコストの削減に有効である。この制度を導入しているカナダ・ケベック州においては、有効に機能していると主張されている³⁷⁾ものの、アメリカにおいては、その採用に踏み切る州は見られない。その理由には特徴がある。一つは原告弁護士を中心とする勢力による反対である。完全成功報酬制度によって交通事故損害賠償請求訴訟を引き受ける原告弁護士にとって、一切の損害賠償請求権が制限されるこの純粋型ノー・フォルト保険が導入されると、自分達の生活の糧がなくなってしまう恐れがある。そのために、カリフォルニア州におけるノー・フォルト導入の住民提案に対しても彼らはこれに強硬に反対した³⁸⁾。ノー・フォルト導入はこの点において法理論上の問題ではなく、政治上の問題として完全に転化している³⁹⁾。また、この純粋ノー・フォルト保険では慰謝料が一切認められない。ノー・フォルト給付と慰謝料をトレードオフの関係にするため、それがアメリカ人にとっては受け入れ難いものであるとも言える⁴⁰⁾。

　次に修正型ノー・フォルトに対する批判である。この修正型ノー・フォルト

36）連邦運輸省の調査によれば、不法行為制度の下では、約48％の交通事故被害者が何らかの補償を受けていたに過ぎないとしている。U.S. Dep't of Transp., Motor Vehcle Crash Losses and Their Compensation in the United States（1971）at 36

37）Stephen D. Sugarman, *Quebec's Comprehensive Auto No-Fault Scheme and the Failure of Any of the United States to Follow*, Universite Laval Les Cahiiers De Droit 39 C.de D 305

38）*Id.* at 308-311

39）拙稿・前掲注33）340頁。

40）特に慰謝料制限に関しては批判が多い。この点は、ノー・フォルト保険に関してアメリカの原告弁護士達と議論をするときに、常に取り上げられる点である。かれらは、慰謝料の制限は「フェア」でないというのである。

には、次のような批判が加えられる。それは、訴訟開始点の問題である。この
ノー・フォルトは、被害者の損害の状況が一定の条件に適合する場合には訴訟
提起を認めるものであり、文言による制限は、被害者の死亡または重症を条件
とするのが通例である[41]。金額による制限は、被害者の被った損害の額に
よって訴訟提起を認めるもので、マサチューセッツ州では 2000 ドルとなって
いる。文言による制限は比較的ノー・フォルトの効果を発揮しているが、不法
行為訴権が制限されるか否かは重要な問題であるので、その文言の解釈めぐり
争いが生じる余地がある。また、金額による制限は、その金額の設定如何が
ノー・フォルトの効果減殺と密接に関連する。余りにも低すぎると訴訟制限と
いう訴訟コスト削減の効果が発揮できなくなるのである。また、この金額を超
えるか否かが被害者にとって大きな利害を有することになるので、損害額の水
増しを行って訴訟開始点を越える努力が行われるとも指摘されている[42]。い
ずれにしろ、訴訟開始点のハードルを超えるか否かは大きな問題であり、これ
を超える努力が何らかの形で行われることは事実である。そのために、医療費
等が必要以上にかかってしまう危険性は明らかである。

　付加型のノー・フォルトはそもそもノー・フォルトといえるか疑問があり、
オコンネルはこれをまやかしのシステムであると指摘する[43]。このシステム
では、コスト削減というノー・フォルトの効果は全く期待できない。

　経費削減に関して、キートン・オコンネルは、当時責任保険の保険料の半分
以上が弁護士費用と事務費用に費やされていたと指摘しており[44]、連邦運輸

---

41) 死亡に加え、永久的な著しい醜状および永久的な重要な身体的・精神的・心理的機能に重大な障
　害を被った場合などが、訴訟開始点として設定される。
42) この点を検証する論文として、Gary Schwartz, *Auto No-Fault and First -Party Insurance:Advantages
　and Problems*, 73S. CAL L.REV at 611, 633-634 があり、1989 年に金額を 500 ドルから 2000 ドルに引
　き上げたマサチューセッツ州では、交通事故被害者によるカイロプラクター等への訪問回数が劇的
　に増加したと指摘しているし、ハワイ州とニューヨーク州の医療費は、訴訟開始点の金額の高いハ
　ワイ州の方が高額になっているとも指摘している。
43) Jeffery O'Connell, *Operation of No-Fault Auto Laws: A survey of the Surveys*, INS L.J.March 1977 at
　156
44) KEETON & O'CONNELL, *supra* note 19 at 70

省の調査によれば、約52％がこれに費やされていたとしている[45]。この点に関してシュワルツは、ここ数年、その効果は着実に上がっていると評価している[46]。

このように、アメリカのノー・フォルト保険、特に修正型ノー・フォルト保険は被害者救済の範囲拡大と経費の削減に関しては効果があると判断できるが、医療費高騰を招きかねない点で問題は多い。また、アメリカの自動車保険には、不法行為制度の保険かノー・フォルト制度の保険かという問題のほかにも大きな問題が存在し、むしろこちらの方が被害者救済の上からは重要ではないかと思われる。まず賠償資力である。

アメリカにおいても自賠責保険のように強制責任保険制度が実施されている州がほとんどであるが、中には賠償責任保険の加入を強制せず、事故を起こした後に一定の賠償資力があることを証明すれば足りるとするシステムを採用しているところが4州ある[47]。またその際に提示する賠償資力は、一番低いミシシッピー州では、1人につき1万ドル、1事故につき2万ドルであるから、非常に低いといわざるを得ない。また、強制保険制度が採用されている州であっても、法が要求する強制最低責任限度額は非常に低い状況で固定されている。カリフォルニア州を例に取ると、対人1名1万5千ドル、1事故3万ドルであり、日本円に換算すると1名につき約180万円である。実際に事故を起こした場合、この金額はほとんど意味を持たないであろう[48]。しかし、それでもこの金額の大幅引き上げをしようとする動きは見られない。また、無保険者率の高さも問題であり、カリフォルニア州の調査によれば、全州平均で29.1％が無保険であるとの推計もある[49]。

このように、アメリカの自動車保険制度は、賠償資力・強制最低責任限度額、保険料水準そして無保険者率の総てを合わせて検討すると、ある意味でどうしても傷害保険型へ移行せざるを得ない状況にあると指摘できる。不幸にし

---

45) U.S.DEP'T OF TRANSP., *supra* note 36 at 51

46) Gary Schwartz, *supra* note 42 at 629

47) ミシシッピー、ニューハンプシャー、テネシーそしてウィスコンシンがこれである。

48) 各州の状況については、自動車保険料率算定会・前掲注13)「自動車保険の概況」74頁。

49) Robert Brestin, *California Uninsured Vehicles as of June 1, 1977*, Department of Insurance, Feb. 1999

て事故の被害者になった場合、相手方が十分な額の責任保険に加入している、あるいは賠償能力を持っている可能性は極めて低く、自己防衛のために傷害保険（傷害保険そのものないしは無保険運転者担保条項および低価額保険運転者担保条項）への加入が不可欠なものとなるからである。その意味で、ノー・フォルト保険化は最低限ノー・フォルト給付の範囲内で補償が確実に受けられるという意義を有しているが、高度な政治問題と化している現状では今後の普及も望めず、更なる混乱が予想される。

6　日本におけるノー・フォルト導入の問題点

　このように、若干混乱気味のアメリカ自動車保険制度およびノー・フォルト保険の現状であるが、交通事故の被害者救済に関する基本的な視座に誤りはないものと考えられる。そこで、自賠責保険が内包する問題点、特に自損事故惹起者の救済問題の解決手法として、ノー・フォルト保険が効果的であるのかを次に検討しよう。

　自賠責保険のノー・フォルト化のためには、多くの論点を検討する必要がある[50]。ここではその論点を簡単に摘示しておく。①現行の自賠責保険制度（不法行為システム）の下でどのような不都合が発生しているのか、そしてそれはノー・フォルト制度の導入で解決できる問題であるか。これに関しては、過失割合の認定の問題、自損事故惹起者保護の問題が中心となる。この２つは、いずれもノー・フォルト保険の導入で解決が図れる。次に②これらの問題は現行制度の若干の手直しで対処できないかどうかである。過失割合認定については、さらに被害者に有利な重過失減額制度の導入も考えられようし、自損事故惹起者に関してはこれらを担保するように変更することで対処は可能である。さらに、③若干の手直しで対処するとした場合、その手直しが保険料水準にどれだけ影響するかも検討しなければならない。また、そもそも任意保険が提供

50）　自賠責保険のノー・フォルト化を検討したものとして、小暮一郎「アメリカにおけるノーフォルト自動車保険」日交研シリーズ A-46 があり、自賠責保険のノーフォルト化を提唱されている。自賠責保険の守備範囲として、医療費、葬儀費などの積極的損害の実損額とし、財政的に許される範囲で所得損失、労働能力の損失、死者の逸失利益などの消極的損害までを補償の対象とすべきであり、慰謝料に関しては任意保険に委ねるべきと主張される。

しているものを自賠責保険に取り込むことが認められるか、民業の圧迫にならないか等の点も問題になろう。

　このように考えると、ノー・フォルト保険への移行だけが現行の問題点解決の手段ではないことが明白になるが、それでもノー・フォルト保険の導入を図るとした場合、さらに論ずべき点が浮上する。①どのようなタイプのノー・フォルト保険制度を導入するのか。訴権制限はどのようにするか。この場合、純粋ノー・フォルト、修正ノー・フォルト、付加ノー・フォルトそして選択ノー・フォルトが検討対象となり、新たな日本型ノー・フォルトの必要性についても検討が必要になる。次に、②ノー・フォルト特有の問題として、給付内容と金額の設定を検討する必要がある。医療費や葬儀費などのいわゆる積極的損害のみを給付対象とするか、積極的損害をどの範囲まで給付対象とするかも検討しなければならないし、北米型のノー・フォルトでは給付対象とされない慰謝料の処理が、日本では大きな問題点として浮上する。さらに、逸失利益の算定方法や保険金の給付方法にも議論は及び、定期金方式の導入等もあわせて検討する必要がある。また、現行の自賠責制度とのシステム切り替えに伴う移行措置のあり方も重要な検討事項となる。③自賠責保険をノー・フォルト化した場合には、2階建て構造をとる任意保険のノー・フォルト化の是非も検討せざるを得ないし、任意保険における過失相殺のあり方も議論の対象となる。さらに、必ずしもノー・フォルト保険の導入に伴う問題ではないが、不正受給者の増加は指摘されるところであり、その対策の検討や自損事故惹起者も全く同じ基準で処理するべきか、あるいは給付内容を制限すべきかも議論すべき点となろう。

　このように考えると、ノー・フォルト保険制度の導入には乗り越えなければならない課題が山積していることがわかる。特に、自動車事故のみを特別な制度によって処理する合理的理由は見出し難いし、保険金額の設定いかんでは被害者保護が後退する恐れがある。これまでに積み上げられてきたわが国の損害賠償の水準を考えると、自動車事故に係る損害賠償をノー・フォルトの限度内で完結することは至難の業である。制度のいたずらな複雑化をもたらし、かえってマイナスとなりかねない。また、重過失減額制度は、被害者の過失が99％以内であれば、1500万円まで保険金給付がなされるシステムであり、保

険金額を 1500 万円以上に設定するノー・フォルト化は保険料上昇との関係からむしろ非現実的でさえある。結局、ノー・フォルト化のメリットは、自損事故惹起者以外の被害者にはあまりなく、かえって被害者保護の後退につながる恐れが出てくる。

　また、アメリカにおいてノー・フォルト保険導入の背景となった問題点のうち、保険料中に占める弁護士報酬や訴訟費用の高額化や、裁判システムを通り抜けることによる被害者救済の遅延、損害賠償額の不安定さ、さらに少額の被害者に対する過剰賠償、同時に高額の被害者に対する不十分な賠償などの問題点は、日本には存在していない。

　このように、自賠責保険のノー・フォルト化によって自損事故惹起者救済を図るよりも、現状では他の制度の拡充等によってこれを実現するほうがより合理的かつ現実的ではないかとの結論に達する。次に、自損事故惹起者の救済制度を検討する。

7　自損事故惹起者救済スキーム

　自動車事故対策センターの「自動車自損事故惹起者対策に関する調査・研究」の報告書では、救済手段として４スキームを提示している[51]。それは、①自賠責保険を第一当事者型傷害保険へと移行する方法（ノー・フォルト化）、②現行の自賠責制度をそのままにして、自損事故惹起者を救済するための傷害保険契約を保有者に締結強制する規定を自賠法に新設する方法、③自損事故惹起者救済を政府保障事業へ組み入れる方法、④自動車事故対策センターによる給付を行う方法の４つである。

　報告書が指摘するように[52]、理論的には①の方法が自然な形での自損事故惹起者救済を果たすことができるが、６で検討したように、不法行為責任との調整をどうするかが問題となり、他の事故被害者救済制度との整合性の問題もある。救済システムの大改革となり国民のコンセンサスが得られるか疑問であり、この点は現在でも変わらない。②は、①よりも改革の度合いは低いが、責

51）　前掲注5）自動車事故対策センター報告書7頁-10頁。

52）　前掲注5）自動車事故対策センター報告書7頁、8頁。

任保険体系の自賠法に性格の異なる傷害保険を結合する点が問題となる。また、任意保険との調整が重要となる。

　これに対して③および④は、改革の度合いは低いものの、自損事故惹起者の救済を図れるという利点があり、実現可能性は①、②に比べると高い。自賠責懇談会においても、これらの理由から③の案を前提に検討をすすめることとなった。次に③の具体案を検討するまえに、政府保障事業について検討を加えたい。

　政府保障事業は、自動車損害賠償責任保険の補完を目的として政府が行う事業である（自賠法71条）[53]。この保障事業は、国土交通大臣が事業の管掌者としてその管理運営にあたる。しかし、国が窓口業務総てを行うのではなく、実務の大半は損害保険会社や所定の協同組合に委託がされている（自賠法77条1項）。

　自動車事故被害者の救済と保険会社に対する補償がこの制度の根幹であるが、ここでいう自動車事故被害者とは、ひき逃げや無保険車事故の被害者を指しており、自賠法3条により、被害者に対する損害賠償義務の発生した者が、ひき逃げによって不明、あるいは無保険車である場合のように、賠償責任が発生していることが前提とされる。そのため、3条による損害賠償責任が発生しない加害者無責事故や自損事故の被害者は、現行法のもとでは政府保障事業の対象とはならない。この保障事業の財源は、自動車保有者が負担する自動車損害賠償保障事業賦課金（自賠法78条）と、自賠法82条1項に定める自賠責保険適用除外者の納付する賦課金が中心となる。保有者が負担する賦課金が財源の大部分を占めているといって差し支えない。このような保障事業は国の負担で行うべきであるとの考えも成り立ちうるが、保有者負担としているのは、ひき逃げ事故や無保険車の運行事故による被害者の救済については、自動車を運行することによって利益を受ける自動車保有者が共同で負担することが適当であると考えられること、同時に保障事業の対象である被害者についての損害賠償責任者が、保有者の中に存在する可能性が強く、この点からも保有者負担が適当であると判断されたからであるとされる[54]。

---

[53] 政府保障事業に関しては、川井健ほか編『注解交通損害賠償法』第1巻（新版、青林書院、1997年）295頁以下参照。

　ところで、この政府保障事業の法的性格と給付の特色については争いがある。保障事業は社会保障的色彩の濃い制度であり、本来の賠償責任者に代わって賠償金を支払うことが給付の趣旨であるとして、自賠責保険と異質の制度であるとする見解（異質説）[55]と保障事業は自賠責保険制度の延長上にあり、自賠責保険と同質の制度であるとする見解（同質説）[56]がこれである。両者の違いは、給付内容の違いに現れてくる。すなわち、異質説によれば、政府保障事業はあくまでも政府が行う肩代わりであって、したがって過失相殺も、民法上のものが適用されるのが前提となるのに対して、同質説にたてば、政府保障事業に関しても、自賠責と同じく重過失減額を行うべきとの結論となる。

　ところで、現行の政府保障事業は自賠法76条によって政府の求償を前提としており、あくまでも自賠法3条の賠償責任の成立が要件であるため、自損事故惹起者の救済は改正を行わなければ実現できないことになる。改正によって給付対象を広げることには反対論も考えられるが、政府の保障事業は広く交通事故被害者の救済という観点に立ち、フレキシブルに考えてもよい性格のものであると考えられる。なぜならば、政府の求償にしても、ひき逃げの場合は実質的に求償できず、無保険車事故の場合もそれが困難な例が多いと思われる。そこで、この3条責任にこだわらずに、政府保障事業の対象を広く交通事故被害者で自賠責保険では救済できない者とすることには合理性があるのではないかと考えられる。このように、政府保障事業による自損事故被害者救済に合理性があるものとすれば、次にその給付内容をどうするかを考える必要がある。

　救済の対象として、自動車の運行によって生命又は身体を害された者のうち、自賠法3条の損害賠償責任が発生しないために、同条による損害賠償請求をすることができない者とする。なお、傷害による損害のみの者や後遺障害4級から14級の者は支給対象から除外する。これは、重大な被害を被った者を

54）運輸省自動車交通局保障課編『自動車損害賠償保障事務提要(1)』（ぎょうせい、1965年）783の5頁。

55）この異質説が現在のところ有力な支配的見解であり、判例もこの立場をとる。木宮高彦『新版注釈自動車損害賠償保障法』（有斐閣、1985年）276頁、最高裁昭和54年12月4日判決（民集33巻7号723頁）。

56）金澤理『交通事故と保険給付』（成文堂、1981年）281頁、原口宏房「保障事業」金澤理ほか編『新種・自動車保険講座』第2巻（日本評論社、1976年）127頁。

特に救済しようという考えによる。しかし、保有者全員が平等に負担している賦課金を財源とする以上、単なる傷害や後遺障害4級から14級の被害者に対しても支給すべきとの反対意見も考えられる。この問題は事業の実施に必要な財源と賦課金のレベルとの相関関係からおのずと決まる問題ではないだろうか。なお、自動車事故対策センターの報告書は、支給対象として死亡者の遺族に限定することもやむを得ないが、将来は重度後遺障害者に対しても保障の途を開くべきであるとする考えが有力であるとしているが[57]、むしろ重度後遺障害の被害者の方が深刻な場合が多いという被害実態を考慮すると、死亡に限定せずに重度後遺障害まで拡大するほうが合理的である。

　給付の内容は、治療費や葬儀費そして逸失利益などの経済的損失に限定し、慰謝料は支給しない。慰謝料を支給しない理由はこのような事故の性格に求めることができる。自損事故惹起者に対してまで慰謝料を支給することには、コンセンサスが得られにくいと思われる。

　限度額は750万円とする。これは、重過失減額の限度額の半分（9割以上10割未満の過失の場合、50％減額となり、限度額は1500万円）として考えたものである。任意保険の自損事故担保条項が1500万円となっていることとの整合性からも、その半額が妥当ではないかとの判断である。この点について自動車事故対策センターの報告書は、①葬儀費程度を最低限として支給する（当時は45万円、現在は60万円）。②上限として、自賠責保険における被害者死亡の保険金額と任意保険による自損事故に関する被害者死亡の場合の保険金との差額が妥当である（当時は死亡保険金2000万円で、自損事故担保条項は原則として1400万円であり、その差額は600万円となる。現在では死亡保険金3000万円、自損事故担保条項は1500万円であるから、その差額は1500万円となる）と述べている[58]。また、政府保障事業における過失相殺と勘案して、9割の過失相殺をされた者と対比して不公平とならないような金額にとどめるべきであるとの考えも提示されたとしているが、この改正案は、政府保障事業の拡大に伴い、保障事業における過失減額は自賠責保険における重過失減額制度と歩調をあわせることを

57）前掲注5）自動車事故対策センター報告書11頁。

58）前掲注5）自動車事故対策センター報告書11頁。

前提としている。したがって、ひき逃げ、無保険車による事故被害者に、たとえ99％の過失があったとしても、死亡の場合は50％の減額が行われることになり、その関係からは750万円は不公平とはならない金額であると考えられる。

　なお、他の社会保障システム（健康保険、労災保険等の他法令）から給付を受けている場合には、その給付金額の限度においててん補を行わない。これは、現行の政府保障事業と同じである（自賠法73条）。これに関連して、被害者が任意保険から給付を受ける場合には政府保障事業の適用をしなくてもよいのではないかという問題も提起される。政府保障事業があくまでも社会保障的なシステムであるとすれば、他に救済される手段がない被害者に限定することにも十分理由がある。しかし、同じように賦課金を負担しておきながら、同じ事故形態によって死亡したのに一方は政府保障事業から給付を受け、一方は受けることができないというのはおかしいのではないかという指摘にも理由がある。この点はさらに検討が必要であろう。

　免責については、議論のあるところであるが、自殺など被害者の悪意（自賠法第14条に規定する悪意と同義）により発生した事故は免責とすべきであり、制度の趣旨から酒酔い運転や暴走行為など、悪質な違反行為による事故も免責とすべきであろう。これらはできるだけ具体的に規定する必要がある。検討対象には、無免許運転や50キロ以上の速度超過なども入ることになろう。いずれにしても、国民的なコンセンサスが必要であり、やはり同情に値しないような態様の自損事故惹起者を救済することには抵抗感が強いと思われる。なお、自動車事故対策センターの報告書は、自損事故保険条項におけるような免責条項と同じ様な免責要件が必要であるとする考え方が有力である一方、遺族には罪がないとして、同情に値しないような態様で自損事故を惹起して死亡した者の遺族に対しても給付すべきという意見があると述べている[59]。

　財源は、現行の政府保障事業と同じく賦課金による。これは、自動車ユーザーであれば、誰もが無責事故や自損事故の被害者になりうるので、自賠責保険料の一部を賦課金として徴収し、これら事故の被害者救済に充てることは、総てのユーザーおよびその家族のメリットにこそなれ、デメリットには決して

59）前掲注5）自動車事故対策センター報告書11頁。

ならないと考えられるからである。

　ところで、このような政府保障事業を実施するとした場合、損害賠償責任体系に災害保険的事業を結びつけることに対する問題が提示されようが、自賠責保険そのものの損害賠償責任体系には変更を加えるものではなく、また幅広い保障内容の実施が政府保障事業のもとでは可能であると考えるので、この点に問題はないであろう。また、このように政府保障事業を拡大すると、自動車事故以外の原因による被害者と比べると極端に手厚いものとなり、不公平ではないかとの指摘もありうる。しかし、交通事故は誰もが日常生活の中で加害者にも被害者にもなりうる可能性があり、いわば国民全員が直面している問題であるといって差し支えない。その中で、自損事故惹起者を含めた自動車事故被害者全体の保護を強化する必要性は高いと考えられる。

8　被害者救済と自損事故惹起者の救済—むすびにかえて—

　自損事故惹起者を自賠責保険制度全体の中で救済するか否かについては、議論の分かれるところである。消極的な考え方が指摘するように、任意保険が加害者無責および自損事故の被害者に対して補償を提供しており、自賠責保険は賠償責任原則を維持しつつ、任意保険の部分でこれらを救済することが合理的であるとも考えられる。しかし、任意保険が用意されているから自賠責による救済は不要であるという議論には賛成できない。

　わが国の自動車保有台数は7千万台を超え、1世帯に1台以上の車が保有されている計算になる。アメリカと並ぶ車社会であり、もはや国民の生活には欠かせないものとなったといっても過言ではあるまい。しかし、自動車保有台数の増加は事故件数の増加も伴うものであり、自動車事故件数は増加の一途をたどっている。とりわけ若年ドライバーは、年齢層別にみた自動車乗車中の交通事故死亡件数も他の年齢と比較すると突出しており、平成11年の自動車乗車中の死者数は、20歳から24歳の年齢層で15.8%を占めている[60]。この現状を考えると、本来の保険理論上は危険の大きい若年層からは保険料を多く徴集

---

60) 前掲注1) 平成12年度版「交通安全白書」18頁。なお、65歳以上の高齢者は、これより高く16.4%であるが、5歳幅とはなっていない。

し、逆に危険の少ない中高年者からは保険料を少なく徴収する必要があることになる。しかし、日本の自賠責保険はノープロフィット・ノーロス原則の下、年齢や運転歴、事故歴に関係なく一律の保険料となっている。これは、自賠責保険が社会保障的性格を帯びた制度であることからも導かれる。

これに対し、任意保険は個々の契約者のリスクを基準に保険料を計算することになる。当然のことながら18歳から24歳のいわゆる若年層はリスクが高いのであるから、そのリスクに応じた高額な保険料が提示されることになる。ここでその実態を見たい。

保険代理店の友人に依頼して保険料の試算をしてもらった。人身傷害補償条項つきの保険である。車両価格[61]は200万円とし、免責を10万円とする。対人・対物ともに無制限とし、人身傷害を3000万円、搭乗者傷害を1000万円（日数払い）とする。

18歳の免許とりたての者が全年齢補償のこの保険を購入しようとすると、保険料は約62万5千円となる。人身傷害を1億円とすると、保険料は66万5千円となる。これに対して、同じ設定条件で40歳免許22年、無事故無違反の者の保険料は人身傷害3000万円で6万5千円、1億円にすると約7万1千円である。

一般に若年者は収入が低いという実態とあわせて考えると、任意保険が用意されているから、それを購入しない自損事故惹起者に対する救済は不要であるという意見には説得力が乏しいことがわかる。このように、任意保険へ自損事故惹起者の救済を委ねることには問題がある。アメリカで発生している問題と同じように、任意保険はマーケットに存在していてアベイラブルだが、所得の関係から見ると手の届かないもの、アフォーダブルではないものという保有者集団が生じることになり、これらが自損事故惹起者となった場合に現行の自賠責保険は被害者救済としての機能を果たせなくなる。

本稿では、自損事故惹起者という、現行制度下の谷間に陥る者の救済について検討を進めてきた。現状では、ノー・フォルト化よりも政府保障事業の拡大による救済が最良の手段ではないかと考えられる。しかし、この問題はさらに

61）設定上、18歳の車をスカイライン2000GTとし、40歳の車をホンダアコード2000VTSとした。

検討しなければならない点が多く、これらが今後の課題であると考える。

第7章　交通事故訴訟と裁判外の紛争処理
―ニュー・ヨーク州とオンタリオ州における
調停・仲裁制度の検討を中心に―

1　交通事故訴訟と問題の所在

　自動車事故の被害者救済システムは、先進諸国間において、その採用する自動車保険制度により大きな異なりがある[1]。我が国のように、過失責任を基調とする不法行為制度の保険を採用する国も多い[2]が、過失の有無を問わず、一定の損害が発生した場合に被害者に対する給付が行われるノー・フォールト制度の保険を採用する国もある[3]。更に、ニュージーランドの事故補償法のように、被害者に対する補償は、自動車の所有者と運転免許保持者からの賦課金を財源とする基金から行い、被害者の訴権を一切制限するという制度も存在する[4]。

　1980年代中盤に、アメリカやカナダでは責任保険の保険料、とりわけ自動車保険料の異常なまでの高騰（いわゆる保険危機）を経験した。これを契機として、アメリカでは不法行為制度全般の改革について論議が活発に行われたのは周知のところである。当時のレーガン政権は、不法行為制度の改革に関する検討委員会を設置し、この委員会は過失責任制度への復帰などを内容とする8

1）諸外国の自動車保険制度及び損害賠償法の現状については、日本交通法学会編『世界の交通法』（西神田編集室、1992年）に詳しい。

2）日本のほかにも、ドイツ、イギリス、フランスやアメリカの一部の州など。

3）アメリカの多くの州やカナダ、そしてオーストラリアの多くの州など。

4）ニュージーランドの事故補償法については、浅井尚子「事故補償制度下での自動車交通事故の実態と予防施策の選択」前掲注1)『世界の交通法』及び、そこに引用されている文献を参照されたい。また、自動車保険の形態を採るが、カナダ、ケベック州の制度はこれに似ている。カナダ、ケベック州の自動車保険制度については、拙稿「カナダの自動車保険制度―ノーフィールト保険の現状と課題―」前掲『世界の交通法』及び、O'Connel & Terner, North America's most Ambitious No-Fault Law：Quebec's Auto Insurance Act, 24 SAN DIEGO. L. REV. 917（1987）を参照されたい。

項目に渡る改革の提案を行った。その中には、裁判外の紛争処理制度利用の奨励も含まれていた[5]。この奨励は、現在アメリカの裁判制度が直面する問題解決策のひとつとしても、注目に値するものであった。

アメリカにおいて、この裁判外の紛争処理制度は、主に労働事件などで利用されてきたが、医療過誤事件等においても、調停制度等の利用による紛争処理を選択的に認める州も現れてきた[6]。更に近年、これが交通事故の紛争処理にまで拡大してきている。

本稿では、1974年に交通事故の紛争処理に調停・仲裁制度を導入したニュー・ヨーク州と、1990年に交通事故の紛争処理に調停前置主義を採用したカナダ、オンタリオ州の制度を検討の対象とする。

検討にあたっては、裁判外の紛争処理制度を概観した上で、ニュー・ヨーク州の制度とその運用状況、オンタリオ州の制度とその運用状況を分析し、アメリカ、カナダにおける今後の交通事故訴訟の行方について考える。そして、これらの制度が日本における裁判外の交通事故の紛争処理方法に示唆するものについても考えてみたい。

2　裁判外の紛争処理制度

裁判外の紛争処理制度（Alternative Dispute Resolution 以下「ADR」と略する）[7]は、必ずしも新しい制度ではなく、アメリカにおいて18世紀ごろから

5）この8項目の提案については、リチャード・S・ミラー＝松本恒雄「アメリカ合衆国における不法行為改革の動向(下)」判タ622号30頁以下に詳しい。

6）カリフォルニア州では、1975年に医療過誤訴訟に改正を施し、医療契約に仲裁条項を挿入することを認め、陪審裁判によらず仲裁で紛争処理を行うことが可能となった。CAL CIVIL. PRO §1295 (Deerings 1985 & Supp.1991).

7）アメリカのADRについては、J. MOLAN & HALLEY, ALTERNATIVE DISPUTE RESOLUTION (1992), S. GOLDBERG & F. SANDER. DISPUTE RESOLUTION (1985), KANOWITZ, *Alternative Dispute Resolution and the Public interest : The Arbitration Experience*, 38 HASTINGS L.J. 239 (1987), Fiss, *Against Settlement,* 93 YALE. L. J. 1073 (1984) Edwards, *Alternative Dispute Resolution : Panacea or Anathema ?* 99 HARV. L. REV. 668 (1986) を参照されたい。また日本語による文献として、小島武司編著『調停と法―代替的紛争解決（ADR）の可能性―』（中央大学出版部、1989年）、テア・クラップ（訳・石川明＝入稲福智）「アメリカ合衆国における裁判外紛争処理」法学研究65巻3号（1992年）77頁以下などがある。なおADRは、裁判外紛争処理又は代替的紛争解決と訳されているが、本稿では裁判外の紛争処理制度と訳出したことをおことわりしておく。

紛争処理に利用されてきたが、仲裁に対する裁判所の態度は好意的なものではなかった[8]。

　しかし、20世紀に入りその状況は一変し、一部の州や連邦政府が仲裁に関する立法を行い、連邦仲裁法は、その対象が限定されていたが、仲裁利用に関する合意を、他の契約と同様に強制力を有するものと認めた。第二次大戦後は更にその対象が不当労働行為の紛争処理等にまで拡大していった[9]。

　1970年代に入り、ADRは新たな局面を迎える。公民権に関する意識の向上や消費者利益保護の動き、更にそれに対応する種々の立法は訴訟の激増をもたらした[10]が、それに対する裁判制度は、多額の費用と期間を必要とするものであった。そこで、裁判外の効果的な紛争処理制度が模索されることになった。1976には全米法曹協会が紛争処理に関する委員会を組織し、この問題に関する検討を開始した。この時期をADRムーブメントの第1期とするならば、80年代中盤以後はADRムーブメントの第2期ということができる。この動きは、活発な議論が繰り広げられた不法行為改革運動の中で、その解決策のひとつとして注目を集めた。

　連邦レベルでは、1990年に民事裁判制度改革法（Civil Justice Reform Act of 1990）が制定され、連邦地裁に対し民事裁判の費用削減及び審理遅滞の解消のためのプランを進展させるよう要求し、適当と思われる事件をADRへと導くことなどが提案されている[11]。州レベルでは、カリフォルニア州などで、広く民事訴訟全般にこのADR導入の提案がなされている[12]。

　ADRの活用が論議されている理由は、現在のアメリカの裁判制度が抱える問題点にある。すなわち、民事事件の件数が著しく増加しているにもかかわら

8）仲裁は司法権が独占している裁判所の権限を侵し、公序に反するというのがその理由であった。Molan Halley, *Id* at 120.

9）*Id* at 121-122.

10）*Id* at 4-6.

11）*Id* at 7-8. また、民事司法制度改革法案7条は、これをさらに進め実験的に連邦控訴裁判所巡回区内のひとつの連邦地裁を試験的に多数の扉を備える裁判所に指定し、ADR計画の策定を求める内容となっている。小林昭彦「米国の民事司法制度改革法案の概要」NBL498号12頁。

12）カリフォルニア州弁護士会の司法運営に関する委員会は、ADRのアクションプランを公表している。The Joint Boardcommittee on Admmistration of Justice/Judicial Taskforce on Access s Justice, ALTERNATIVE DISPUTE RESOLUTION ACTION PLAN（1991）.

ず、それに対応する裁判官の数が増加せず、更に、異常なまでの犯罪件数の増加は、刑事裁判を優先的に処理する憲法及び法の要求のために、民事事件の訴訟提起から裁判開始までの期間長期化をもたらしている。刑事事件を処理するために、民事事件の審理を一時棚上げにしなければならない裁判所も出現した [13]。また、裁判に必要とされる費用、とりわけ弁護士費用が高額であるということも理由のひとつである。単純な交通事故の事件でさえ、時には事故による傷害に対する医療費や慰謝料などの総額よりも弁護士費用の方が高いという結果をもたらす。加えて、裁判遂行のために必要なだけの陪審員を確保することが困難であることも指摘される [14]。

　現在、ADRとして利用されている主な制度は①交渉（Negotiation）、②調停（Conciliation, Mediation）、③仲裁（Arbitration）の３種類であるが、ここでは主に利用されている、調停と仲裁について検討する。

　調停（Conciliation, Mediation）は、紛争当事者が中立の第三者の助けを借りて紛争を解決しようとする制度である。調停員は決定を下す権限を何ら有せず、当事者が合意に達し、それを文書の形にし、かつ署名をするまでは一切拘束力がない点に特徴がある。調停では、仲裁のような証拠確定等の聴聞会などは開かれないが、当事者が争点や事実そしてその立場等を理解するための非公式の会議が、当事者分離又は同席の下に開かれる。当事者の一方が調停の効率性に対し疑問を感じたならば中止することも差し支えない。

　一般的な調停の流れであるが、分離と同席の会議がそれぞれ開かれ、同席の会議に際して調停員は、自分の役割や分離会議の秘密保持等について説明を加える。更に当事者それぞれは、自己の意見を述べることや、書面を交換する機会が与えられる。調停員がこれ以上当事者同席の会議を開くことが効率的でないと考えた場合、当事者を分離した会議を開くことになり、調停員は、当事者それぞれの争点に対する意見や紛争解決に際して優先すべき点を引き出す。これによって、調停員は以後当事者の主張を整理し、当事者間のそれぞれの立場

---

13) フロリダの一部の連邦地裁がこのような状況に陥ったという。S. Wright & J. Matthews, *Alternative Dispute Resolution in the United States*, Program Material at 11.

14) この点は、キャノビッツ教授が指摘して下さった。

を理解させ、考えられる紛争処理方法の選択肢を提示することによって、紛争当事者を和解へと導いて行く。

　当事者が合意に達したならば、調停員は合意内容を文書にし、当事者が署名をすることによって和解が成立する。調停にはそれぞれの当事者に弁護士がつかないのが通例であるために、紛争の内容によっては、署名の前にそれぞれの当事者が合意の内容を正確に理解する目的で、弁護士などによって吟味してもらうことが好ましいとされる。

　なお、調停が失敗に終わった場合、仲裁か訴訟による紛争処理へと移行することになるが、全米仲裁協会によれば、同協会が把握している調停のうち、商事紛争に関するものの85％、そして人身侵害に関する紛争のうち95％が和解の成立を見ているという[15]。

　アメリカでは、近隣紛争調停センター（Neighborhood Mediation Center）が幾つかの州や市で設立され、近隣騒音や駐車場を巡る争い、子供のいたずらや家主と借家人間の紛争などを調停によって解決しようとしている[16]。カリフォルニア州では、離婚訴訟に伴う子供の監護権の争いは、調停によるか少なくとも調停が試みられることが要求されている[17]。また、少額裁判所や家庭裁判所などでは、調停による解決がまず試みられることを要求する傾向にある[18]。

　仲裁（Arbitration）は、紛争の解決を第三者である仲裁人の判断に委ねる[19]。仲裁人は、仲裁についての訓練を受けた者（弁護士の資格を有する者や医師等）であり、紛争が生じた領域について専門的知識を有するのが一般的である。

15）American Arbitration Association, Mediation and Arbitration, at 1-8（1991）.

16）Wright & Matthews, *supra* note 13 at 18.

17）Cal. Civil.Code § 4607（Deerings 1985 & Supp 1991）.

18）Molan & Halley, *supra* note 8 at 55-56. もっとも、現在のADR活用の動きに対して、裁判制度の方がより公平な判断を下すことができることなどを理由として反対する者もいる。Fiss, *supra* note 7 at 1085.

19）仲裁にはいろいろな分類が可能であり、任意的仲裁（Voluntary Arbitration）と強制仲裁（Compulsory Arbitration）、また公共団体の仲裁（Public Sector Arbitration）や裁判所付置の仲裁（Court - Annexed Arbitration）などが主な区分である。

　仲裁の手続は、当事者の合意か仲裁人によって決定される。当事者の証拠開示などの時間はある程度制限され、それぞれが証人を招聘し証拠物を提出する。その後に仲裁人は自己の判断を提示する。仲裁に先立ち当事者がいかなる内容であろうと仲裁人の判断を受け入れるという合意をしていたならば、この提示によって紛争は終了となる[20]。しかし、仲裁人の判断が、詐欺によるか又は実質的な証拠に基づかないでなされた場合には、法廷で争う道が残されているが、それ以外の場合は、裁判所は仲裁人の判断を再審査しないのが通常である[21]。

　仲裁人の判断が勧告に過ぎない場合には、当事者がその判断を受け入れるかあるいは拒絶するかは自由であり、不服な当事者は更に法廷で争うことが可能である。しかし、訴訟を提起した者が仲裁人が提示した金額よりも少額の判決を得たような場合には、一定のペナルティが課されるという協定がなされることもある。

　仲裁は、調停に比べると伝統的な裁判に近いが、その手続は裁判に比べると形式的ではない。証拠開示の手続に厳格な規則はなく、仲裁人に対する証拠の提示も裁判に比べると形式的ではない。また裁判によるよりも短期間で終了し、費用も少額である。

　仲裁の長所は、当事者の紛争解決をその紛争領域に精通した仲裁人に委ねることができるところにある。税又は相続等の事件以外に専門領域別に分けられていないアメリカの裁判所においては、このことは重要な意味を有する。連邦法が団体交渉をめぐる労働組合と雇用者の紛争を仲裁に付している理由もここにあるといえる。

3　ニュー・ヨーク州の調停・仲裁制度

　ニュー・ヨーク州は、1974年に修正ノー・フォルト自動車保険の導入を行った。自動車の使用又は運用によって傷害を被った運転者、同乗者そして歩行者は、自己の過失の有無にかかわらず、5万ドルを上限とする医療費や喪失賃金

20）仲裁人の決定が当事者の拘束力を有するものを Binding Arbitration という。

21）Molan & Halley, *supra* note 8 at 156–157.

等を含む基礎的経済的損失に対する給付を保険から受けることができる。事故の相手方に対する訴訟提起は、死亡又は重大な障害を被った場合に限定される[22]。

　この保険からの給付額等をめぐって、保険会社と紛争が生じた場合、保険庁が管轄する仲裁制度による解決が選択的に認められている[23]。保険庁は、仲裁の求めを審査し、初めに当事者の調停を試みる。調停員は保険庁の職員であり、保険庁長官によって指名された者がなるが、資格等についての制限は存在しない。調停は電話を利用して行われ、通常は対面による話し合いは行われない。保険会社は、保険庁に対し、電話により単独で保険会社を拘束する判断ができる会社の担当者をあらかじめ届けておく必要がある。保険庁の調停員は、仲裁の申請がなされた場合、この担当者と直ちに連絡を取るのである。この調停には期間制限があり、45 日以内に調停が成立しない場合、紛争解決は仲裁の場へと移される[24]。

　ニュー・ヨーク州の仲裁制度は、1988 年に改正が施され、従来は紛争の争点別に 5 つの異なった仲裁が行われていたが[25]、現在は 3 つの仲裁制度が用意されている。それは①保険庁仲裁（Insurace Department Arbitration）、②全米仲裁協会仲裁[26]（A.A.A Arbitration）、そして③首席仲裁人仲裁（Master Arbitration）である。

　保険庁仲裁に付されるのは、①医療費等の正確な算出について、それらが公表されている料金表に特定されているものに該当するのか否かの争い、②紛争の総額が 400 ドルを超えず、かつ担保範囲の問題又はそのほかの申請者のいかなる部分の結果にも影響を与えるようなものでない場合、③支払が遅滞した

---

22) N.Y. Ins. Law § 5102, 5105 (a) (Consol.1991). なお、このニュー・ヨーク保険法には日本語訳がある。小池貞治訳『ニュー・ヨーク保険法（損害保険関係）』（損害保険事業総合研究所、1989 年）。

23) N.Y. Ins. Law § 5106 (b).

24) N. Y. Ins. Reg § 65.17 (2) (b) (iii).

25) 従来は、促進仲裁（Expedited）、一般全米仲裁協会仲裁（Regular AAA）、医療仲裁（Health Service）そして主席仲裁人仲裁（Master）の 5 つの仲裁制度が用意されていた。改正前のニュー・ヨーク州の交通事故仲裁制度について解説するものに、R. Mooney, *Recent Cases under the New York No-Fault Arbitration Law*, Arb. J. Dec 1987. Vol 42 No.4. 38 頁以下がある。

26) American Arbitration Association を全米仲裁協会と訳した。

か、遅滞の期間、又は遅滞の部分に関して適正な遅延利息又は弁護士費用が支払われたかについての争いである[27]。

これに対して全米仲裁協会仲裁に付されるのは、保険庁仲裁に付される争点以外のすべての紛争である[28]。

首席仲裁人仲裁は、保険庁仲裁又は全米仲裁協会仲裁の決定に対し不服ある者が、一定の要件を満たした時に限り利用できる。しかしこの仲裁は、事実認定を新たに行うのではなく、むしろ仲裁人の下した仲裁判断が、恣意的又は気まぐれによるものでなかったか、法律上の誤りを犯していないか、等を再審査する場であり、前になされた仲裁の全部を取り消したり、一部を取り消し差し戻したり、原決定を維持あるいは変更する[29]。

保険庁仲裁に当たって仲裁人となるのは、保険庁の上級職員で保険庁長官によって保険庁仲裁の仲裁人として指名された者であり、当該事件の調停を担当しなかった者に限られる。またこの仲裁人には、一定の資格要件が存在する[30]。

全米仲裁協会仲裁にあたる仲裁人は、保険庁長官によって任命された6人の委員からなる諮問委員会の審査を受け、保険庁長官からノー・フォールト仲裁の仲裁人として任命された者に限られる。この仲裁人としての資格には、ニュー・ヨーク州内で弁護士として活動する資格を有し、少なくとも10年の実務経験を有することなどが要求される[31]。

具体的な事件の仲裁人の指名は、仲裁人として保険庁長官により任命を受けた者の中から全米仲裁協会が行う。仲裁人の氏名は紛争当事者に対しても通知され、仲裁人の経歴等についての情報を、全米仲裁協会はその要求に応じて提供する必要がある[32]。

首席仲裁人仲裁にあたる仲裁人は、ニュー・ヨーク州において弁護士活動を

---

27) N.Y.Ins.Reg. § 65.17 (3) (i) (a) - (c).

28) N.Y.Ins.Reg. § 65.17 (3) (ii) (iii).

29) N.Y.Ins.Reg. § 65.18 (a) (I) - (6).

30) N.Y.Ins.Reg. § 65.17 (4) (iv). 総合自動車保険補償制度を監督する上級監督官または弁護士の資格を有する者に限られる。

31) N.Y.Ins.Reg. § 65.17 (5) (ii) (a) - (b).

32) N.Y.Ins.Reg. § 65.17 (5) (iv).

行う資格を有する者で、少なくとも 15 年以上の実務経験を有し、保険庁長官がノー・フォールト保険紛争解決にあたるのが適当であると判断した者に限られる。仲裁人は保険庁長官によって任命され、その任命期間中、仲裁人として、保険庁仲裁、全米仲裁協会仲裁にあたることは禁止される。この仲裁人は、事件ごとに全米仲裁協会から指名を受け仲裁にあたる[33]。

　このニュー・ヨーク州の 1991 年度の運用実績は次のとおりである。保険庁にファイルされた事件件数は 1 万 2588 件で、そのうち仲裁に回されず第 1 の調停段階で当事者の和解が成立したのは 3798 件である。第 1 段階での紛争解決率は約 30％であり、保険庁の職員による調停がかなり効果的であることが分かる。調停が成立せず、仲裁に付されたのは 6578 件であり、そのうち保険庁仲裁に付されたのが 1091 件、全米仲裁協会仲裁に付されたのが 5484 件、更に、両者に付された事件が 3 件である[34]。これらの仲裁案に満足しない場合は更に首席仲裁人仲裁に紛争解決の場を移すことになるが、この首席仲裁人仲裁に付された事件数の正確な統計は入手できなかった。しかし担当者によれば、その数は多くなく 70 件前後であるという。また、この首席仲裁人仲裁にも満足しない者は、一定の場合に訴訟を提起し、通常の裁判システムに紛争解決を委ねることになるが、何件の訴訟が提起されたかについて保険庁は把握していないとのことであった。

　ニュー・ヨーク州の調停・仲裁制度は、次に検討するオンタリオ州の制度とは異なり、任意に選択できる制度となっている。しかしこの制度を利用するための費用は極めて少額であり、初めに 40 ドルの申請料が要求されるのみである。また、仲裁に移行した場合でも仲裁に要した費用は保険会社の負担とされ、仲裁に当たって被保険者が弁護士を雇った場合も、その費用は原則として保険会社の負担とされるなど、極めて被保険者に有利な制度となっている[35]。更に、不法行為制度改革の際、訴訟の多発原因のひとつとして指摘さ

---

33) N.Y.Ins.Reg. § 65.18 (b)(1)-(2).
34) この数値は、ニュー・ヨーク保険庁の仲裁担当官リチャード・リンド（Richard Lynde）氏から得た。
35) N.Y.Ins.Law. § 5106 (a). なお、具体的な弁護士の報酬については、N.Y.Ins.Reg. § 65.17 (6) 以下に規定がある。

れた弁護士の完全成功報酬制度は、ニュー・ヨーク州においてはノー・フォールト給付をめぐる訴訟の場合には禁止されており[36]、このことも合わせて、訴訟よりもむしろ調停・仲裁制度の利用を促進する結果となっているといえる。

　保険庁の担当官は、この調停・仲裁制度による紛争処理は迅速であり、かつその内容も極めて公平であるとの認識が広まっており、これからもこの制度を利用する比率は高まるであろうと述べている。

4　オンタリオ州の調停・仲裁制度

　オンタリオ州は、1990年に保険制度の大改革を行った[37]。同州は、従来、不法行為に基づく損害賠償請求権の行使には制限は加えないが、一定の給付が過失の有無を問わずなされるという付加型ノー・フォールト保険制度を採用していたが、死亡又は重度の障害を被った場合に限り不法行為に基づく損害賠償請求権の行使を認め、それ以外は過失の有無を問わず、一定の給付を行うという修正型のノー・フォールト保険制度を導入した。

　自動車事故が発生すると、被保険者は自分の保険会社に対し事故の報告を行い、保険金の支払を請求する。保険会社の支払は、ノー・フォールト・ベネフィット・スケジュール[38]に従って決定され、1名につき50万ドルを上限とする機能回復訓練費用を含む医療費、1か月につき3000ドルを上限、総額50万ドルを上限とする介護費用、3000ドルを上限とする葬儀費用、更に1週につき600ドルを限度とする休業補償給付などが被害者の過失の有無・程度を問わず給付される（なおこの休業補償は、オプションを購入することによって1週につき1050ドルまで増額が可能である）。

　ノー・フォールト給付の額について被保険者と保険会社との間で意見の整わない場合、被保険者は、オンタリオ州保険局に対し調停による紛争解決を求めなければならない。この調停を経ることなく、訴えを提起することは認められ

---

36) 22 NYCRR §603.7(e)(7), 691.20(e)(7)及び806.12(f).
37) オンタリオ保険局の設立がそのひとつである。この保険局の運営費用は、全額保険会社からの拠出金によって賄われている。Ont. Rev. Stat. 1980 Ch.218.6h(1).
38) Ont. Reg. 273/90.

ない[39]。なお、この調停・仲裁制度は人身損害の給付をめぐる争いに限定され、車両損害、対物賠償損害に関する紛争は、直ちに訴えを提起することが認められる。

　オンタリオ州保険局による裁判外の紛争処理制度には、調停、仲裁、仲裁担当部長による再審査（Appeal）、そして変更・取消し（Variation・Revocation）の4つがある。

　調停は、紛争処理の第1段階であり、この調停を強制しているのがオンタリオ州の大きな特長である。ニュー・ヨーク州のような選択制ではなく強制とした理由は、調停制度自体がいまだなじみが薄く、ほとんどの被保険者がそれについての知識を有していないこと、更に弁護士は、慣れ親しんだ裁判による紛争解決を依頼者に勧めることが考えられ、任意とすると利用される可能性が極めて低くなることが挙げられている[40]。

　ノー・フォールト給付を保険会社に否認されるか、あるいは提示された給付額に満足しない被保険者は、オンタリオ州保険局に対して調停員選任の申請をなす。この申請は、保険会社による支払拒絶から2年以内に行わなければならず、被保険者に限らず、保険会社も申請ができ、費用は無料である。

　この調停には、当事者が対面して行うものと電話によって行うものがある。保険会社はニュー・ヨーク州と同様に、調停にあたり最終判断のできる担当者を事前に保険局に届けておくことが要求されており、保険局の調停員は、被保険者から調停の請求がなされると、担当者と直接コンタクトを取り調停を進めることになる。

　調停手続は開始後60日以内に完了することが必要であり、例外的に期間延長なされるに過ぎない[41]。短期間に調停を行うために、電話による調停、会議の利用が奨励されている。現在、当事者が対面しての会議は、原則としてノース・ヨーク市にあるオンタリオ保険局においてのみ行われている。

　調停員は、和解が成立したか否かを問わず、調停終了に際し報告書を提出す

39）Ont. Rev.Stat.1980 Ch 242c.(2).

40）P. Iapolo, *Mediation and the Dispute Resolution Process at the Ontario Insurance Commission*, Material at 2 (1992).

41）Ont. Ins. Commission. Dispute Resolution Practice Code (hereafte D.R.P.C) 4.1.

る。和解成立の場合は和解の確認書が調停員によって作成され、対面による調停の場合には、両当事者の署名が求められ、当事者はこの合意内容に拘束される。不成立の場合は、合意の整わなかった争点の詳細な内容と保険会社の最終申出の内容が報告書に記載される。

保険会社は、和解が不成立に終わった場合であっても、調停の際に提示した最終の提示金額支払義務を負うのが原則である[42]。

調停にあたるのはオンタリオ保険局の職員で、調停員として保険局長によって任命された者であり、仲裁部長が個々の事件担当者を指名する。調停員は弁護士の資格を有することは要求されないが、現在の 15 名の調停員全員が、弁護士の資格を有する者であるという[43]。

調停の席に弁護士が同席することは必要とされていないが、これまでに調停の申請がされた事件のうち、弁護士を伴った被保険者は 46.6％であり、これに対して弁護士を伴った保険会社は 0.6％に過ぎない[44]。これは、調停制度がいまだ一般市民や弁護士にとって馴染みが薄いことが理由のひとつと考えられるであろうが、むしろ弁護士によるアドバイスが被保険者にとって重要な意味を有していることを示すもので、今後も被保険者サイドの弁護士の関与率が減少するとは思われない[45]。なお、オンタリオ州では、弁護士の完全成功報酬制度は禁止されている。

和解が不成立に終わった場合、被保険者は訴訟を提起するか、保険局による仲裁を求めるかの選択ができる。

仲裁を求めることができるのは、被保険者に限られ、保険会社は仲裁の申請をすることはできない。この仲裁申請は保険会社による給付の否認又は支払が

42）ONT. REV. STAT. 1980 Ch.242c. (3)(4), D. R. P. C7. 1.

43）この点は、保険局を訪問した際、仲裁部長のエリザベス・サクス（ELIZABETH SACHS）氏より説明を受けた。

44）Ontario Insurance Commission, Dispute Resolution Group Case summaries, at 1 (1992). なお興味深いことに、アメリカにおける交通事故の紛争解決において、弁護士を雇うか又はアドバイスを受けた比率は全州平均で 45.4％であり、このうち実際に雇ったのは 34.9％である。ALL RESEACH ADVISORY COUNCIL ATTORNEY INVOLVEMENT IN AUTO INJURY CLAIMS (1988) at 9.

45）Ontario Insurance commission, *The Role of Counsel in Mediation* at 2 (1992).

行われた日から2年以内になさなければならない[46]。被保険者は保険局に対し仲裁人選任の申請を行うが、申請に必要な費用は50ドルである。これに対して保険会社は、仲裁の申請人でないにもかかわらず、1000ドルを支払わなければならない。仲裁人はすべて保険局の職員であり、保険局長によって任命された者のうちから仲裁部長が指名する。この仲裁人の資格についても調停員と同じく資格の制限はないが、現在の仲裁人はすべて弁護士の資格を有する者である。

　保険局は仲裁の申請があったことを保険会社に通知し、保険会社は給付否認の理由を含む、提起された争点に対する応答を行わなければならず、調停員によって報告書に記載された未解決の争点に対する解決案を示す必要がある。この保険会社による返答は重要な手続であり、保険会社は、その争点が調停員の報告書に記載されていない限り他の方法で争点の提起を行うことはできない[47]。被保険者は、この保険会社の応答に対し、返答を必ず提出する必要があるが聴聞会が開かれる場合はこの限りではない。

　聴聞会に先立ち準備聴聞会が開かれる。これは仲裁の重要な手続の一部であり、対面又は電話によって行われる。この場で争点を明確にし、事実に関する合意をし、更に争点に関連する証拠及び書類を交換する。

　この仲裁手続にも、調停と同様に多くの時間的制限があり、聴聞会が開催されない場合には、被保険者の返答の日から30日以内に仲裁は終了しなければならない[48]。

　聴聞会は、被保険者が返答を行うことができた日から60日以内か、又は仲裁部長が証拠等の準備の関係で適当と判断する日に開かれる[49]。この聴聞会の後、仲裁人はすべての争点に関して理由を付し、書面による決定を下す。なお仲裁人は、保険会社の支払遅延及び停止が不合理であったと判断した場合は、被保険者に対する給付総額の50％を限度とする制裁金を課することがで

---

46) Ont. Rev. Stat. 1980 Ch. 242c. (5).

47) D. R. P. C 11. 2 (d).

48) D. R. P. C 13. 2 (a)(b).

49) D. R. P.C 13.2 (a)(b).

き、この額は被保険者の給付金に上乗せされる[50]。しかし、これが認められたケースはまだないとのことである。

　仲裁人による決定が下されると、当事者の合意があるか、仲裁部長へのアピール又は変更・取消しの請求に対し、異なった決定が下されない限り、保険会社が、状況の変更や新たな証拠等を理由として給付金を減額することは禁止される。なお、仲裁に際し当事者又は仲裁担当部長が必要と思慮した場合には、医療及び機能回復に関する諮問委員会に質問が送付されることになる。

　仲裁人の決定が下されると、その決定に対し不服な被保険者又は保険会社は、仲裁部長に対しアピールを行うことができる。この申請料は 100 ドルであるが、保険会社には申請者でなくとも 500 ドルが課され、保険会社がアピールをする場合は 600 ドルの支払が必要となる[51]。

　アピールの申請は、原則として仲裁人の決定から 30 日内に行わなければならない。

　アピールの審査は仲裁部長が行い、仲裁人の決定や提出された証拠などの書面によるか、又は再聴聞会を通して進められる。迅速な解決を目的としていることから、全面的な再聴聞会を開くことは極めてまれであり、聴聞会を開かず、記録と口答による具申を中心にして判断される。仲裁部長は、審査の結果、仲裁人の原決定を、確認、変更又は取り消すことができる。

　アピールとは別に、被保険者又は保険会社は、仲裁部長に対して、仲裁人又は仲裁部長の決定の変更又は取消しを請求することができる[52]。この審査は、仲裁部長か原決定を下した仲裁人又は他の仲裁人に委ねられる[53]。仲裁人又は仲裁部長は、被保険者の状況に重大な変化が生じ、仲裁の時に発見できなかった証拠が発見されるか又は決定に誤りがあったと判断した場合には、原決定を変更又は取消し、あるいは新たな決定を下す[54]。

　オンタリオ州における調停及び仲裁の運用状況は次のとおりである。この制

---

50) Ont. Rev. Stat. 1980 Ch.242d. (10).

51) D.R.P.C.26.1. (a).

52) Ont. Rev. Stat. 1980 Ch. 242f. (1).

53) D.R.P.C.39.1.

54) D.R.P.C.40.1 (a) - (f).

度がスタートした 1990 年 6 月から 1992 年の 7 月までの間に、保険局に対する
調停の請求件数は 1348 件であり、内訳は被保険者からの請求が 1281 件、保険
会社からの請求が 67 件である。調停段階が終了した 1172 件のうち、調停が成
功し和解が成立したのは 911 件である。調停全体の和解成立率は 77.7% であ
り、ニュー・ヨークと比較するとかなり高い[55]。

　調停の現状であるが、1992 年 7 月に終了した調停 234 件のうち、被保険者
と保険会社が対面して調停を行ったのが 131 件であり、そのうち和解が成立し
たものが 103 件で、不成功に終ったものが 28 件である。この方式による調停
の成功率は 78.6% である。当事者が対面することなく、電話を利用した調停が
行われたのは 103 件であり、そのうち和解が成立したのが 78 件である。この
方式による調停の成功率は 75.7% である。これによれば、当事者対面方式の和
解成立率が高いが、電話による調停とそれほど差がないことが分かる。

　調停が不成功に終った 261 件のうち、仲裁に付されたのは 201 件であり、仲
裁が終了したのは 79 件で、そのうち 17 件が紛争解決部の部長による再審査に
付された。1992 年 8 月末現在、このうち 11 件の審査が終了しておりすべての
アピールは却下されている[56]。

　オンタリオ州保険局仲裁部長のエリザベス・サクス氏によれば、調停・仲裁
制度の導入によって従来は裁判によって解決されていた紛争の 95% を削減す
ることができたと述べている。また、オンタリオ州の自動車保険料も 7% 程減
額することに成功したという。調停、仲裁制度の書類処理にコンピュータを導
入したこともこの制度が効率的に運用できている理由であると述べている[57]。

55）Ontario Insurance Commission, *supra* note 43 at 1.

56）*Id.*

57）この点につきサクス氏は、限られたスタッフで、法が要求する期間内に事件を処理するためには
　このコンピュータの導入が不可欠であったと述べている。調停員の申請が成されるとファイルが作
　成され、すべての書類は光学読み取り装置によって記憶される。これはいつでも必要なときにコン
　ピュータを通じて呼び出すことが可能で、手続の進行状況も直ちに知ることができる。書類の紛失
　等もこれで防ぐことができるという。サクス氏によれば、ニュー・ヨークの制度は有効に働いてい
　るものの、コンピュータ化が進んでおらず、調停、仲裁に関する書類等が所在不明となる例が発生
　していると指摘していた。

5　日本の交通事故紛争処理制度への示唆

　我が国の自動車保険制度は、自動車損害賠償保障法の成立と、物価水準の上昇に伴う保険金額の増額、更に任意保険における示談代行条項の創設等によって、諸外国に例を見ない充実した制度となっている。付保率も車検リンク制によってほぼ100％を確保しており、無保険者の増大に苦慮するアメリカの諸州からみると、これは想像できない数値であり、一応評価することができる。

　自動車事故の被害者救済システムの優劣の判断は、自動車保険制度を検討するだけでは不十分であり、保険監督制度や裁判制度更には医療保険を含む社会保障制度などとの総合的な検討が必要である。本稿ではニュー・ヨーク州とオンタリオ州における裁判外の自動車事故紛争処理制度に焦点を当てた。裁判制度自体や、権利に対する国民の意識等も大きく異なる日本とアメリカ、カナダであるが、ニュー・ヨーク州とオンタリオ州を見るかぎりにおいては、従来の裁判依存主義から、裁判外の紛争処理制度利用へと動き出していることは確認できた。それぞれの制度がかなり効果的に運用されており、この制度が他の州にも広まるであろうことは十分に予想できる。

　両州が修正ノー・フォールト制度を利用していることも、調停・仲裁制度の導入を容易にしていることとして指摘できよう。すなわち、修正ノー・フォールト保険制度の下では、死亡又は重度の障害を被った場合にのみ、被害者の訴訟提起権が認められている。それ以外は被害者は自己の保険会社から給付を受けるにとどまり、交渉の相手方も相手方の保険会社ではなく自己の保険会社である。そこには過失割合の認定等、不法行為制度の下では大きな問題となるものが存在しない。更に、ノー・フォールト給付の内容も細部にわたって規定されており、受給資格と受給額の2点が主な紛争内容となり、争点を明確にすることが不法行為制度に比べはるかに容易である。また、保険会社による被保険者の不公正な取扱いは、その保険会社の評判に直ちに結びつき、顧客を失う結果となる。保険会社の支払に関して、不法行為制度の下では事故の相手方が不満を持つことになるが、ノー・フォールト制度の下では、保険会社の顧客である被保険者が直接不満を有することになる。その意味では、被保険者の保険会社に対する監視が直接的であり、保険会社に対する心理的強制が強く働くとい

える。

　更に、調停・仲裁にかかる費用がかなり少額であることも、訴訟ではなくこの調停・仲裁制度に紛争処理を誘導して行く役割を果たしている。ニュー・ヨーク、オンタリオの両州では、弁護士費用の負担のみならず、保険会社に対するペナルティを用意するなど、被保険者に対してかなり好意的な取扱いをしていることも大きな特徴であり、保険会社が調停、仲裁に応じる環境を作り出している。

　このように、調停・仲裁制度を導入し、有効に運用するためには、制度のみの導入では足りず、費用や保険会社に対する心理的強制など、調停・仲裁へと紛争処理を誘導して行くシステムも合わせて導入することが不可欠といえる。

　さて、我が国の自動車事故紛争処理の現状はどうか。ニュー・ヨーク、オンタリオ両州とは、不法行為制度とノー・フォールト制度という大きな違いに加えて、自賠責保険と任意保険の二重構造という違いがある。

　任意保険への示談代行保険の導入により、従来は裁判で争われていた事件の多くが、保険会社の示談代行によって処理されている。しかし、先に述べた二重構造から、自賠責分の損害調査は自動車保険料率算定会が、任意分は各保険会社が管理するシステムとなっており、両者を一括して管理する機関は存在しない（自賠と任意の両者に加入している場合は任意の保険会社が担当し、自賠分については自算会に照会する形となっている）。もっとも任意分についても自動車保険料率算定会による統計資料等を用いることは可能とされているが、各社間で支払額等にばらつきが発生する可能性は否めない。

　また交通事故の紛争も多く、交通事故紛争処理センターでは1991年度には全国8か所で再訪問を含み1万2750件の相談があり、2152件の示談成立を見ている[58]。このほかにも日本弁護士連合会でも交通事故に関する相談を受け、示談にむけての弁護士の斡旋なども行っており、更に市町村などでも交通事故の相談を受け付けている。このように紛争処理にむけて複数の窓口がバラバラに存在しているのが現状である。

　不法行為の保険制度を採用する日本では、過失割合の認定などに専門的な知

58）交通事故紛争処理センター、平成3年度取扱事例分類による。

　識を要し、ノー・フォールト保険制度のように調停、仲裁制度導入が容易な状況にはない。しかし、紛争処理にあたり裁判外に複数の窓口が存在するのは問題であり、一定の組織が統一的な見解のもとに紛争処理にあたるのが好ましいことはいうまでもない。その意味では、我が国においても交通事故紛争の処理にあたり、立法により、統一された組織による調停・仲裁制度の導入を検討する価値は存在する。

　ニュー・ヨーク州のように、保険監督機関が調停を行い、仲裁は、一部を除き法律家によって組織される仲裁機関に委ねるのも一案であろうし、オンタリオ州のようにすべてを保険監督機関が行うことや、第三者機関に一本化することも考えられよう[59]。

　今後、交通事故の紛争処理にあたり、我が国に導入すべき調停・仲裁制度の細かな検討を続けて行きたいと考える。

---

59) 紛争処理センターを拡充するか、又は自動車保険料率算定会の損害調査権限を拡充し、合わせてこの紛争処理にあたらせることなどが考えられる。ただしこれは、調停員や仲裁人の資格に関する新たな問題点を提起する。

第8章 交通事故訴訟と裁判外の紛争処理
—わが国における強制調停・仲裁制度の可能性を中心に—

1 はじめに

　交通事故の被害者救済制度は、各国において採用される自動車保険制度により異なるが、わが国は、過失責任を基調とした不法行為制度の保険を採用しており、アメリカの各州も原則としてこれを採用している[1] これに加えて、アメリカの約半数の州では、過失の有無を問わず、いわば過失責任を基調とせず、被害者に対して一定の金額を給付するというノーフォールト制度の保険を採用している[2]。この不法行為制度の保険と、ノーフォールト制度の保険が、先進国における自動車保険制度の中心といえるが、ニュージーランドの事故補償法は、一定の基金から被害者に対して補償を行い、被害者の加害者に対する訴権を認めない独自の制度を採用している[3]。

　このように、自動車保険制度はいくつかの種類に分けることができ、どの制度が優れているかということは、一概には言えず、判断がむずかしい。

　また、被害者の迅速な救済という観点から見た場合、民事責任の追及がどの

---

1 ）日本の他にも、ドイツやフランスなどが、この不法行為制度の保険を採用している。また、アメリカにおいては、約半数の州がこの制度のみを採用している。

2 ）アメリカにおけるノーフォールト制度の保険の現状については、尾上和宜「米国における自動車保険制度の概要—人身事故被害者救済に関する制度的枠組とその実態—」日本交通法学会編『世界の交通法』（西神田編集室、1992）所収に詳しい。

3 ）ニュージーランドの事故補償法については、浅井尚子「事故補償制度下での自動車事故の実態と予防策の選択」前掲注2）『世界の交通法』及び、そこに引用されている文献を参照されたい。なお、ニュージーランドの制度に似ているが、自動車保険の形態をとるものに、カナダ、ケベック州の制度がある。拙稿「カナダの自動車保険制度—ノーフォールト保険の現状と課題—」前掲注2）『世界の交通法』参照。

ような責任制度（過失責任理論）の下で行われているか、さらにどのような紛争の解決手段が裁判上および裁判外で採用されているか、医療保険を含む社会保障制度がどのような体系の下で行われているかもあわせて総合的に検討する必要がある。

ところで、日本の自動車保険制度は、自動車損害賠償保障法のもと、先進諸国間においても優れた制度であると一応評価することができる。それは、第1に車検制度とのリンクによる付保率の高さ[4]、第2に、ノーロス・ノープロフィットの原則に基づく保険の運用、第3にそれに伴う保険料の低額さと保険金額の充実[5]、第4に示談代行付の任意保険の普及[6]と、それに伴う裁判による紛争解決率の低さ[7]などである。

このように、付保率や保険金額等には高い評価を与えることのできる日本の自動車保険制度ではあるが、事故の発生から被害者に対する賠償金の支払いに到る一連の手続きの中には、なお検討を必要とするものがあるように思われる。もっとも、日本における交通事故の紛争処理は、交通事故紛争処理センター[8]や弁護士会[9]などによる相談の受け付けや示談の斡旋、さらには裁判所による和解の勧告等により、比較的有効な処理が行われており、また、示談成立の率の高さなどは、事故の被害者が提示された賠償金の額にある程度満足していることを示すと考えられる。しかしながら、解決に至るまでの道筋のう

4）無保険者率は、アメリカにおける大きな問題である。尾上・前掲注2）326頁によれば、コロラド州では、33%の無保険者率であるという。

5）カリフォルニア州を例にあげると、法定の最低賠償資力額は、1名につき1万5千ドル、1事故3万ドル、対物5千ドルであり、わが国の自賠責保険と比較すると、約20分の1である。

6）任意自動車保険の普及率は、対人に限定すると約70%の普及率である。

7）平成3年度調停事件の概要によれば、人身交通事故発生件数に対する交通訴訟新受付件数および交通調停新受付数の比率は、両者併せて1.4%である。法曹時報44巻12号210頁。

8）交通事故紛争処理センターの概要については、二宮丑之助「財団法人交通事故紛争処理センター」判例タイムズ728号（裁判外紛争処理機関の現状と課題）171頁、野村好弘「審査会による裁定の機能」『交通事故損害賠償の法理と実務』（交通事故紛争処理センター創立10周年記念論文集）（ぎょうせい、1984）491頁、松代隆「当センターにおける事件処理の特色」前掲『交通事故損害賠償の法理と実務』502頁、高梨克彦「当センター利用者に対する調査結果についてのある感想」前掲『交通事故損害賠償の法理と実務』518頁を参照されたい。

9）弁護士による交通事故相談の概要については、木村雅暢「財団法人日弁連交通事故相談センター」判例タイムズ728号（裁判外紛争処理機関の現状と課題）163頁以下を参照されたい。

ち、最初の相談窓口が複数存在し、各々の窓口で、統一した見解の下に被害者に対する助言等が行われているのか、という疑問は残る。つまり、不法行為制度の下で、とりわけ問題となると思われる過失率の認定や、休業損害、さらには慰謝料の算定などに際して、これらの諸機関から相当なアドバイスが被害者に対して与えられ、それを十分被害者が理解したうえで示談等が行われているのか、という疑問である。

　このように、わが国における交通事故の被害者救済制度は、賠償額等をめぐって被害者と加害者の保険会社とで争いの生じなかった場合は別として、合意が整わない場合の紛争解決手段は一本化されておらず、複数の手続きが選択肢として用意されている。しかも、裁判外の紛争処理においても、窓口となる機関が複数存在しているのである。

　本稿では、このようなわが国の現状を踏まえ、アメリカのニューヨーク州およびカナダのオンタリオ州で採用されている交通事故訴訟特有の裁判外の紛争処理制度に焦点をあて[10]、それがどのように運用されているか、そのメリットとデメリットの分析、さらには同様な制度を日本でも導入する必要があるのか、その場合日本で問題となる点はなにかを中心に検討を加えることとする。

2　ニューヨーク州の調停・仲裁制度

　ニューヨーク州は、自動車の使用または運用によって傷害を被った運転者、同乗者そして歩行者は、自己の過失の有無にかかわらず、5万ドルを上限とする、医療費や喪失賃金などを含んだ、基礎的経済損失に対する給付を自己の保険から受けることができ、事故の相手方に対する訴訟提起は、死亡または重大な傷害を被った場合に限定するという、文言による訴訟制限の、修正型ノーフォールト保険制度[11] を採用している[12]。

10）ニューヨークおよびオンタリオ州の自動車事故に関する裁判外の紛争処理制度については、拙稿「交通事故訴訟と裁判外の紛争処理―ニューヨーク州とオンタリオ州における調停・仲裁制度の検討を中心に―」『交通事故訴訟の理論と展望』（ぎょうせい、1993）およびそこに引用の文献を参照されたい。

11）修正型ノーフォールトには、この文言による訴訟制限（Verbal Threshold）のほかに、金額による訴訟制限（Monetary Threshold）がある。

12）N.Y. Ins. Law. § 5102, 5105 (a) (Consol.1991)

　この保険からの給付をめぐって被害者と保険会社との間で紛争が生じた場合、訴訟提起の他に、保険庁が管轄する調停・仲裁制度が用意されている [13]。

　この紛争処理制度では、まず調停を試み、その調停が整わなかった場合には、仲裁へと移行するというステップを経ることが要求されている。

　調停員は保険庁の職員であり、保険庁長官によって指名された者がなるが、資格等の制限は存在しない。調停は電話を利用して行われ、通常は当事者が対面することはない。

　仲裁の申請がなされた場合、調停員は保険会社の担当者と直ちに連絡をとるが、この担当者は、単独で保険会社を拘束する判断ができる者に限られ、保険会社はこの担当者をあらかじめ保険庁に届けておく必要がある。この調停には期間制限があり、申請から45日以内に調停が成立しない場合、この紛争解決は、仲裁の場へと移される [14]。

　紛争解決の第2段階である仲裁には、保険庁仲裁（Insurance Department Arbitration）と全米仲裁協会仲裁（American Arbitration Association Arbitration）の2つがあり、これら2つの仲裁に満足しない者は、一定の要件を満たした場合に限り、首席仲裁人仲裁（Master Arbitration）を求めることができる。

　保険庁仲裁に付されるのは、①医療費等の正確な算定について、それが公表されている料金表に特定されているものに該当するか否かの争い、②紛争の総額が400ドルを超えず、かつ担保範囲の問題またはその他の申請者のいかなる部分の結果にも影響を与えるようなものでない場合、③保険金の支払が遅滞したか、したとすればその期間、または遅滞の部分に関して適正な遅延利息または弁護士費用が支払われたか否かについての争いの3点に限定される [15]。

　これに対して、全米仲裁協会仲裁に付される紛争の内容は幅広く、保険庁仲裁に付される以外のすべての紛争が全米仲裁協会仲裁に付される [16]。

　首席仲裁人仲裁は、これら2つの仲裁内容に満足しない者が、いわばアピールの目的で利用するが、事実認定を新たに行うのではなく、仲裁人の下した仲

13）N.Y. Ins. Law. § 5106 (b)

14）N.Y. Ins. Reg. § 65.17 (2)(b)(iii)

15）N.Y. Ins. Reg. § 65.17 (3)(i)(a)-(c)

16）N.Y. Ins. Reg. § 65.17 (3)(ii)(iii)

裁判断が恣意的になされたのではないか、あるいは法律上の誤りを犯したものではなかったか、などの再審査を行ない、前になされた仲裁の取消あるいは変更等を行う[17]。

　保険庁仲裁にあたる仲裁人は、保険庁の上級職員であり、保険庁長官によって仲裁人として指名された者であり、総合自動車保険補償制度の上級監督官、または弁護士の資格を有する者に限られる[18]。また当然のことながら、当該事件の調停を担当した者は、その事件の仲裁人となることはできない。

　全米仲裁協会仲裁の仲裁人は、保険庁長官によって任命された諮問委員会の審査を受け、長官からノーフォールト仲裁の仲裁人として任命された者でなければならず、その資格要件として、ニューヨーク州での弁護士資格を有し、少なくとも10年の実務経験を有することが要求されている[19]。

　首席仲裁人仲裁の仲裁人は、前者と同様に保険庁長官によって任命されるが、同じく弁護士資格を有しており、15年以上の実務経験を有することが必要とされ、保険庁長官がノーフォールト保険の紛争解決に当たるのが適当であると判断した者に限定される。なお、この首席仲裁人に任命された者は、その任命期間内は、保険庁仲裁および全米仲裁協会仲裁に当たることはできない。

　保険庁仲裁は、保険庁内部の紛争処理制度であることから、仲裁人に対する事件の配分は監督官が行ない、全米仲裁協会仲裁の場合は、仲裁人の名簿の中から全米仲裁協会が指名する。首席仲裁人仲裁の場合も同様であり、全米仲裁協会が事件ごとに指名を行う。なお、この仲裁人の指名は紛争当事者に対して通知することが必要で、仲裁人の経歴などについての情報も、当事者から要求があれば、全米仲裁協会は開示しなければならない[20]。

　1991年度の運用実績を検討すると[21]、保険庁にファイルされた事件件数は12,588件であり、そのうち、調停の段階で当事者の和解が成立したのは3,798

17）N.Y.Ins. Reg. § 65.18 (a)(1) - (6)

18）N.Y.Ins. Reg. § 65.17 (4)(iv)

19）N.Y.Ins. Reg. § 65.17 (5)(ii)(a)(b)

20）N.Y.Ins. Reg. § 65.17 (5)(v)

21）これらの数値は、ニューヨーク保険庁の仲裁担当官リチャード・リンド氏から得たものであることをお断りしておく。

件である。約3割が第1段階で解決されており、この調停が効果的であることを示している。

　仲裁へと移行したのは、6,578件であり、このうち保険庁仲裁に付されたのが1,091件、全米仲裁協会仲裁に付されたのが5,484件で、両者に付されたのが3件である。これらの仲裁案に満足しない場合は、さらに首席仲裁人仲裁を求めることができるが、正確な事件数の把握はできなかった。しかし、担当官によるとその件数は多くなく、概ね70件前後であるということであり、ほとんどの紛争が仲裁の段階で解決されていることがわかる。この首席仲裁人仲裁にも満足しない場合、被保険者は訴訟を提起し、裁判による紛争解決を求めることが可能だが、この件数も入手できなかった。しかし、極めて少数であると推測できる。

　ニューヨーク州の制度は、次に検討するオンタリオ州の制度とは異なり、被保険者が選択できる制度となっている。しかし、この制度を利用するための費用がわずか40ドルであり、また、仲裁に移行した場合であっても、それに要する費用は保険会社の負担とされ、さらには仲裁に当たって被保険者が弁護士を雇った場合でも、その費用は原則として保険会社の負担となるなど、被保険者にきわめて有利な内容となっている[22]。

　制度的に見ても、訴訟による解決ではなく、この調停・仲裁制度を被保検者が利用するように誘導してあり、ノーフォールト給付をめぐる訴訟に対する弁護士の完全成功報酬制度の禁止[23]と相まって、調停・仲裁の利用を促進する結果となっている。保険庁の担当官によれば、調停・仲裁制度による紛争処理は迅速であり、かつ公平であるとの認識が一般人の間で広まっており、この制度を利用する比率は、今後さらに高くなると予測している。

　残念ながら、ノーフォールト給付をめぐる紛争のうち、保険庁への仲裁申請を行うことなく、直接訴訟を提起した件数は把握できなかったが、弁護士の完全成功報酬制度が禁止されている場合、被保険者は容易には訴訟を提起できず、件数はそれほど多くないと思われる。

---

22) N.Y. INS. LAW. § 5106(a)
23) 22 NYCR § 603.7(e)(7), 691.20(e) 806.12(f)

3　オンタリオ州の調停・仲裁制度

　オンタリオ州は、1990年に保険制度全般に渡る大改革を行ったが[24]、その一つに自動車保険制度の改革がある。オンタリオ州は、不法行為に基づく損害賠償請求権の行使には制限を加えないが、過失の有無を問わず一定の給付を被害者に行う、付加型のノーフォールト保険制度を採用していたが、この改革によって、死亡または重大な傷害を被った場合に限り、被害者に対して不法行為に基づく損害賠償請求権の行使を認め、それ以外は、被害者の過失の有無を問わず一定の給付を行うという、ニューヨーク州と同様の修正型ノーフォールト保険制度を導入した。

　オンタリオ州のノーフォールト給付は、ノーフォールト ベネフィットスケジュール[25]に従って行われるが、給付の内容はかなり厚い。医療費は機能回復訓練費用を含み1名につき50万ドルを上限とし、さらに介護費用や休業補償給付などが認められている[26]。

　ノーフォールト給付をめぐって、被保険者と保険会社との間で紛争が生じた場合、被保険者はオンタリオ州保険局に対し調停による紛争解決を求めなければならず、選択制となっているニューヨーク州とは異なっている。なお、この調停制度は人身損害の給付をめぐる紛争に限定されており、車両損害や対物賠償損害に関する紛争はこの制度の対象外であり、直ちに訴訟を提起することが認められている。

　オンタリオ州保険局による調停・仲裁制度には、調停、仲裁、仲裁担当部長による再審査、そして変更・取消の4つがある。

　調停は、紛争処理の第1段階であり、この調停制度の強制がオンタリオ州の特徴といえる。ニューヨーク州のような選択制ではなく強制とした理由は、オ

---

24)　オンタリオ保険局もこの改革によって設立されたが、この運営費用は全額保険会社からの拠出金によって賄われている。Ont. Rev. Stat. 1980 Ch. 218. 6h (1)

25)　Ont. Reg. § 273/90.1

26)　被害者の過失の有無を問わず、1名につき50万ドルを上限とする機能回復訓練費用を含む医療費、1ヵ月につき3,000ドル、総額50万ドルを上限とする介護費用、3,000ドルを上限とする葬儀費用、1週につき600ドルを上限とする休業補償給付が行われる（休業補償はオプションの購入によって1週につき1,050ドルまで増額が可能である）。

ンタリオ州においては、調停制度自体に一般市民のなじみが薄く、ほとんどの被保険者がこれについて十分な知識を有していないこと、さらに弁護士は、なれ親しんだ裁判による解決を依頼者に勧めることが予想され、任意制度とすると結局は利用されない可能性が高くなることなどが挙げられている[27]。

ノーフォールト給付をめぐって紛争が生じた場合、被保険者または保険会社は、オンタリオ保険局に対して調停員選任の申請を行う。この申請は、保険会社による支払拒絶から2年以内に行わなければならない。この調停の費用は無料であり、被保険者が抵抗なく調停に入ることが可能となっている。

この調停には、当事者が対面して行うものと、電話によって行うものとがあり、ニューヨーク州が電話に限定しているのをさらに拡張している。

調停員は保険局の職員であり、保険局長から調停員として任命された者である。調停員となることができる者についての資格は、ニューヨーク州と同様に制限は無いが、現在約4割の調停員が弁護士の資格を有する者とのことである。調停員は、選任の申請がされ、事件配分を受けると直ちに保険会社の担当者と連絡をとるが、この担当者は、ニューヨーク州と同様に、単独で保険会社を拘束できる判断ができる者であり、あらかじめ保険局に届けられていることが必要とされている。オンタリオ州の調停は対面によるものも可能だが、そのほとんどが電話によって行われており、対面による調停は、原則として保険局においてのみ行われている。

この調停には期間制限があり、手続き開始後60日以内に完了することが必要であり、例外的に期間延長がなされるに過ぎない[28]。

和解が成立したか否かを問わず、調停員は調停終了に際して報告書を作成する義務を負うが、不成立の場合は、合意の整わなかった争点の詳細な内容と保険会社の最終申出額が記録され、和解不成立の場合であっても、保険会社は、この最終提示金額の支払義務を負うことになる[29]。

和解が不成立に終わった場合、被保険者には訴訟を提起するか、保険局によ

---

27) P. Lapolo, *Mediation and the Dispute Resolution Process at the Ontario Insurance Commission*, Program Material at 2 (1992).

28) ONT. INS. COMMISSION. DISPUTE RESOLUTION PRACTICE CODE (hereafter D.R.P.C.) §4.1.

29) ONT. REV. STAT. 1980 Ch. 242 c.(3)(4), D.R.P.C. §7.118.6h(1)

る仲裁を求めるかのいずれかの選択が認められる。なお、この仲裁は、被保険者のみが求めることができ、保険会社がこの仲裁を求めることは認められない。仲裁申請に要する費用は 50 ドルであり、保険会社は、申請人でないにもかかわらず、1000 ドルの支払義務を負う。

　仲裁人は、調停員と同じく全員が保険局の職員であり、保険局長によって任命された者の中から、仲裁部長が指名によって事件の割り当てを行う。この仲裁人の資格についても、調停員と同様に資格の制限はないが、現在の仲裁人のほぼ全員が弁護士の資格を有する者とのことである。

　オンタリオ州の仲裁制度で注目すべきは、仲裁の手続きである。仲裁の申請があった場合、保険庁は保険会社に対して通知を行うが、これに対して保険会社は、提起された争点に対し給付否認の理由を含む応答を行わなければならない。そして、調停員によって作成された報告書に記載された未解決の争点に対して保険会社は新たな解決案を示す必要がある。この応答は重要で、保険会社は、調停員の報告書に記載された争点と、被保険者によって提起された争点以外の争点を新たに提起することは原則として認められない。なお、聴聞会が開かれる場合は、必ずしもこの返答を行う必要は無いとされている。

　聴聞会に先立ち準備聴聞会が開かれるが、これは対面または電話によって行われ、この場で争点を明確にし、事実に関しての合意を行い、さらに争点に関する証拠および書類を交換する。これは通常の訴訟におけるディスカバリーに相当する。

　なお、この仲裁手続きにも時間的制限があり、聴聞会が開催されない場合、被保険者の応答から 30 日以内に終了することが必要である。聴聞会は、被保険者が返答を行うことができた日から 60 日以内に、あるいは仲裁部長が適当と考えた日に開催され[30]、この聴聞会の後に、提示されたすべての争点に対して理由を付した書面による決定が仲裁人から下される。なお、この決定に際して、保険会社の支払遅延や停止が不合理なものであったと仲裁人が判断した場合、被保険者に対する給付総額の 50% を限度とした制裁金を保険会社に課

---

30) D.R.P.C. § 13.2 (a)(b)

すことが認められ、これは被保険者に対する給付金に上乗せされる[31]。

　原則として仲裁人の決定は最終のものであり、仲裁部長へのアピールまたは変更・取消、さらには裁判所による司法判断によって異なった決定が下されない限り、保険会社は状況の変化あるいは新たな証拠などを理由として一方的に給付金を減額することは禁止される。

　仲裁人の決定に対して不服な被保険者または保険会社は、仲裁部長に対しアピールを行うことが認められる。この申請には100ドルの申請料が必要だが、被保険者が申請した場合、保険会社には500ドルの付加金が課せられ、保険会社が申請した場合は、600ドルを支払う必要がある。

　アピールの申請は、原則として仲裁人の決定から30日以内に行わなければならず、この審査は仲裁部長が行う。被害者の迅速な救済を目的としてこれらの仲裁手続きが設けられたことから、全面的な聴聞会を開くことはまれで、記録と口頭による具申を中心として判断される。仲裁部長は、仲裁人の下した原決定を、確認、変更または取り消すことができる。

　このアピールとは別に、被保険者または保険会社は、被保険者の状況に重大な変化が生じたかあるいは新たな証拠が発見された場合、仲裁人または仲裁部長の決定の変更または取り消しを求めることができる。

　オンタリオ州における調停および仲裁の運用状況は次のとおりである。この制度がスタートした1990年6月から1992年7月までの約2年間に、保険局に対して請求された調停件数は1,348件で、被保険者からの請求が1,281件、保険会社からの請求が67件である。調停が終了した1,172件のうち和解の成立件数は911件であり、調停申請総数との比較では、約8割弱の和解成立率となっている。仲裁段階へ移行したのは201件であり、和解が成立しなかった件数の約8割が仲裁へと移行したことがわかる。仲裁が終了した79件のうち、アピールが行われたのは17件だが、審査の終了した11件のすべてはアピールが却下されている[32]。

　なお、最新の数値によれば、調停の申請件数は劇的な増加を見ており、この

31）オンタリオ保険局仲裁部長のエリザベス・サクス氏によれば、この上乗せが行われた事例は1件であるという。

32）これらの数値は、すべてエリザベス・サクス氏から直接得たものであることをお断りしておく。

制度が広く利用されはじめたことを示している。この紛争処理制度の導入によって、被害者の迅速な救済をはかり、かつ低額な費用で被害者の救済を行うという目的はほぼ達成できたと、仲裁部長のエリザベス・サクス氏は述べている[33]。また、従来は訴訟によって解決されていた交通事故訴訟のうち、95％を削減することに成功したともいわれており[34]、オンタリオ州における裁判外の紛争処理制度の導入は成功であったと考えられる。

　なお、ニューヨーク州やオンタリオ州などのように、裁判外の紛争処理制度を交通事故訴訟へと導入する動きは、アメリカ各州において広まりつつある。保険監督機関が管轄しているのではないが、ミネソタ州やコロラド州[35]、さらにニュージャージー州[36]、などで、訴訟提起の前に、仲裁前置主義が採用されている。ところで、ニューヨーク州やオンタリオ州を含むいずれの州もが、不法行為型の保険ではなく、ノーフォールト制度の保険を採用していることに注意しなければならない。この保険制度の下で、過失の認定などという複雑な判断を行う必要がなく、ノーフォールト給付をめぐる資格と金額が主な争点になる。調停・仲裁制度がなじみやすい保険制度であるともいえよう。なお、不法行為型の保険制度を採用している州のなかにも、カリフォルニア州のように、訴訟の請求価額が５万ドル以下の場合は、仲裁が試みられることを要求する州も存在するが[37]、これは交通事故訴訟に限定していない。

4　わが国における民事上の交通事故紛争処理の状況

　交通事故にともなう民事上の紛争が発生した場合、わが国では、以下の４つの手段を紛争解決のために利用することが可能である。それは、示談、調停、和解（この和解は裁判上の和解を意味する）そして判決である[38]。なお、PAP約

---

33)　正確な数値は入手できなかったが、1993 年 8 月に訪問したさい、こうした説明を受けた。

34)　保険局の内部分析によれば、このような数値が認められるという。

35)　Colo. Rev. Stat. § 10-4-708(1.5).

36)　ニュージャージー州の仲裁制度については、E. Maughan, *Compulsory Automobile Arbitration : New Jersey's Road to Reducing Court Congestion, Delay, and Costs*, 37 Rutgers L. Rev. 401

37)　Cal. Civ. Proc. Code. § 1141.10-1141.32 (West 1993), Cal. R. Ct. § 1600

38)　交通事故紛争における示談、調停、和解、訴訟の概要を示すものとして、加茂喜久男「示談・調停・和解・訴訟の仕組み」『交通事故』（実務法律大系）（青林書院、1973）491 頁以下などがある。

款の 19 条は、第三者機関による裁定を予定しているが、現実には機能しておらず、ここでは検討を省略する。

示談は、紛争の当事者が話し合いによって行う解決であり、そこには公的機関の関与は存在しない。したがって、紛争の当事者が自主的に交渉を進め、当事者の権利義務関係を確定する。いったん示談が成立した場合、原則として、後日その内容を争うことはできないとされる。

これに対して、調停、和解、そして判決は、公的機関が関与する紛争解決手段だが、関与の程度によって異なる。

調停は、裁判所の機関である調停委員会が、当事者がお互いに譲り合い、実情に即した解決をはかる目的で行うものであり、裁判官のみならず、民間からの調停委員を含めた委員会が構成され、その関与の下に手続きが進められる。訴訟に比べて形式的ではなく、費用も安価で期間も短くて済むという長所を有している。なお、一部の裁判所では、交通訴訟部の裁判官が調停主任となったり、あるいは交通事故に関する専門知識を有する人を調停員に加えるなどして、適切にこの紛争を処理しようと配慮している。

裁判上の和解には、訴訟上の和解と起訴前和解があるが、交通事故紛争に一般的なのは訴訟上の和解である。これは、訴えの提起を前提としており、紛争当事者の互譲による紛争解決を行おうとするもので、裁判官が和解を斡旋することによって進められる。これも判決に比べると期間が短く、被害者の迅速な救済がはかられるという利点を有している。東京地裁などでは、交通事故訴訟について和解中心主義を採用しており、この被害者の迅速な救済をはかっている。これは公的機関の関与する紛争解決の中でも、比較的よく利用される手段であるといえる。

判決は、いわば紛争当事者の権利義務関係を確定する最終的手段であり、調停や和解と異なり、紛争当事者の互譲に基づく解決ではなく、純粋に法的観点からの判断が行われる。

わが国において、どのような紛争解決方法がどの程度の比率で選択されているかについては、交通事故件数を基礎にした細かな分析および統計が存在していないため不明だが、示談が最も利用されていることは確かであると思われる。その理由は、費用もかからず手軽であること。また、裁判所の存在が一般

人にとっては近づき難く、費用の点などで弁護士から法的な助言を受けること
に二の足を踏みがちであることなどが主なものとして考えられる。

ところで、法務省の平成3年度の統計によると、交通訴訟の新受付件数は
6,115件であり、これに対して交通調停の新受付件数は5,457件である。同年
度の交通事故発生件数は662,388件であり、時間的なラグが存在するとして
も、それを一応無視することとする。この件数を基準数値とすると、事故件数
に対する訴訟提起の比率は0.92％であり、調停申請比率は0.82％となる。両者
を併せた公的機関に対する紛争解決の依存率は1.74％であり、交通事故にとも
なう民事上の紛争解決が、主として公的機関から離れた場所で行われているこ
とがわかる。なお、同年度に処理の済んだ交通調停は5,424件であり、調停成
立は3,293件である。成立率は60.7％となり、他の調停と比較して高い成立率
となっている[39]。

示談について全国的な統計が入手できたのは、日弁連の交通事故相談セン
ターと、交通事故紛争処理センターの統計であり、これを検討する。

日弁連のセンター統計[40]によれば、平成4年度の相談件数は22,219件であ
り、そのうち1,392件が示談斡旋となっている。もっとも、示談斡旋まで行っ
ているのは、全体の中で19支部に過ぎず、それ以外は法律相談のみであり、
多くの地域では、法的なアドヴァイスはうけられるものの、実際の示談に関し
ては、必ずしも法律の専門家が関与していない可能性がある。

交通事故紛争処理センターの統計[41]では、平成4年度には13,507件の相談
を受付ており、2,340件の示談成立となっている。なお、紛争処理センターの
重要な機能の一つに挙げられる審査は、和解の斡旋が成立しない場合に、当事
者の希望により行われ、審査会が裁定を示す。これは、民訴上の仲裁ではない
ものの、これに類似した機能を有している。この裁定自体には、被害者の拘束
力はないが、被害者が同意した場合、保険会社はこれに同意を与えることが必
要である。しかし、自賠責保険の支払については拘束力がないことに注意が必

---

39) これらの数値は、いずれも平成3年度調停事件の概況による。法曹時報44巻12号210頁。
40) 日弁連交通事故相談センターの資料による。
41) 交通事故紛争処理センター、平成4年度取扱事例分類による。

要である。なお、この裁定によって示談が成立した件数は 212 件[42] である。紛争処理センターも、全国の主要都市に存在するのみであり、多くの地域では、そのような機関の利用が事実上困難となっているのが現状といえる。特に、最も身近な存在である市町村の相談窓口などは、弁護士が応対するならば別としても、そうでない場合、担当者の能力等から、正確で統一のとれたアドヴァイスがなされているか疑問がある。とりわけ、過失責任を基調とするわが国においては、過失割合や填補されるべき損害の額および範囲が、被害者の一番の関心事であり、その点について専門家からのアドヴァイスを受けることなく、示談が行われているとするならば、被害者の迅速な救済と基本的な補償を目的とした自賠責の意義が十分に反映されない結果につながりかねない。

　そのようなアドヴァイスを十分に受けることのできない被害者は、示談代行付の任意保険に相手方が加入している場合、相手方の保険会社の提示を、たとえ不満であったとしても受け入れる傾向が強いことは否めない[43]。もっとも、保険会社の判断はこれまでのケースの積み重ねを基礎として行われており、必ずしも被害者に不利なものとはいえないとも考えられる。ところで、自賠責保険と任意保険という二重構造をとる日本では、自賠責部分の損害調査は自動車保険料率算定会が管理し、内部では裁判に準じた3審制が採用されており、均質性のとれたシステムと評価できる[44]。これに対して任意保険部分は各保険会社が損害調査を管理しており、自賠分についてはばらつきは生じないものの、任意分では、保険会社間で生じる恐れが多分に存在する。

　また、保険会社の提示は、あくまでも紛争当事者の一方が行うものであって、被害者がそれを客観的なものと理解することにも困難があろう。このようなことから、わが国においても、ニューヨーク州やオンタリオ州のように、保険会社からの提示に満足しない被害者が、低額な費用で紛争解決を求めること

42) 交通事故紛争処理センターへの照会に対する回答による。

43) 残念ながらこの点を論証できる資料を有していないが、高梨克彦「当センター利用者に対する調査結果についてのある感想」前掲注8)『交通事故損害賠償の法理と実務』526 頁には、成立した示談の金額についてのアンケート結果が紹介されており、保険会社の1回目の提示額については、だれもが一応は不満を有する傾向が現われている。

44) この点については、自動車保険料率算定会の伊藤文夫氏から示唆を得た。

のできる、全国的な裁判外の紛争処理機関の設置を考慮する必要があるのではないかと考えられるのである。

5　わが国において導入すべき裁判外の紛争処理制度の検討

　日本の自動車保険制度は、自動車賠償責任保険によって、被害者の迅速な救済と基本的な保障という目的を一応は果しているといえる。しかし、いわば実体法の面では優れているものの、これを実行に移す手続きの面で問題が残っているのではないだろうか。この点、ニューヨーク州やオンタリオ州が、交通事故訴訟に調停・仲裁制度を導入したのとは状況が異なるのは確かである。

　ニューヨーク州は、改正前は不法行為制度の保険を採用しており、この制度の下では、過失の認定が大きな問題となる。被害者の迅速な救済を要する自動車事故に対しては、アメリカの裁判制度はあまりにも不便であり、過失の有無を問わず、一定の給付を被害者に対して行うノーフォールト保険制度を導入する結果となった。同時に、支払額をめぐる紛争が生じたとしても、被害者に大きな負担をかけることなく、紛争を解決する手段として調停・仲裁制度が導入された[45]。これに対してオンタリオ州は、修正ノーフォールト制度の導人により、被害者に対する手厚い補償と迅速な救済を図り、同時に、保険危機の中で高騰した保険料抑制のために、大きな比率を占める弁護士費用削減の手段の一つとして、強制調停制度の導入がはかられた[46]。これに加えて、訴訟数の劇的な増加により、裁判制度を利用した被害者の救済が大幅に遅れてしまうという事情も存在していたという。

　このような状況は日本では見い出し難く、採用している保険制度も賠償責任制度とノーフォールト制度という違いがあり、紛争の争点も異なってくる。したがって、ニューヨーク州やオンタリオ州のような調停・仲裁制度をそのままの形でわが国に導入することは困難であると思われる。

　ところで自賠責保険は、被害者の基本的保障と迅速な救済という観点から、民法上の過失相殺とは異なる減額方式を採用しており、その点に着目すると、

---

45)　これらについては、R. Mooney, *Recent Cases under the New York No-Fault Arbitration Law*, ARB. J. Dec 1987 Vol 42 No4. 88 頁以下に詳しい。

46)　この点については、エリザベス・サクス氏の説明による。

事実上のノーフォールト化が行われているといえよう。もっともこのノーフォールトは、給付を受ける保険が事故の相手方の保険であり、いわば逆ノーフォールトである。自賠責に限ると、重過失減額が行われる例は極めて少なく、1.5％程度に過ぎない[47]。多くの場合、後遺障害の認定や損害額をめぐっての争いが中心となる。この点は、ノーフォールトベネフィットの受給資格と額が紛争の争点となるノーフォールト保険と極めて似通ったものとなるといえよう。

　最後に、これらを前提として、日本における裁判外の調停・仲裁制度の方向性について検討する。

　どのような機関がこれを統括するかが第一の問題である。ニューヨーク・オンタリオの両州ともが、保険監督機関の管轄となっているが、必ずしも政府機関によらなければならないことを意味しているのではなく、被害者と保険会社のいずれからも独立した中立の第三者機関であれば足りるであろう。この機関は、全国各地に存在し被害者が容易に利用できるものであることが必要である。利用に際しての費用も無料かあるいは極めて安価でなければならない。ところで、この調停ないし仲裁を強制するかは判断が難しいが、裁判を受ける権利との関係から見て、強制とすることには問題があるように思われる。強制としなくても、制度的にそちらを利用できるように誘導すれば、ニューヨークやオンタリオ州の例を見る限り、被害者救済の迅速化に資するものと思われる。これに当たる者の資格であるが、必ずしも弁護士であることは必要ではないであろう。というのも、自賠責保険の実施以来、かなりのケースの積み上げがあり、自動車保険に関する訓練を受けたものであれば、紛争当事者の争点を明確にすることが可能であり、調停・仲裁に際しても合理的な判断が下せると考えられるからである。もっとも、仲裁に関しては、弁護士に資格を限定するというのも一案と思われる。

　次に対象とする保険の範囲であるが、自賠責保険、あるいは任意保険に限定するか、それとも両者を一括して担当するかの問題がある。一括払いを行っている現状からは、これを積極的に考えてもよいのではないだろうか。

47）自動車保険料率算定会「自動車保険の概況」平成4年度17頁。

　もっともこの点は、調停・仲裁をどのような観点から、どのような責任形態を基礎として行うかと直接に関連する。この点についての日本の現状は、自賠責基準と民法上の2つの基準が併存しており、慎重な検討が必要であるが、この制度を裁判外の紛争処理と位置付ける限り、被害者救済の観点から独自の基準によることにも合理性があり、自賠責保険と任意保険の両者を一括して処理するとしても、過失相殺の対象を任意分に限定する等の手法は導入が可能ではないだろうか。

　なお、この制度はニューヨーク州やオンタリオ州と同じく人身損害に限定することが必要であり、対物損害や車両損害は、原則としてこの制度の枠外とするべきである。なぜならば、被害者救済の迅速化の要請は、原則としてこの分野には働かず、これらの紛争は純粋な民事責任に基づいて対処すべきであると考えられるからである。

　被害者の迅速な救済という観点から発展してきた、日本の自動車保険制度であるが、対人事故の紛争処理の制度的体系については、ニューヨーク州やオンタリオ州などの例を参考にしながら、見直しを行うことにも意義があると思われる [48]。統一された判断基準のもと、訴訟の前段階として、交通事故という特殊な紛争の処理に当たる、全国的な第三者機関の創設は考慮されてよいのではないかと考える。

　（本稿は平成5年10月17日の日本保険学会年次大会の報告に加筆訂正したものである。）

48）本稿は、あくまでも荒削りな制度的枠組みの検討を行うものであり、今後個々の論点について一層の議論が必要である。

第三部

自賠責保険制度の諸問題

第 9 章　運行供用者責任と他人性の証明責任

高松高裁平成 13 年 10 月 22 日判決（平成 13 年（ネ）第 218 号損害賠償請求控訴
　　事件）高民集 54 巻 2 号 102 頁、判例時報 1789 号 92 頁、上告（上告不受
　　理・確定）
第一審　徳島地裁平成 13 年 3 月 29 日判決（平成 10 年（ワ）407 号損害賠償請求
　　事件）高民集 54 巻 2 号 112 頁

1　問題の所在

　自賠法 3 条は、「自己のために自動車を運行の用に供する者は、その運行に
よって他人の生命又は身体を害したときは、これによって生じた損害を賠償す
る責めに任ずる」と規定し、いわゆる運行供用者という概念を用いて交通事故
の損害賠償義務者を定めている。そして、同条ただし書きは、「ただし、自己
及び運転者が自動車の運行に関し注意を怠らなかったこと、被害者又は運転者
以外の第三者に故意又は過失があったこと並びに自動車の構造上の欠陥又は機
能の障害がなかったことを証明したときは、この限りでない」と定め、3 条件
を運行供用者の側で証明したときは、損害賠償義務を負担しない旨を規定して
いる。このただし書きは証明責任の転換規定といわれ、本来の不法行為訴訟で
は、損害賠償請求者側で存在を証明しなければならない故意・過失の挙証責任
を全面的に転換し、第 2 段として、そのただし書きでまたその挙証責任を転換
している[1]。これは、自賠法の交通事故被害者の保護（自賠法 1 条）の趣旨に
よる。
　ところで、自賠法 3 条により、被害者が運行供用者に対して損害賠償請求権

1）三ケ月章『民事訴訟法』（第 3 版、弘文堂、1992）450 頁。

を取得するには、「運行供用者」の「他人」でなければならない。そのため、損害賠償請求をする者が、自己が「他人」であることの証明責任を負担するのか、それとも「他人」にあたらないことの証明責任を運行供用者側で負担するのかが問題となる。この点については、損害賠償請求者の側で立証することを要するとする学説[2]と、運行供用者の側で立証しなければならいとする判例[3]及び学説[4]に分かれていた。本判決は、被害者が「他人」にあたらないことについては、運行供用者の側で立証しなければならないと判示しており、判例集積の極めて少ない点についての高裁レベルの判断として、実務上も重要であると思われる。また本件は、事故車に同乗中の2人のいずれかが運転していたのか全く不明であるケースであり、証明責任の負担にもとづき、「他人」にあたらないことの証明がない以上「他人」に該当すると判断した点も注目すべきである。

本件は上告されたが、最高裁は平成14年6月28日に上告を棄却（不受理）している。

2　事実の概要

訴外Aと訴外Bは、趣味であるダンスを通じて知り合ったが、平成9年5月16日に友人である訴外Cと共にダンスのレッスン会に出席した。その会場へは、Bの父が経営するY会社（被告・控訴人）所有の普通乗用車をAが運転して向かった。この普通乗用車は、Yの仕事を手伝っていたBが日常的に使用していたことが認められている。レッスン会の終了後に再びAが運転してB宅へ向かったが、その途中でCは下車した。AとBはBの自宅に立ち寄ったが、その後両名は消息不明となり、Aの自家用車はそのままB宅の駐車場に駐車されたままであった。平成10年5月10日に、徳島市のコンテナ基地の岸壁から約5メートル離れた水深7メートルの海底に沈んでいる車両が見つか

2）川井健ほか編『注解交通損害賠償法』第1巻（新版、青林書院、1997）76頁、八島公平「判批」交通事故判例百選（4版）29頁。

3）東京地判昭和48年9月6日交通民集6巻5号1479頁。

4）羽成守「「運行供用者性」と「他人性」」『自動車事故の損害賠償と保険』（有斐閣、1991）308頁、吉岡進「交通事故訴訟の課題」『実務民事訴訟法』第3巻（日本評論社、1969）23頁など。

り、AとBの遺体（白骨）が、いずれも頭部のない状態で発見された。事故発生当時の目撃者は存在せず、Aが運転していたのかBが運転していたのかを目撃した者もいない。

　Aの相続人であるX1（妻）とX2〜X5（子）（原告・被控訴人）は、自賠法3条に基づき、本件事故車両の所有者であるYに対して、損害賠償請求の訴えを提起した。これに対してYは、本件事故車両を運転していたのはAであり、自賠法3条にいう「他人」に当たらないと主張した。

　第一審の徳島地裁は、本件車両の運行によって事故が発生しAが死亡したことは確かであり、どのような事情で事故が発生したのか等の詳細については証拠上確定することができない。「他人」の立証責任をいずれに負わせるかについては、自賠法1条に定める被害者保護の目的に鑑み、被害者が自動車の運行によって死傷したことが認められる時に、証拠上被害者が運転者かどうか明らかでないときは、それによる不利益は運行供用者が負うべきであると解されるから、被害者が運転者であることを被告側において立証すべき責任がある。Aが運転していたとする可能性を示す証拠もこれに反する証拠も存在するが、いずれも決め手に欠け、本件事故時の運転者がAであるかどうかは、本件証拠上確定することはできないとし、Yの自賠法3条に基づく責任を認めた。これに対してYは、①「他人」に該当するか否かの立証責任は原告側にあり、証拠上確定できない場合は「他人」にあたらない。②本件事故時の運転者はAであり、原判決の事実認定は誤りである。③仮にBが運転していたとしてもAは共同運行供用者であって「他人」ではないと主張して控訴した。

3　判旨（控訴棄却）

　「Aが運行供用者又は運転者に該当し、同条にいう「他人」に該当しないことの主張立証責任は、本訴において賠償義務者とされている者すなわち控訴人が負担するというべきである。その理由は次のとおりである。

ア　自賠法3条は、『自己のために自動車を運行の用に供する者は、その運行によって他人の生命又は身体を害したときは、これによって生じた損害を賠償する責めに任ずる。ただし、自己及び運転者が自動車の運行に関し注意を怠らなかったこと、被害者又は運転者以外の第三者に故意又は過失があったこと並

びに自動車に構造上の欠陥又は機能の障害がなかったことを証明したときは、この限りでない。』と規定している。

　同条は、本文において権利根拠規定を、ただし書で権利障害規定を定めるという体裁をとっているから、本文に記載されている「他人」であるという要件も、権利根拠規定すなわち同条に基づく損害賠償請求権の存在を立証する被害者側が「他人」であることの主張立証責任を負うようにみえる。

イ　しかしながら、自賠法３条にいう「他人」とは、前示の通り運行供用者及び当該自動車の運転者を除くその他の者をいうのであって、運行供用者であること及び当該自動車の運転者である場合には他人性を欠如するが、それに該当しない以上は当然に「他人」に該当するものとしていると解するのが相当である。すなわち、同条は、自動車損害賠償保障保険制度の前提として、運行供用者を賠償義務者と定め、その自動車の運行によって生命又は身体を害された者を原則的に賠償権利者とした上で、運行供用者及び当該自動車の運転者に当たる者を賠償権利者から除外するという構造を持つものといえる。このような自賠法３条の構造に照らせば、被害者が運行供用者であることあるいは当該自動車の運転者であることは、他人性を阻却する事由として、その主張立証責任も賠償義務者側にあると解すべきことになる。

ウ　また、自賠法１条は、同法の第１の目的として「被害者の保護」を挙げている。上記イのような解釈は、同法の上記目的に合致するものといえる。仮に、被害者が「他人」であることの主張立証責任を賠償権利者に負わせた場合、同乗者のいずれが運転者であったかが不明の場合、同乗者のいずれもが同法３条に基づく損害賠償を受けられないことになるが、これは上記自賠法の目的に照らし相当でない。」

4　本判決の検討

1）本判決における争点は、Ａが「他人」に該当するのか否か、その証明責任の負担はどうなるのかである。Ｙは、①Ａが運転していた。②たとえ運転していなかったとしても、共同運行供用者であって、「他人」に該当しない。③「他人」であるかどうかの証明責任は、請求者側にあると主張し、いずれも斥けられている。

　自賠法3条は、「運行供用者」を損害賠償義務者とし、これに該当しない者を「他人」として、損害賠償請求権者と規定する。自動車の運行を支配し、その運行から利益を得ている者が運行供用者であると一般に理解されており、自動車の所有者、運転者がその典型例である。本件のように、複数の同乗者がいて誰が事故時の運転者かの特定が困難であるような場合には、運行供用者責任と他人性に関して問題が生じる。このようなケースを、判例がどのように判断してきたかをはじめに検討することにする。

2）最判平成4年4月10日交通民集25巻2号279頁は、運転者を含め4名が同乗した普通乗用車が単独転覆事故を起こし、AとCの2名が死亡した。本件自動車の所有者はAだが、免許停止中ために自動車を同乗者のYに預けており、その他の同乗者Bは免許取消処分を受け、Cは免許を有していなかった。Aの相続人であるXらが、事故当時の運転者はYであったとして、Y及び自賠責共済締結先の農協を相手に訴えを提起した。第一審の高知地判平成2年8月29日交通民集23巻4号1037頁は、同乗者の証言、運転者席側に座っていた者がより大きな傷害が発生したと考えられ、運転席後部座席に座っていたCが死亡していること、Aの骨折部位がハンドルの破損部位と附合すること、運転席ハンドル部分に付着していた血痕・人肉片の血液型が一致すること、そして同乗者であったBが一貫してAが運転者であったと証言していることなどから、Yが運転していたと断定することはできないと判示した。第二審の高松高判平成3年9月30日交通民集25巻2号281頁は、本件事故当時、事故車両を運転していた者は、YではなくAであったと認定することには十分な客観性、合理性があり、同乗者であったBの証言が信用に値するものであるとして、控訴を棄却した。Xは上告したが、最高裁は上告を棄却した。

　本事件は、事実認定の段階で運転者がYではなくAであった（第一審において、Yは運転手ではないとされ、第二審ではAが運転者であったとされた）と認定されており、運転者（運行供用者）特定の証明責任の帰属についてまで踏み込んだ判決ではない。

　福岡地判昭和48年9月10日交通民集6巻5号1486頁は、同乗者のうち1名が生存していた事件である。XとAは、大型貨物自動車に同乗中に普通貨物

自動車と正面衝突し、Aは死亡しXは傷害を被った。そこでXは、本件車両を運転していたのはAであったとして、大型貨物自動車につき自賠責保険契約を締結しているY保険会社を相手として損害賠償請求をした。これに対してYは、本件車両を運転していたのはXであり、賠償責任はないと主張した。福岡地裁は、証拠を総合すると、事故車両が左に横転しており、Aが路上に投げ出されていたこと、運転席のアクセルにXの靴がはさまっていたことなどから、運転していたのはXであったと判断した。

　この他、運転者の特定を巡って争われた判例には、東京地判昭和50年2月27日交通民集8巻1号271頁、京都地判昭和59年6月19日交通民集17巻3号、東京地判昭和63年8月30日交通民集21巻4号903頁などがある。いずれも、鑑定結果、血液の付着や車両の破損状況、目撃者による証言あるいは同乗者による証言等によって、最終的に運転者の特定を行っており、誰が運転していたのか真偽不明であった事件ではない。

3)　真偽不明のいわゆるノンリケット状態において、証明責任の負担は重要となる。名古屋地判昭和62年12月9日判例時報1395号75頁は、二人乗り自動二輪車の単独事故の事件である。YとAが夜間自動二輪車に同乗中に事故（自損事故）に遭い、Aは死亡した。Aの相続人X1とX2は、本件事故は自動二輪車を運転していたYの過失によるものであるとして、損害賠償請求をした。これに対してYは、本件自動二輪車を運転していたのはAであって、賠償責任を負わないと主張した。名古屋地裁は、Aが電柱に頭部を衝突させたことは推認できるとしたが、Yが運転していたと推認するという鑑定結果やAが運転していたとするYの証言などはたやすく採用できない。Yが運転していたと断定することはできないとして、原告の請求を棄却した。本件の控訴審である名古屋高判平成3年3月28日判例時報1395号71頁は、事故直後の目撃者の証言、第一審における専門家の鑑定そして控訴審における法医学鑑定などから、Yが運転していたと見る方が、Aが運転していたと見るよりもはるかに合理的である。運転していたのはYであると認定して損害賠償請求を認めた。

　仙台地判平成6年9月27日判例時報1629号64頁も、二人乗り自動二輪車の単独事故の事件である。XとAは、自動二輪車に乗車中に事故（自損事故）

に遭いＡは死亡し、Ｘは精神的に著しい後遺障害を負うに至った。Ｘは、本件事故は自動二輪車を運転していたＡの過失によるものであるとして、Ａの相続人Y1、Y2に対して損害賠償を請求した。Y1、Y2は、本件自動二輪車を運転していたのはＸであって、賠償責任を負わないと主張した。判旨は、本件事故時にＡまたはＸのいずれかが運転していたかを認定するに証拠はいずれも不十分で確定できない。原告の本件請求は請求原因について証明がないとして、原告の請求を棄却した。この判決は、名古屋地判昭和62年12月9日と同様に、運転者が誰であったかを証明する責任は損害賠償を請求する側にあり、その確定ができない以上、賠償請求は否定されると判断している。しかし、本件の控訴審である仙台高判平成9年2月7日判例時報1629号59頁は、間接事実の積み重ねや、控訴審判決で実施した工学鑑定、Ｘ提出の私的鑑定の意見等に検討を加え、事故時に運転していたのはＡであるとして、Ｘの損害賠償請求を認めた。

東京地判昭和48年9月6日交通民集6巻5号1479頁は、同乗者2名が死亡した事件である。Ｙ所有の普通貨物自動車にＡとＢが乗車中に踏切で気動車と衝突し、ＡＢ両名が死亡した。Ａの父X1と母X2は、本件事故はＹの使用人であるＢの過失によるものであるとして、Ｙの運行供用者責任に基づく損害賠償の請求をした。これに対してＹは、本件貨物自動車を運転していたのはＢであり、Ａは助手席に同乗していたに過ぎないと主張した。判旨は、「本件事故当時、本件自動車を運転していた者がいずれであるかにつき決定的な証拠はなく、またいずれの可能性が大きいとする資料も叙上の程度であってその累積による断定も到底可能とはいえない」として、いずれかが運転していたかについて証拠上明らかにすることができないとした。さらに、Ａが自賠法3条に定める運転補助者であるのか他人であるのかは明らかにできず、「この場合、自賠法1条の定める法の目的に鑑み、自動車の運行によって生命・身体を害された者が運行供用者又は運転者に該当することが明らかとならない限り、同法3条の「他人」として保護される者と解すべきである」と判断した。

名古屋地判昭和62年12月9日と仙台地判平成6年9月27日は、真偽不明であるとの事実認定の下で原告側に運転者が誰であったかの証明責任があり、それが果たされていない以上損害賠償請求は棄却されると判断したのに対し

第二部

海外保険スキームの自賠責保険制度への応用に関する考察

第6章　自賠責保険のノー・フォルト化とその課題
—自損事故惹起者の救済スキームのあり方を中心に—

1　はじめに

　不可避的に発生する交通事故は、現代社会が車社会であることの大きな代償である。第1次交通戦争と言われた昭和40年代中盤には、1万7千人にせまった交通事故死者数[1]であったが、その後は減少したものの、ここ数年は、年間約1万人弱の交通事故死者が発生している[2]。注意すべきは1級から3級のいわゆる重度後遺障害を負う交通事故被害者数の増加である。救急医療技術の発展と車輌安全性の向上により、従来であれば死亡していたと考えられる被害者が一命をとりとめたものの、重度後遺障害を被るケースが増えている[3]。

　このような交通事故被害者の救済には、保険制度が不可欠であるといってよい。不法行為責任を基調とする損害賠償制度は、交通事故の加害者の被害者に対する賠償責任を負担するシステムであるが、被害者が死亡または重大な障害を被るようなケースでは、その賠償額は高額なものとなり、一個人が賠償額の全額を負担できるのは稀有である[4]。そのために自動車を運転するものは、不幸にして事故の加害者となり、損害賠償責任を負担するに至った場合に備え

1）警察庁の統計資料によれば、昭和45年の死亡者数は16,765人であった。平成12年度版「交通安全白書」8頁。

2）平成11年の死亡者数は9006人であった。平成4年に1万1451人まで上昇したが、その後は若干の減少傾向にある。ここ数年は1万人の大台を切っているが、これは警察庁の24時間統計上の数値であって、30日以内の死者数は、24時間死者が1万人を下回った平成8年以降も、1万人を上回っている。なお、交通事故件数および死傷者数は増加しており、平成11年は死傷者総数が100万人を超えた。

3）自賠責保険の支払件数で見ると、平成元年度の約千件に対して平成10年度は約2千件であった。前掲注1）平成12年度版「交通安全白書」66頁。

て、東京地判昭和48年9月6日は、真偽不明の場合の不利益を被害者が被る
とするのは自賠法の目的に鑑みて妥当ではなく、証拠によって運転者が特定で
きない不利益は、運行供用者の側が負担すると判断している。名古屋地判昭和
62年12月9日と仙台地判平成6年9月27日は、それぞれ控訴審判決におい
て運転者が特定されており、第一審と結論が逆転する結果（損害賠償請求が肯
定）となった。しかし、真偽不明の場合の不利益を運行供用者側が負担すると
の見解に立っていれば、第一審の段階で損害賠償請求が肯定されたケースであ
る。

4）自賠法3条は、民法709条の例外規定として運行供用者の故意・過失の証
明責任を「他人」に課さずに転換（運行供用者側に故意・過失がなかったことの
証明責任を課している）しており、この点に関する異論は見られない。しか
し、誰が運行供用者であるのかについての証明責任に関しては、学説・判例と
も分かれている。民事訴訟上の判例・通説とされる法律要件分類説は、「各当
事者は、自己に有利な法律効果の発生を定める法条（権利根拠規定）の要件事
実について挙証責任を負う」[5]と理解する。これに従い、損害賠償を請求する
原告（他人）の側で主張・立証することが必要であるとする見解（請求原因
説）があり、最判昭和39年2月11日民集18巻2号315頁もこの立場をとる
ものと思われる。これに対して、被告に自らが運行供用者でないこと、もしく
は被害者側こそ運行供用者である旨の主張をしなければならないと解する抗弁
説[6]と、原告の側で被告が自動車の所有者であることを立証すれば運行供用
者であるという事実上の推定が行われ、それを覆すためには被告の側で立証す
る必要があるとする間接反証説[7]がある。
　「他人」であることの証明責任の所在についても同様な見解の対立がある。
「他人」とは、運行供用者及び当該自動車の運転者、運転補助者以外の者をい
う[8]。しかし、最判昭和50年11月4日民集29巻10号1501頁は、運行供用

5）三ケ月・前掲注1）449頁。
6）実務上の通説であるとされる。羽成・前掲注4）308頁、吉岡・前掲注4）21頁。
7）原告の一応の推定に対する間接反証。倉田卓次「判批」交通事故判例百選（2版）13頁。
8）最判昭和42年9月29日判例時報497号41頁。

者が複数存在しており、被害者である共同運行供用者Aの運行支配が、他の共同運行供用者Xのそれに比べて間接的、潜在的、抽象的である場合には、運行供用者であっても、Aが他人性を取得することを認めており、運行供用者であれば一律に他人性が否定されるわけではない[9]。

　他人性（運転者特定）の証明責任については、原告の側にあるとの見解[10]と、被害者が運転者であるか同乗者であるか真偽不明の状態の場合には、被害者が運転者であることについての証明責任を被告が負担するとする見解[11]に分かれる。原告の側にあるとする立場は、真偽不明の場合に、被告の側に他人でないことの立証責任を負担させることになると、自賠法3条が「他人」を賠償責任発生の要件として明確に規定している点を換骨奪胎し、被告に非他人の立証責任を課するに等しく支持できないと主張する[12]。また、加害者側に運転者特定に関する証明責任を負担させるのは、被害者保護の精神を強調するあまり法的安定性を犠牲にしているというほかはないとの批判もある[13]。しかし、真偽不明の場合の不利益を被害者側に帰属させるのは妥当とは思われない。

5）本件では、当該自動車の所有者はYであるものの、BがYの仕事を手伝いながら、本件車両を日常的に使用していた旨が認定されている。この事実関係からは、運行支配及び運行利益がBに帰属し、Bは運行供用者であると考える余地がある。運行供用者とそれ以外の者が同乗して事故に遭遇し、どちらが運転していたかが不明の場合、Bが運転者であったと事実上の推定をすることが可能ではないだろうか。この点につき原告側は何らの主張もしておらず、Yの運行供用者責任のみを追及しているが、YのみならずB（この場合はBの相続人）を運行供用者として損害賠償の請求をすることは可能であり、Yの側でそれを覆すことができなければ、Bが運転者であったと判断してよいのではな

9）羽成・前掲注4）311頁は、「他人」とは、端的に、被害を受けた者で、その損害の賠償を請求できる地位にあるものを言うとすればよいとされる。

10）川井ほか・前掲注2）76頁、八島・前掲注2）「判批」29頁。

11）前掲注3）東京地判昭和48年9月6日、吉岡・前掲注4）23頁、原島克己「自賠法3条本文にいわゆる『他人』の範囲」『現代損害賠償法講座』第3巻（日本評論社、1972）135頁など。

12）川井ほか・前掲注2）76頁。

13）八島・前掲注2）「判批」29頁。

いかと思われる。しかし、このような考え方に立つと、運転者が特定困難な事案で、どちらにも運行供用者性が認められるケースでは問題が生じる余地がある。すなわち、両者をそれぞれ他人として損害賠償請求を認めてよいのかである。運転者特定（他人性）の証明責任を厳格に考えた場合、ＡまたはＢのどちらかが運転をしていたのは確かであるけれども、特定できない場合は一切損害賠償請求は認められないことになる。これに対して、運行供用者が運転していたと推定する立場に立てば、Ａから見ればＢが運転していたと推定し、Ｂから見ればＡが運転していたとの推定が可能となる。それぞれ反証によって覆さない限り、実際は１人しか運転していなかったのに、両者が運転しており、同時に両者が被害者という推定がされ、両者に損害賠償請求がそれぞれ認められる結果となる。

　運転者が特定できない限り、一切損害賠償請求が認められないとするならば、真の被害者は救済されないことになり、被害者保護を本旨としている自賠法の精神に反する結果となることは確かであろう。しかし、実際は被害者ではなかったが、運転者の特定ができなかったために、被害者でない者が損害賠償請求権を取得するのは看過しがたい点である。

6）　この他人性の証明責任の所在は、昭和40年代に問題となった論点である。現在の自賠責保険の実務においては、損害保険料率算出機構が被害者側に資料提出を求め、できるだけ被害者を保護するという視点から、「運転者の特定」及び「他人性」の判断をしていると思われる。そのような自賠責保険の実務慣行の定着から、運転者特定の証明責任の帰属について争われるケースは少なく、本件は、極めて例外的なケースと言えるかもしれない（損害保険料率算出機構による調査の段階でＡが運転していたとの疑いが極めて強いと判断されたものが、裁判によって真偽不明とされたものであると思われる）。もっとも、そのような実務の定着の中においても、「他人」の証明責任の所在に関しては、これまで本判決と同様の結論をとる判決が、前掲の東京地裁昭和48年９月６日判決しかなかったことを考えると、本判決はきわめて重要なものと評価することができる。判旨が、真偽不明の場合に「他人性」が否定され、損害賠償を受けることができなくなるという結論となるならば、自賠法１条の被害者保護の基

本理念に反するとの指摘をしている点も正当であろうと思われる。しかし、自賠法１条の趣旨を持ち出すまでもなく、自賠法３条における「他人」の証明責任の負担に関しては、自賠法３条の構造がその本文において、民法709条に従えば原告が負担することになる運行供用者の「故意・過失」の証明責任を被告側に転換していること、ただし書きにおいても挙証責任を転換し、運行供用者が３条件を証明しない限り責任を免れないという、実質上の無過失責任化していることから、「他人性」の証明責任についても転換されていると理解することも可能であろう。

7）被告は、Aは運転者でなかったとしても共同運行供用者である旨を主張しているので、最後にこの点を検討する。運行供用者が複数いる場合に共同運行供用者の問題が発生し、他人性の有無が問題となりうる。最判昭和50年11月28日民集29巻10号1818頁は、「所有者との身分関係、自動車の保管場所その他諸般の事情に照らし、自動車の運行を事実上支配、管理することができ、社会通念上自動車の運行が社会に害悪をもたらさないよう監視・監督すべき立場にある者」を運行供用者とする。本件で認定されているのは、ダンスのレッスン会場への移動とB宅への移動に際してAが運転していたという点のみであり、同乗者であるAがBの運転を事実上支配、管理ないしは監視・監督すべき立場にあったと認めるのは困難であり、Aの運行供用者性は否定されることになる。仮に本件におけるAが共同運行供用者に該当するとしても、Yの賠償責任を否定するためには、Aの他人性を否定する必要がある。他人にあたらないとするためには、運転者の運行に関する直接的、顕在的、具体的な支配が必要であり、しかもその支配は、事故防止につき中心的な責任を負っており、具体的な運行に関し運転者と比較してその支配の程度が優るとも劣らないことが必要である[14]。その証明責任は、運行供用者の側（本件におけるY）にあると解されるが、本件では、運転状況や事故に関する一切の状況が真偽不明であり、Yによってそのような証明はなされていない。

14）最判昭和57年11月26日民集36巻11号2318頁。

第10章　レンタカー業者の運行供用者責任
—最近の判例の検討とアメリカ法との若干の比較を中心に—

1　はじめに

　自動車損害賠償保障法（以下自賠法）3条は、自己のために自動車を運行の用に供する者は、その運行によって他人の生命または身体を害したときは、これによって生じた損害を賠償する責めに任ずると規定し、運行供用者を損害賠償責任の主体としている。ところで、自賠法は、その2条3項において、「保有者」についての定義規定を設け、「自動車の所有者その他自動車を使用する権利を有する者で、自己のために自動車を運行の用に供する者をいう」と規定しており、2条4項は、「運転者」とは、「他人のために自動車の運転又は運転の補助に従事する者」をいうと規定する。ところが、運行供用者とは具体的にどのような者を意味するかについて、自賠法自体には定義規定を設けておらず、解釈によることになる。

　わが国の自賠法が、ドイツの道路交通法の影響を強く受けていることはよく知られているところであるが[1]、この「運行供用者」の概念は、ドイツ法にいう「Halter」（保有者）の解釈の影響のもとに、「自動車の運行」についての「支配」とそれによる「利益」とが帰属する者と考えられている[2]。つまり、「運行利益」と「運行支配」が、運行供用者の判断に際してのメルクマールとされてきた。ここでの「運行利益」は報償責任と結び付き、「運行支配」は危険責任と結びつく概念である。

1）自動車保障研究会『自動車損害賠償保障法の解説』（交通毎日新聞社、1955年）37頁、伊藤文夫「運行供用者責任」田辺康平＝石田満編『新損害保険双書2』（文眞堂、1983年）391頁以下。

2）もっとも、木宮高彦「運行供用者の基本理念」加藤一郎＝木宮高彦編『自動車事故の損害賠償と保険』（有斐閣、1991年）254頁以下は、異なった見解を示す。

　ところで、おそらく自賠法制定当時は、国内においてその存在が一般には認識されていなかったが、現在は広く普及していると思われる自動車利用制度としてレンタカーがある[3]。これは、レンタカー会社から有償で車を借り受けた者が一定期間車を自由に利用し、期間終了までに車を返還する制度であるが、賃借人（運転者）が事故を起こした場合、賃借人が運行供用者責任を負担するのは当然であるとしても、賃貸人（レンタカー会社）が運行供用者責任を負担するのかという問題がある。判例はこれまで、レンタカー会社に運行利益と運行支配が帰属することを認め、原則としてレンタカー会社の運行供用者責任を肯定してきた。しかし、運行支配の有無について疑問が提示される最近の下級審裁判例がある。東京地裁平成19年7月5日判決[4]と名古屋地裁平成19年10月16日判決[5]がこれである。東京地裁判決では、レンタカー契約締結に際して、借り受けようとする者がその車両を犯罪の道具に、もしくは自殺の道具に利用しようという意思を有しており、それを秘匿して契約を結び、後に借り受けた車両によって第三者に対して加害行為を行った場合、レンタカー会社は運行供用者責任を負うのかという点が争われた。名古屋地裁判決では、貸し出された車がレンタカー会社に無断で第三者に転貸され、転貸を受けた者が車両を返還しなかった。レンタカー会社は回収に向けての努力を行い、警察に相談するなどをしたものの結局回収はできず、貸渡期限を24日経過した時点で事故が発生した。この事件でも、レンタカー会社が運行供用者責任を負うのかが争われた。

　本稿では、レンタカー会社の運行供用者責任が問題となったこの2つの裁判例に焦点を当て、レンタカー会社の運行供用者責任を検討する。なお、レンタカー会社の責任について注目すべき法制度を有しているアメリカの状況を比較検討の対象とする。

3）日本におけるレンタカー事業は、道路運送法施行規則52条、道路運送法80条2項の規定及び運輸支局長の定める「自家用自動車の有償貸渡しの許可基準」に基づく許可を受けて営業を行っている。

4）判時1999号83頁。

5）判タ1283号190頁。

2　運行供用者責任をめぐる議論の状況

　運行供用者責任については、これまで数多くの研究が展開されてきた[6]。こ
こで簡単に検討を加えることとする。自賠法が自動車事故の被害者に対する損
害賠償責任の主体と規定する運行供用者は、「運行支配」と「運行利益」の両
者が帰属する者を意味するとされる。「運行支配」と「運行利益」の関係をど
のように理解するかについては、制定当初は「運行利益」を重視する方向に
あったとされる。その理由としては、自賠法 3 条の解釈が民法 715 条の使用者
責任における報償責任の影響を受けたためであるとされる。これに対しては、
危険責任の観点から「運行支配」を重視する見解が現れた。

　現在の主流は、「運行支配」と「運行利益」の双方を検討して運行供用者責
任を判断するいわゆる 2 元説である[7]。もっとも、2 元説であっても「運行支
配」に重点を置く見解が有力であるといえようか。なお、運行支配・運行利益
の判断基準に関しては、主観説、客観説などのように見解が分かれている。

　判例の流れとしては、運行支配については直接支配ないしは現実支配の要求
から、間接支配ないしは支配の可能性あるいは客観的・外形的支配へと展開
し、運行について指示・制御をなしうべき地位にあればよいとまで緩和してき
た。運行利益についても同様であり、客観的・外形的な利益にまで緩和するも
のもある。このような際限のない緩和ないしは拡張が続けられて行くと、運行
支配及び運行利益の本来の意味が無くなってしまい、運行供用者の判断基準と
しては問題を生じることとなる。そこで、運行支配・運行利益に代わる判断基
準によって運行供用者概念を考える立場が現われてきた。

　その状況を簡単にまとめると次のようになる。①危険性関連説[8]、自動車事
故によって生じた損害との関係で自動車の有する危険の実現に加担したと評価
される者を運行供用者と考える。②保有者管理地位説[9]、保有者概念を中心に

6）ここでは、学説の変遷を簡単に振り返ることに留める。運行供用者責任については、宮川博史
　「運行供用者責任」宮原守男＝山田卓生編『新・現代損害賠償法講座』第 5 巻（交通事故）（日本評
　論社、1997 年）2 頁以下を参照されたい。
7）2 元説を採用した初めての最高裁判決として、最判昭和 43 年 9 月 24 日判時 539 号 40 頁がある。
8）石田穣「運行供用者概念の再構成」法協 92 巻 5 号（1975 年）494 頁以下。
9）伊藤高義「運行供用者責任」ジュリ増刊総合特集 8 『交通事故』（1977 年）85 頁以下。

運行供用者責任を考え、「運行支配」と「運行利益」は表裏の関係にあると考える。③人的物的管理責任説[10]、自動車をめぐる人的物的管理責任を負う者が運行供用者であり、運行供用者概念は、当該自動車の運行がその者のためであると法的に認められている人的範囲を示すと考える。④事故防止可能決定説[11]、社会通念上完全な自動車事故の防止を決定しうる可能性のある者を運行供用者と考える。⑤危険の具体化制御可能説[12]、自動車の運行による危険の具体化を制御することができる立場にあり、かつ、危険の具体化を制御すべき可能性があると評価することができる者を運行供用者と考える。

　このように学説の状況はいわば百花繚乱の感があるが、注目すべきものとして藤村和夫教授の見解がある[13]。教授は、立法当時の状況を検討したうえで、裁判例の動きを分析され、およその方向性として、運行支配については現実の支配から支配可能性へさらに客観的支配から自動車の運行について指示、制御をなし得べき地位・事実上の支配へと移り、運行利益については、運行それ自体から生じる利益から間接利益へそしてさらに無形利益へと移ってきているように思われるとされた上で、運行支配、運行利益の外延は限りなく広がって行く可能性があるように思われ、それら本来の意味は極めて希薄化されてゆくこととなった、と言わざるを得ないと述べたうえで、運行利益、運行支配には基準としての意味がなくなったものとして、これに代わる新たな判断基準によって運行供用者概念を捉えようとする、危険の具体化制御可能説を検討したうえで、運行支配、運行利益両概念が、運行供用者を認定するためのメルクマールになり得ていないと指摘する。そして、これからの考え方として、「運行供用者」の「運行」ではなく、「供用」に着目すべきであり、「運行支配」、「運行利益」概念から「供用支配」、「供用利益」へと軸足を移すべきである

10)　前田達明『判例不法行為法』（青林書院新社、1978 年）190 頁以下。

11)　髙崎尚志「運行供用者理論の新展開」不法行為法研究会編『交通事故賠償の現状と課題』（ぎょうせい、1979 年）49 頁以下。

12)　伊藤文夫「運行供用者について」田辺康平先生還暦記念『保険法学の諸問題』（文眞堂、1980 年）25 頁以下。

13)　藤村和夫「自賠法における責任論の推移と課題」日本交通法学会編『交通法研究』35 号（2007年）21 頁以下。

が、判断指標として「供用支配」1 本で行くことを提唱されている[14]。

3　レンタカー会社の運行供用者責任をめぐる判例の状況

　次にレンタカー会社の運行供用者責任をめぐる判例の変遷を簡単に検討することとする。最判昭和 39 年 12 月 4 日[15] は、レンタカーではなく、ドライブクラブの事件である。判旨は、本件では、当該自動車賃貸業者（ドライブクラブの経営者）が、借受人の自動車使用についてなんらの支配力を及ぼしていないとする高等裁判所の事実認定を前提として、「運行支配は直接的な支配であることが必要であり、ドライブクラブにはそのような直接的な支配力がない」と判断し、さらに運行利益についても、「ドライブクラブの経営者は賃料を取得するために自動車を所有利用しており、その運行によって直接自己の利便を図るものではない」との原審の判断を是認している。

　この最高裁判決に対しては、被害者に厳しすぎるとの批判が多く、地裁レベルでドライブクラブの運行供用者責任を肯定するものが出現する。東京地判昭和 41 年 10 月 6 日[16] は、ドライブクラブから借り入れた車を運転中の 19 歳の大工が、運行中に小学生に衝突して死亡させた事件であった。死亡した小学生の父母と姉妹の 5 名が運転者である Y2 とドライブクラブ Y1 を相手に訴訟を提起した。Y1 は、ドライブクラブではあるが、単なる自家用自動車の貸渡業者に過ぎないから、自己の為に自動車を運行の用に供する者に該当しないなどと主張した。これに対して東京地裁は、ドライブクラブの貸渡し契約の条件を吟味した上で、「自賠法 3 条にいわゆる運行供用者とは自動車の運行に対する支配と運行利益の帰属する者をいうと解すべきであるが、右認定の事実特に貸与期間が短く、また貸与には種々の制約、条件が伴うことを考えれば、Y1 会社は利用者との間の前記約旨の自動車貸渡契約を通じて、利用者の運転中も貸与自動車に対する運行支配を依然保有するものと認めるのが相当であり、また前記事実認定によれば Y1 会社は利用者にその所有にかかる自動車を貸渡してその料金等を取得することを直接の目的とするものであり、しかもその料金額

---

14)　藤村・前掲注 13) 32 頁。
15)　民集 18 巻 10 号 2043 頁。
16)　判時 459 号 3 頁。

も相当高額というべきであるから、運行利益の帰属することは明らかである」
として、ドライブクラブの運行供用者責任を肯定した。ドライブクラブの運行
供用者責任を否定した最判昭和39年判決に対しては、その原審である東京高
判昭和37年12月26日[17]は、運行供用者に要求される運行支配は必ずしも直
接的であることを要せず間接的な支配でも足りると解するのが相当であり、本
件の場合Y1会社のかかる運行支配がY2運転中も同人を通じて事故車に及ん
でいるとした。さらに、自賠法3条但書の運行供用者の注意義務とは、ドライ
ブクラブ経営者に即していえば自動車の整備、点検、利用者に対する使用許
可、指導に関する注意義務をいうものと解すべく、かかる注意義務は危険物で
ある自動車を貸与する者が当然負わねばならないところであるとしたうえで、
東京高裁の見解を容認できないとした。そして、最判昭和39年12月4日は、
ドライブクラブ方式による自動車賃貸業者は運行供用者にあたらないとする
が、右判例は当該自動車賃貸業者が借受人の運転使用について何らの支配力を
及ぼしていないとする原審の認定を前提とするものであるから、本件には適切
ではないとした。

　このような下級審裁判例と学説による批判を受けて、最高裁はレンタカー業
者の運行供用者についての判断を事実上変更する。

　最判昭和46年11月9日[18]は、「その所有自動車についての利用申込を受け
た場合、免許証により、申込者が運転免許を有し、原則として免許取得後6カ
月経過した者であることを確認し、さらに、一時停止の励行、変速装置、方向
指示器の操作その他交通法規全般について同乗審査をなし、かかる利用資格を
有する申込者と自動車貸渡契約を締結したうえで自動車の利用を許すものであ
ること、利用者は、借受けに際して届け出た予定利用時間、予定走行区域の遵
守及び走行中生じた不測の事故については大小を問わずレンタカー業者に連絡
するよう義務づけられていること、料金は、走行距離、使用時間、借受自動車
の種類によって定められ〜略〜燃料代、修理代等は利用者負担とされているこ
と〜略〜本件事故はAが本件自動車を運転中惹起したものである等の事実関

---

17) 下民集13巻12号2578頁。
18) 民集25巻8号1160頁。

係のもとにおいては、本件事故当時、Y は、本件自動車に対する運行支配及び
運行利益を有していたということができ」運行供用者にあたりその責任を免れ
ないとする原審の判決を是認している。これ以後、最判昭和 50 年 5 月 29
日[19] など、一貫してレンタカー会社の運行供用者責任を肯定している。もっ
とも、レンタカー業者の責任が常に肯定されるわけではなく、返還期限を過ぎ
て 25 日経過後に事故を起こしたケースにおいて、レンタカー業者が所轄の警
察に同車の所在調査を依頼していたという場合、運行支配及び運行利益を有す
るものとはいえないとして、レンタカー業者の責任を否定した大阪地判昭和
62 年 5 月 29 日[20] もある。

　このように、レンタカー会社の運行供用者責任は、借受人が貸渡期間内に生
じさせた事故については、原則として運行供用者責任を負うという判例が確立
してきた。しかし、これらの判例が検討してきた運行供用責任をめぐる事故形
態とは異なるものが出現した。次にこれを検討する。

4　レンタカー会社の運行供用者責任をめぐる最近の裁判例

　レンタカー会社の運行供用者責任が問題となった最近の下級審裁判例であ
る、東京地裁平成 19 年 7 月 5 日判決[21] と名古屋地裁平成 19 年 10 月 16 日判
決[22] をここでは検討する。まず、東京地判平成 19 年 7 月 5 日である。事実の
概要は次のようである。

　原告 X1・X2 の子訴外 A は、平成 17 年 4 月 2 日午前 9 時 3 分ごろ、仙台市
内の道路を歩行中に Y1 の運転する普通貨物自動車に衝突され、多発性外傷に
よる出血性ショックにより死亡した。Y1 の運転していた普通貨物自動車は、
レンタカー業を営む Y2 所有のもので、平成 17 年 4 月 1 日に Y1 が Y2 の営業
所において賃借したものであった。車両の貸渡契約によれば、出発同年 4 月 1
日午前 9 時 50 分、帰着予定同年 4 月 2 日午前 10 時、車両・対物事故免責保証
制度、ワイドエクストラ補償制度、消費税を含む賃料は 3 万 345 円であり、貸

---

19)　判時 783 号 107 頁。
20)　判タ 660 号 203 頁。
21)　判時 1999 号 83 頁。
22)　判タ 1283 号 190 頁。

渡期間中のガソリン代や通行料は借主の負担とされていた。車両貸渡の契約書にY1は、利用目的を引越のためとし、Y1の住所を千葉県木更津市としていた。

　Y1は、平成17年4月2日Y2の車両を運転し、横断歩道上において歩行者2人に衝突した後、車両通行禁止規制のある市道に進入してさらに歩行者2人に衝突し、続いて車両通行禁止規制のある別の市道に進入して訴外Aほかもう1名に衝突した。本件では3名が死亡している。

　そこで、死亡した訴外Aの相続人であるX1、X2が、Y1に対しては民法709条に基づく損害賠償を、Y2に対しては、自賠法3条に基づく損害賠償を求めて訴を提起したのが本件である。

　判旨は原告の請求を認容し、レンタカー会社の運行供用者責任を肯定した。まず運行供用者責任については、「自賠法3条において、自己のために自動車を運行の用に供する者（運行供用者）は、その運行によって他人の生命又は身体を害したときは、これによって生じた損害を賠償する責めに任ずるものとされているところ、同条にいう自己のために自動車を運行の用に供する者とは、自動車の使用について支配権（運行支配）を有し、かつ、その使用により享受する利益（運行利益）が自己に帰属する者を意味するものというべきである」としたうえで、「自動車事故により人的損害を受けた被害者の保護を図るという自賠法の目的（同法1条参照）に照らせば、運行供用者の運行支配は、必ずしも、当該自動車の運行に対する直接的、具体的な支配の存在を要件とすることを意味するものではなく、諸般の事実関係を総合した結果、社会通念上、すなわち、客観的・外形的に見て、自動車の運行に対し支配を及ぼすことのできる立場にあり、運行を支配、制御すべき責務があると評価される場合には、その運行支配が肯定されるべきものと解すべきである。また、運行利益の帰属についても、必ずしも、現実的、具体的な利益の享受を意味するものではなく、諸般の事実関係を総合し、これを客観的・外形的に観察して、法律上又は事実上、何らかの形でその者のために運行がなされていると認められると評価される場合には、その運行利益が肯定されるべきものと解すべきである」と述べている。次にレンタカー会社の運行供用者責任については、「いわゆるレンタカーの借主が、レンタカーを運転中に交通事故を起こし、他人の生命又は身体を害したときに、レンタカーの貸主が自賠法3条の運行供用者責任を負うべき

かどうかの判断は、客観的・外形的に見て、貸主の支配が借主の運行に及び、また、貸主に運行利益が帰属する関係があると評価できるかどうかによって決められることになる。そして、その具体的な判断は、貸主と借主との人的関係、貸与目的、対価の有無、運行費用の負担関係、運行に対する貸主の指示権限、貸与の期限ないし距離等の諸般の事情を総合的に考察することによってなされるべきである」としたうえで、「これを本件について見ると、前記第二の二の事実及び《証拠略》によれば、借主である Y1 は、レンタカーである Y2 車両を、帰着予定時間を 24 時間 10 分後として、有償（各種補償制度加入料を含み、消費税込みで 3 万 345 円）で借り受けたこと、その貸渡期間を延長することなく、その期間内に本件事故が発生していること、本件レンタカー契約において、走行区域についての限定がされているとは認め難いが、出発地及び帰着予定地はいずれも仙台市内の仙台扇町営業所とされ事実上制約されており、本件事故現場も同じく同市内であること、Y2 は、本件レンタカー契約に際し、借主である Y1 の運転免許の確認、すなわち、運転資格の確認をしていること、貸与の目的は引っ越しとされているところ、本件レンタカー契約上、Y1 の住所地が千葉県内にあることが明らかにされていることを前提にしたとしても、引越という目的自体は、普通貨物自動車（積載量 4.2 トンの TF フォワード）である被告車両の貸与目的として何ら不自然なものとはいえないこと、Y2 は、借主である Y1 に対し、事故の場合の報告義務を課しており、かかる義務に違反した場合には本件レンタカー契約の解除ができるものとされていること、貸渡期間中のガソリン代や通行料金等は、借主の負担とされているが（貸渡約款 1 条、27 条参照）、それはいわば運行に伴う直接的かつ最小限度の費用負担にすぎず、むしろ、車両の定期点検整備といった Y2 車両の維持にかかる費用は Y2 において負担するものとされており、かかる点検整備の行われた被告車両が Y1 に貸与されていること（貸渡約款 11 条、14 条）等の各事実が認められる」とし、「本件事故発生の時点において、客観的・外形的に見れば、Y2 は、被告車両の運行支配及び運行利益を有していたものと見るのが相当というべきである」とした。そして、被告の主張に対しては、「Y2 は、Y2 の本件事故に至る被告車両の使用方法を容認した事実はないと主張する。しかし、本件事故は、Y1 が被告車両を運転中に訴外 A に衝突した事故であって、Y1 に

よる被告車両の運行による事故であること自体は、否定することができない。そして、Y1 は、Y2 から本件レンタカー契約を締結して正規の手続により被告車両の貸与を受け、帰着予定時刻は未だ到来していなかったのであり、その他前記（三）認定の事実関係を総合して客観的・外形的に考察すれば、本件事故当時における Y1 による被告車両の使用そのものは、Y2 が容認していたものといわざるをえない。

　Y2 の上記主張は、本件事故が借主の故意又は悪意による、あるいは、公序良俗に反するような態様の事故であるとの点をとらえてのものとも解されるところ、自賠法 3 条の運行供用者責任の有無を判断するにあたっては、自動車の運行、すなわち、当該車両の使用に対する支配の有無及びその利益の帰属を客観的・外形的に検討すれば足りるものと解されるのであって、使用方法のいかん、ひいては、借主たる運転者の過失の軽重や故意又は過失の別という主観的事情、事故の反社会性の程度といった交通事故の態様いかんによって、貸主の運行支配ないし運行利益の有無が異なると解することに合理的な理由はない。また、たとえ故意又は悪意による事故とはいえない事故であっても、一般的には、借主による交通事故の惹起を、貸主が容認しているとは考え難いが、そのような事故の場合、貸主の運行供用者としての責任が直ちに否定されることにはならないというべきであるし、どの程度の過失であれば貸主が容認し、どの程度の過失又は故意であれば容認しないのかは極めて不明確であって、貸主が、借主による使用の方法ないし態様を容認したかどうかという基準で、運行供用者性を判断することは相当といえない」として、レンタカー会社の運行供用者責任を肯定した。

　次に名古屋地裁平成 19 年 10 月 16 日判決を検討する。事実の概要は次のようである。

　Y4 は Y3 との間で自動車共済契約を締結していたが、被共済車両が交通事故を起こしたため、共済契約の車両費用補償特約に基づき、Y3 に対して代車の提供を求めた。この特約は、被共済車両に発生した損害に対して車両共済金（車両の修理費用等）を支払う場合、代車の借入費用などを補償する内容であり、被共済者が自ら代車を手配し、その費用を Y3 共済組合が支払うものであるところ、Y3 は Y4 の便宜のために自ら Y2 レンタカー会社とレンタカー契約

を結び、平成12年12月30日から翌年1月26日までを契約期間とした。レンタカー（加害車両）は、Y2からY4へ直接に提供された。Y4の営む自動車修理の仕事を手伝う「若い衆」であるAは、Y4から加害車両を借り受けたが、Y4の仕事場に出入りし手伝いをしていたY1に対して、仲間と初詣に行くのに加害車両を使用することを許可して貸渡した。Y1は初詣に行かなかったが、加害車両を返還せず、AやY4に対して一切連絡もせず、許可を得ることもなく、使用し続けていた。Y2及びY3は、貸与期間が終了しても加害車両がY2に返還されなかったため、Y4に対して返還を求めるとともに、回収をするためにY4の住所周辺の捜索をしたり警察へ相談をしたりしたが、結局回収できなかった。貸渡し期間終了から24日経過した日に、Y1は信号を無視して交差点に進入し、青信号で進入してきたX1と衝突するという、本件事故が発生した。X1は事故によって後遺障害等級1級3号の重度後遺障害を被った。そこで、X1及びその母X2が、Y1に対しては民法709条に基づく損害賠償を、Y2及びY3に対しては、自賠法3条に基づく損害賠償を求めて訴を提起したのが本件である。なおY4に対しては、人身傷害補償特約に基づいて保険金を支払った保険会社が保険約款または商法662条に基づく保険代位により損害賠償を求めた。

　判旨は以下のように述べて原告の請求を一部退け、レンタカー会社の運行供用者責任を否定している。「本件車両の貸渡契約は、自動車共済契約の車両諸費用補償特約に基づくもので、同特約の約款から貸渡期間は30日間と定められており、貸渡期間の延長は想定されない契約であって、本件事故が、本件車両の返還期限から24日経過後であったことから、本件事故当時、本件車両の貸渡契約が明示にも黙示にも延長継続されていたとは認められない。また、訴外Aが本件車両の使用をY1に許可した際、明確な取り決めはないものの2・3日で返還することが前提となっていたが、Y1は訴外AにもY4にも無断で本件車両の使用を継続し、連絡も一切取らず、その後は本件車両の返還意思を放棄していたことが認められ、Y2はY4及び訴外Aに対し、本件車両の返還を請求する他に直接Y1と連絡をとり返還を求める方法がなかったこと、Y2は、返還期日後、警察に相談に行きY1及び訴外Aの自宅周辺の捜索をするなど本件車両回収のための努力をなしていること、そして、本件車両が返還されない

ことにより契約上 Y2 は Y3 から延滞料を請求することが可能であったが、実際には車両諸費用補償特約の上限額の請求しかしなかったことが認められる。これらの事情からすれば、本件事故当時、Y2 は、もはや本件車両の運行を指示、制御し得る立場を失っていたものとみるのが相当であり、その運行利益も帰属していなかったといえるのであって、Y2 に、運行供用者責任を認めることはできない」。なお、Y3 に対しても同じ理由づけで運行供用者責任の成立を否定している。

　それでは両裁判例の判旨を検討しよう。まず東京地裁平成 19 年 7 月 5 日判決である。

　レンタカー会社の運行供用者責任については、原則としてこれを肯定するのがこれまでの判例の傾向であるが、運転者による故意の事故惹起と自殺目的のための自動車賃借という、これまでの判例には見られない要素がこの東京地裁平成 19 年判決には含まれている。この点について判旨は、主観的事情、事故の反社会性の程度といった交通事故の態様いかんによって、貸主の運行支配ないし運行利益の有無が異なると解することに合理的な理由はない、と述べている。これまでの裁判例の中でこの点について言及しているものは見当たらず、レンタカー会社の運行供用者責任について重要な先例となると思われる。

　本判決は、レンタカー業者の運行供用者責任を判断するに際して、運行供用者とは、運行支配と運行利益が自己に帰属するものを意味するとして、二元説に立つことを述べたうえで、運行供用者の判断に際しては、自動車事故により人的被害を受けた被害者の保護を図るという自賠法の目的に照らして考えるとし、運行支配については、直接的、具体的な支配権の存在を要件とはせず、運行利益の帰属についても、現実的、具体的な利益の享受を意味しないと述べているが、これは運行供用者に関する今までの判例を踏襲したものである。

　レンタカー業者の運行供用者責任についての具体的な判断については、貸主と借主との人的関係、貸与目的、対価の有無、運行費用の負担関係、運行に関する貸主の指示権限、貸与の期間ないし距離等の諸般の事情を総合的に考察して行うとしたうえで、本件レンタカーの貸渡契約の内容を検討しており、①期間が限定され、②有償で借受け、③期間内に事故が発生し、④運転免許証の確認がなされており、⑤貸与目的と借受車両との間に不自然さが存在せず、⑥事

故等の場合の報告義務が借主に課されており、⑦義務違反に対してレンタカー会社が解除権を行使でき、⑧ガソリン代等は借主の負担とされているが、それは運行に伴う直接的かつ最小限度の費用負担にすぎず、⑨車両の定期点検整備等の被告車両の維持にかかる費用はレンタカー会社が負担するものであり、⑩点検整備の行われた車両が貸与されていること、が確認されている。これらを総合的に考察して、事故の時点において客観的・外形的に見れば、運行支配および運行利益がレンタカー会社にはあると判断しているが、これらは、昭和46年最高裁判決の判旨に従ったものといえる。

　このような判断要素によると、通常の形態でレンタカー契約が結ばれ、それを借り受けた者が事故を起こした場合には、原則としてレンタカー会社が運行供用者責任を負担することになるとの結論が導かれよう。しかし、これらの要素のうち、いずれかが欠けていれば、レンタカー業者は運行供用者責任を負担しないか、それともこれらの要素は絶対的なものではなく、ある要素が欠けていても運行供用者責任が発生するのかについては明らかではない。

　レンタカー契約であることを前提にすると、短期間契約であることが必要なのか、それとも長期間の契約であってもよいのか、返還予定日時を徒過して事故が発生した場合にはどうか、運転免許証の確認はしたが、偽造によるものであった場合にはどうか、さらに免許証の確認をした者以外が運転した場合にはどうか、などの問題がある。契約期間内に発生した事故であることに関しては、「レンタカー会社に運行供用者責任が一般的に肯定されても、借主が返還期限を著しく徒過し、他へ売却する意思を示す等の領得の意思が明らかになったときは、返還予定がなく管理可能性がなくなったと認められることが多く、会社の運行供用者責任は否定されよう」との見解[23]があり、前掲大阪地判昭和62年5月29日判決も同様の趣旨から、運行供用者責任を否定していると理解される。第三者への無断転貸については、「レンタカー業者の運行支配を、車の運転使用について借主に一定の枠づけがなされている点に求める限り、第三者に無断転貸され、その者に自由に運転させた場合にまで、レンタカー業者

23)　荒井真治「運行供用者」吉岡進編『現代損害賠償法講座』第3巻（交通事故）（日本評論社、1972年）67頁。

の運行支配を肯定することは困難ではないかと思われる」との見解[24]も存在するが、岡山地判昭和45年12月14日[25]は、第三者を同乗させ、第三者と運転を交代しても、レンタカー業者は、運行支配を失わないと述べている。これに対しては、第三者に運転させることがレンタカー業者との約款に違反しても、借主が同乗している限り、借主を介しての運行支配が継続していると解すべきとの見解[26]もある。

　次に借主の主観的意思の影響について検討する。貸渡契約が正常に締結されて事故が発生した場合には、レンタカー業者には原則として運行供用者責任が発生するというのは確立されたものと思われるが、借り受けた者の自動車使用の意図が事前に判明していた場合には、レンタカー業者は契約を結ばなかったと思われるケースでも、レンタカー業者の運行供用者責任が原則として発生するのかが問題となる。

　本件では、Y1は故意によって事故を惹起したと判断され、自賠法14条による悪意免責の対象となっている。この点について判旨は、「使用方法のいかん、ひいては、借主たる運転者の過失の軽重や故意又は過失の別という主観的事情、事故の反社会性の程度といった交通事故の態様いかんによって、貸主の運行支配ないし運行利益の有無が異なると解することに合理的な理由はない」と述べており、借主の主観的要素は貸主の運行供用者責任には影響を与えないと判断している。

　しかしながら、レンタカー契約を結ぶに際して、レンタカー業者はある程度の確率で事故が発生することは認識してはいるものの、故意による事故の惹起や自殺目的の自動車利用などは、レンタカー業者の予測の範囲を超える事象であり、これらが運行供用者責任の成否に一切影響を与えないと理解するのは、レンタカー業者にとって厳しすぎるのではないかとも思われる。このような異常な事態を想定してレンタカー営業を行うことは不可能に近く、それを回避するのは困難ではないだろうか。通常のレンタカー契約が結ばれると、結果責任

---

24) 福永政彦「運行供用者」吉田秀文ほか編『裁判実務大系』8（民事交通・労働災害訴訟法）（青林書院、1985年）69頁。

25) 交民12巻5号1303頁。

26) 川井健ほか編『注解交通損害賠償法』第1巻（新版、青林書院、1997年）51頁〔稲田龍樹執筆〕。

と同等の責任がレンタカー業者に課されてしまうことになるが、それは自己の行為ではなく借主の行為によってである。民法715条の使用者責任と同様の責任がレンタカー会社に発生するが、それが保険によって填補可能であるということは別の問題であり、レンタカーの貸主が借主の運転行為にどこまで責任を負うべきは別個の問題として考慮されなければならない。もっとも、レンタカー業者はそれを業として行っており、自動車を賃貸して利益を上げることを業としている者に対しては、このような厳格な責任が課されることもやむを得ず、自己の責任において貸し出した自己所有にかかる自動車の運行によって、第三者が損害を被った場合には、当然に賠償責任を負うべきとの考えも十分になりたちうる。また、被害者の保護という自賠法の基本的な精神からは、加害者の主観的要素によって運行供用者の範囲が変わるのは確かに問題であり、実は、この点を客観的に判断すると判示した点に大きな意義があるものと思われる。

次に名古屋地裁平成19年10月16日判決を検討する。

これまでのレンタカー会社の運行供用者責任をめぐる裁判例は、いずれも貸渡契約の期間が短期間であった。これに対して本判決で問題となったレンタカー契約は28日間と比較的長期に及ぶものであり、前掲最判昭和50年5月29日の場合はわずか1日であった。もっとも、半年間というような場合は別であろうが、28日間程度であれば、運行を管理すべき地位に変化が生じるとは考えにくい。また、レンタカーの料金は日数に応じて決まってくるのが通常であり、レンタカー会社の運行供用者責任が肯定されるのも妥当であろう。

運行支配の有無を判断する要素としてレンタカー会社（Y1）は、①貸主と借主の人的関係の希薄性、②借主と運転手の不一致、③使用内容に関する欺もう行為の有無、④貸主の意思と現実の使用の不一致、⑤返還期限徒過後の経過時間の程度、⑥借主側の運行費用の負担の有無、⑦運行態様に対する貸主の指示とその違反の程度、⑧返還に対する貸主の努力の有無の以上8点を挙げていた。しかし判旨は、車両回収のために適切な努力をしていたかをもって、運行支配の有無を判断する重要な要素としている

運行利益についてはどうかといえば、原告は①対価性の有無、②期限徒過後の対価に関する定めの有無を判断要素としてあげたが、本件では違約金の存在

と、共済組合（Y2）からY1に対して車両諸費用保障特約の上限である30万円を支払ったことが認定されている。しかし判旨は、十分な検討を行うことなく、運行利益もレンタカー会社には帰属しないと判断している。

　それでは、運行支配判断の決め手となった回収に向けた努力であるが、これがどのようなものであったかを検討する。Y1の担当者Aは、Y2共済組合と補償契約を結んでおり、車の提供を受けていたY3に対して電話をしたところ、返還を拒まれている。そして、返還を拒まれた日に別の担当者BがY3に電話したところ、Aが使用しており自分は知らないとの回答を受けている。さらに3日後にBがY3に電話をすると、Aは行方不明であってどうなっているのか不明であるとの回答を受け、BはY2にその旨を報告し、相談している。その2日後にBはY2の担当者と警察署に赴き、刑事告訴の可能性を含めて相談したが、警察官からはY3等は普通の人ではないので、本件車両が戻ってくる可能性は低いことや、ただちに横領とはいえないために被害届けを受理することもできないといわれて戻っている。BらはAの住所地に赴いたものの、在宅者はいないために功を奏さず、Y3に電話したものの、電話は切られてしまった。さらに周辺の捜索をしたが発見できず、自ら探し出すことを諦めて弁護士に相談している。最終的に、Y1はY2に対して2月5日付で車両の返還を請求し、2月19日に事故が発生している。

　Y1による、このような一連の回収に向けての努力が、Y1の運行支配を失わせるに十分であるかについては、議論の余地がある。というのも、Y2はY3の特殊な地位を十分に認識していたはずであり、Y1もまたそれを認識していたと考えることができるからである。結局は、Y3が元暴力団員であるところから、Y1及びY2が回収に向けて形式的な対応はしたが、それ以上の努力をしなかったと評価する見解[27]もある。そして、石田教授は、一方で、「野放しとなった車両によって交通事故が発生し、重度の後遺障害を受けた被害者がいるのであるから、Bの消極的な行動に対するY1及びY2の組織としての責任は重く、この点に関する評価を行わずに運行支配がないと判断した判旨には、疑問が残ると指摘せざるを得ない」と主張される[28]。

27）石田清彦「判批」『保険判例2009』（保険毎日新聞社、2009年）158頁。

　このように、貸渡期間を徒過した場合に、レンタカー会社の運行支配が失われるかについては、回収に向けての努力がどうであったかを評価して判断する点は、前掲大阪地判昭和 62 年 5 月 29 日と同じではあるが、事件関係者の中に特殊な組織に属していた者が関与していることが、レンタカー会社などの回収への努力に障碍となったことは否定できない。もっとも、それでは、これ以上に Y1 及び Y2 には回収に向けてどのような行為が可能であったかというと、本事案において Y1 及び Y2 のとった行動がほぼ限界に近いと評価することも可能であろう。

5　アメリカ法制下におけるレンタカー会社の責任

　アメリカ法制の下で同様の事故が発生した場合に、レンタカー会社は責任を負うことになるかといえば、現在の法制度の下では、レンタカー会社が車をレンタルした者が惹起した事故に関して民事責任を追及されることは原則としてないといえる。しかし、なぜこの責任が否定されるかが問題である。

　アメリカ合衆国法典タイトル 49 § 30106[29]（レンタルまたはリースされた自動車の安全性と責任）は、次のように規定する。

(a)　一般原則

　自動車をレンタルまたはリースした自動車の所有者は、レンタルまたはリースの期間内に、賃借者がその自動車の使用、運行またはその占有に起因して第三者またはその財産に対して損害を与えた場合であっても、その自動車の所有者であることのみを理由として責任を負うことはない。ただし、(1)その所有者がレンタル業またはリース業を営んでおり、(2)自動車の所有者に過失又は刑法上の不当な行為が存在しなかった場合に限られる。

　この規定は、2005 年に付加されたものであり、それ以前にはこのような規定は存在していなかった。この規定は立法を起草した下院議員の名前を取って、グレーブス修正と呼ばれている。この連邦法規定によって、レンタカー会社は、レンタル契約締結および実際の貸し出しに際して過失がない限り、賃借

---

28)　石田・前掲注 27) 159 頁。

29)　49 U.S.C § 30106（2008）.

者が惹起した事故の被害者に対して民事責任を負担するということはなくなった。もっとも連邦法と州法との関係があり、ミネソタ州などでこの新しい修正条項の合憲性などが争われたが、最終的には各州法の規定に優先してこの連邦法が適用されるということで決着がついている[30]。

　それでは、なぜこのような規定が挿入されるに至ったのであろうか。アメリカで交通事故損害賠償法を規律するのは各州の州法ということになる。各州法は、自動車所有者の責任についてそれぞれの規定を有しており、この連邦法の規定が挿入される以前は、レンタカー会社の責任が肯定されるのが原則であった。この旨を示す判例として、コネチカット州のギオンフリッド対エイビスレンタカー会社事件[31] がある。

　事案はレンタカーを借りた者の酒酔い運転（過失）によって被害者が運転している車と衝突し、被害者が死亡し、その遺族が運転者とレンタカー会社及びその車両をレンタカー会社にリースしているリース会社を訴えたというものであった。原告の請求は、不法死亡（Wrongful Death）に基づく①補償的損害賠償、②懲罰的損害賠償そして③３倍賠償の３点である。第一審は原告勝訴。第一審が運転者とレンタカー会社に対して命じた損害賠償の内容は、①補償的損害賠償金（Compensatory Damages）35万3千262ドルと②懲罰的損害賠償金12万4千977ドルであった。レンタカー会社が最高裁に上訴したのが本件であり、運転者である被告はこの上訴に参加していない[32]。最高裁における争点は、レンタカー会社が懲罰的損害賠償及び３倍賠償を支払う責任を負うかであった。

　上訴人であるレンタカー会社は、懲罰的損害賠償と３倍賠償を負担しないと主張し、被上訴人である原告は３倍賠償をレンタカー会社は負担すると主張したのだが、コネチカット州最高裁は、コネチカット州法は不法死亡訴訟におい

30）たとえば、ミネソタ州における事件として、Meyer v Nwokedi, 759 N.W.2d. 426（Minn. App.2009）がある。

31）Gionfriddo v. Avis Rent a Car System. Inc, 474 A.2d. 306（Conn. 1984）.

32）コネチカット州は、1983年7月から第二審である控訴裁判所を設けており、それ以前は二審制であった。したがって、この事件の上訴手続がとられた時点では、中間控訴裁判所は存在していない。

て 3 倍賠償を容認しているとしたうえで、さらに補償的損害賠償額の 2 倍の
70 万 6524 ドルの支払いを命じた。その理由は、コネチカット州法の規定が、
「自動車を他人にレンタルまたはリースした所有者は、レンタルまたはリース
期間内に自動車の運行によって第三者に対して与えたいかなる種類の人身およ
び財産に対する損害に対して、その運転者が所有者であったならば負うであろ
う範囲と同じ責任を負う」と規定しており、その責任には 3 倍賠償も含まれる
としたのである。

　レンタカー会社の責任の根拠となるのが、Vicarious Liability 日本法でいう
ところの使用者責任ないしは代位責任であり、Imputed Liability 転嫁責任と呼
ばれることもある。レンタカー会社と借受け人は、使用者と被用者、本人と代
理人という関係には立たないが、伝統的に自動車の所有者が運転者の過失につ
いて責任を負うこととされている。これは、コネチカット州法の規定は、コモ
ンローよりもはるかに厳格な代位責任をレンタカー会社に課しているとの解釈
によるとされる。

　このコネチカット州法と同様に、他の法域でもレンタカー会社の責任が肯定
されているが、この責任の基礎となるものは、Vicarious Liability（代位責任な
いしは転嫁責任）の法理である。この他に、レンタカー会社の責任を基礎づけ
るものとしては、危険責任の法理[33]（Dangerous Instrumentality）がある。これ
は、自動車が危険な道具であるということから、所有者の責任を肯定するもの
であり、フロリダ州が以前はこのような考え方を採用していた。なお代位責任
によるレンタカー会社の責任を肯定する法理のひとつとして Consent
Statute[34] がある。これは、当該所有者の自動車が自己以外の者の運転を承諾
したことに責任の基礎を求めるものである。

　ここで、自動車の所有者が自己以外の第三者がその車両を運転して事故を起
こした際に、なぜ損害賠償責任を負担するのかについての説明をカリフォルニ
ア州法の解説書[35] から引用する。

---

33) PROSSOR & KEETON. TORTS 524 (5th ed. West. 1984).

34) Id. at 527.

35) Cal. Jur. 3rd. Automobiles § 415 〜 425.

① 　自動車の所有者が自己以外の者が自己所有の自動車を運転して第三者に損害を与えた場合に負担する責任は、所有権から発生して転嫁されるのではなく、所有権に加えて、その人が明示または黙示を問わず、その者に自動車を運転する承諾を与えたことにある。この責任はコモンローによる責任ではなく、制定法による責任である[36]。

② 　自動車の所有者は、承諾を与えた運転者が事故を起こし、第三者に損害を与えた場合には、その被害者に対して直接の責任を負う。共同不法行為において被害者の慰謝料を過失割合によって制限する原則は、この所有者の責任には適用されない。それは、この責任が所有者の地位に由来するものだからである[37]。

③ 　自動車の所有者の責任の範囲は、運転者のそれと同じではあるが、その金額は制定法によって制限される。さらに、懲罰的損害賠償については責任を負担しない[38]。

④ 　この責任は転嫁責任とは区別され、事故の被害者が制定法による自動車の所有者の責任制限額を回避するためには、原告は所有者が雇用主であり、運転者が雇用されていたこと、運転者が所有者の家族であること、あるいは運転者が所有者の支配のもとに、あるいは所有者の家族のために運転していたことを立証しなければならない。もし、所有者と運転者の間に、使用者関係ないしは代理関係が存在していた場合、所有者の責任額に制限は加えられない[39]。

⑤ 　所有者が被害者に対して損害賠償の支払いを行った場合、運転者に対して支払った全額を求償することが認められる。所有者の責任は、制定法の責任限度額内においては事故の被害者に対して直接的であり無条件であるが、運転者との間では保証人的地位にある[40]。

　このカリフォルニア州法の内容は、レンタカー会社に限らず、自動車を貸与

36) *Id.* at § 417.

37) *Id.* at § 415.

38) *Id.* at § 419.

39) *Id.* at § 415.

40) *Id.* at § 415, 423.

した者全般に適用される規定であるが、その責任の本質が所有権そのものによるのではなく、運転を承諾したことに求めている点が特徴的である。なお、所有者が負担すべき額に制限が加えられている点も特徴的であり[41]、同様の金額の制限がフロリダ州やコネチカット州でも加えられている。

　さて、このような州法の状況の中で、レンタカー会社の責任制限を行う連邦法が制定された理由はどこにあったかが問題となるが、これは極めて政策的な判断によるものであったといえる[42]。日本でも観光地などでレンタカーを利用する例が増加してきたが、アメリカにおけるレンタカーの利用は日本とは比べ物にならないほど普及している。アメリカの各地の空港には必ずレンタカー会社のカウンターが並んでおり、観光旅行客に限らず、出張者もよく利用する。このような利用状況の下で、州によって違いはあるものの、レンタカー会社に事故の責任が負わせられるとすると、レンタカー会社はそれに対する備えをしなければならない。もっとも一般的な手当ては保険ということになるが、保険会社は引き受けをしたがらず、引き受けたとしても保険料が非常に高くなるため、自家保険（セルフ　インシュランス）による手当をしている会社が多かったと指摘されている。当然のことながら、レンタカー会社はそれを料金に転嫁するから、レンタカーの料金が上昇する。

　レンタカー料金の上昇は、一般市民に対する経済上の弊害が大きいということから、連邦法によってレンタカー会社の責任を制限するということになったというのが、立法の背景である。当然のことながら、有力な賠償責任の客体（ディープポケット）を失う原告弁護士たちは反対した。その理由としてあげられたものは、レンタカーを借りるのは旅行客が中心であり、そのような人たちは道や交通状況に疎く、事故を起こす確率の高い集団であり、それを承知して車を貸し出すレンタカー会社に責任が及ぶのは当然であるというものであった。しかし、そのような反論も実らず、連邦法として成立した。

41）各州法によって異なるが、カリフォルニア州の場合は、対人１名に付き１万５千ドル、１事故３万ドル、対物５千ドルが上限である。

42）この状況については、Jim Abrams, *Federal Law Puts Brakes on Vicarious Liability for Auto Rental Firms*, Insurance Journal, Dec.19, 2005.
　http://www.insurancejournal.com/magazines/east/2005/12/19/features/63824.htm

　この連邦法はあくまでもレンタカー会社やリース会社の責任を制限するものであり、その他の形態の自動車の貸与、たとえば友人に車を貸した場合にはこの連邦法の適用はなく、州法によって所有者の賠償責任が肯定されることとなる。

　この連邦法によってどのような場合であっても、レンタカー会社の制限は否定されるのかというとそうではなく、法の規定ぶりから見ても分かるように、レンタカー会社の車の貸し出しに際して過失があった場合、たとえば、酒気帯びでカウンターに来た者に貸し出し、その者が事故を起こしたような場合には、この連邦法は適用されない。あくまでも、貸し出しに際してレンタカー会社に過失又は刑法上の不当な行為がない場合に限られる。

　このように特殊な状況にあるアメリカであるが、カリフォルニア州において、連邦法制定前に、東京地裁平成19年判決や名古屋地裁平成19年判決と同じ内容の事件が発生したら、どのような結論となったかは判断が難しい。東京地裁判決は運行供用者の責任を肯定し、名古屋地裁は否定するという結論となっているが、むしろカルフォルニア州では、いずれの事件もレンタカー会社の責任を肯定するとの結論となるように思われる。それは、所有する自動車の運転を第三者が行うことを承諾したことに求めるからである。しかし、貸与した者の予想をはるかに超える利用方法であった場合であっても、責任を負うかについては、明確な規定は存在せず、類似した裁判例も探し出すことができなかった。

6　運行供用者間の新たな課題—むすびにかえて—

　最後に、運転者の責任とレンタカー会社の関係、両者の責任の間に優劣関係が存在するかという問題を検討する。自賠法3条は、複数の運行供用者責任が成立する場合の優劣関係について何ら規定を有していない。そのため、被害者は、運転者とレンタカー会社の双方に対して損害賠償請求権を有することになる。もっとも、回復できる損害額は実際の損害額に限定されるから、たとえば5000万円の損害とした場合に、両者から5000万円を回収できるのではなく、両者から合わせて5000万円の回収が可能であるに過ぎない。通常は、十分な賠償資力を備えていると思われるレンタカー会社に対して請求がなされること

となる。そこで、仮にレンタカー会社が5000万円を支払った場合、レンタカー会社は運転者に対して求償が可能であろうか。そして可能であるとした場合、その額はどのように算出すべきなのであろうかという問題が生じる。この運転者とレンタカー会社の債務関係は、不真正連帯債務の関係に立つと思われるが、このように負担割合の問題が生じる[43]。

　これは、被害者が人身傷害補償条項付保険に加入していた場合にも問題となりうる。つまり、人傷社が5000万円を支払った場合、運転者とレンタカー会社への求償はどうなるのかという問題である。これは、保険会社の求償ないしは代位の問題としても考えることができる。カリフォルニア州法に見られるような、被害者に対しては自動車の所有者は直接責任を負担するが、運転者に対して全額求償できるというような規定を持たない自賠法のもとで、これをどのように考えるべきなのかという問題が新たな検討課題として提示される。

　はたして日本の自賠法は、運転者と同列のものとして、レンタカー会社を扱うことになるのであろうか。被害者保護を意図した運行供用者概念の発展により、レンタカー会社は借り手の起こした事故について賠償責任を負うこととなったわけだが、過失責任を基調としたものというよりは、アメリカ法のように、法定の厳格な責任であると理解することが可能なように思われる。私見としては、東京地裁判決のような場合、レンタカー会社は運転者に対して100%の求償が可能であるとするべきではないかと考えているが、問題提起にとどめて今後の検討課題としたい。

---

43) 不真正連帯債務については、長谷川貞之「不真正連帯債務」(上)NBL768号59頁以下、(下)770号9頁以下を参照。

第 11 章　交通事故被害者の損害賠償請求権とその差押え
—最高裁平成 12 年 3 月 9 日判決を中心に—

1　はじめに

　最高裁判所平成 12 年 3 月 9 日判決は[1]、自動車損害賠償保障法（以下自賠法）3 条の請求権と同法 16 条 1 項の直接請求権の関係につき、3 条の請求権が差し押さえられ、第三者に転付された場合の、16 条 1 項による直接請求権の帰趨いかんという、これまで下級審でも争われたことの無かった点に関して、「交通事故の被害者の保有者に対する損害賠償請求権が第三者に転付された後においては、被害者は転付された債権額の限度において 16 条 1 項に基づく責任賠償金の支払請求権を失うものと解するのが相当である」と判断した。

　不幸にして交通事故の被害者となった場合、被害者が有する損害賠償請求権には、自賠法 3 条によるものと、民法 709 条によるものとがある。被害者はこれを選択的に行使できるが[2]、自賠法 3 条は、民法の原則の上では被害者が立証すべき加害者の故意・過失について、これを加害者の立証責任へと転換することによって、事実上の無過失責任[3]へと転化させ、一層の被害者保護を図る内容となっている。

　ところで、自賠法 16 条 1 項は、被害者からの加害者の保険会社に対する損害賠償金直接支払請求権（直接請求権）の規定を有しており、直接の契約関係に立たない保険会社に対して、被害者が損害賠償金を自己に直接支払う事を請求できるとしている。これも被害者の保護を目的とする自賠法の趣旨を反映し

1）民集 54 巻 3 号 960 頁。
2）八島公平「判批」自動車保険研究 3 号 197 頁。
3）自賠法 3 条は、加害者無責が成立する 3 条件を運行供用者の側で立証できない限り、3 条の損害賠償責任を肯定するところから、事実上の無過失責任と評価される。

た規定である[4]。また、自賠法 17 条は、被害者に対する仮渡金の制度を設け、交通事故の被害者は、最終的に加害者の損害賠償責任が確定するのを待たずに、保険会社に対して仮渡金の請求をすることができる。さらに、自賠法 16 条 1 項及び同法 17 条の請求権は、自賠法 18 条 1 項によって差押禁止とされ[5]、被害者の債権者はこれら請求権に手を伸ばすことは認められない。

　これらの規定の背景には、自賠責保険が被害者保護を目的とした社会保障的性格を持っており、その保険としての性質が公保険ないしは公保険に極めて類似した性格であるという事がある[6]。交通事故の被害者及びその遺族にとって、損害賠償金は生計を維持するために重要なものであるのが通例であり、確実に被害者に対して支払われるようなシステムを自賠法は設けているといってよい。

　自賠法が特に設けた直接請求権の結果、被害者は自賠法 3 条による損害賠償請求権と自賠法 16 条 1 項による直接請求権の双方を行使できることとなったが、16 条 1 項の請求権は差押禁止となっているものの、3 条の請求権は差押禁止とされていない。そのために、3 条の請求権を被害者の債権者が差し押さえてしまう事態が発生する。差押禁止規定が無い以上、3 条の請求権が差し押さえられることはやむをえないが、その結果 16 条 1 項の直接請求権が実質的に差し押さえを受ける結果となるとすれば、自賠法 18 条が 16 条 1 項の直接請求権を差押禁止としている趣旨と反するのではないかという疑問が発生する。

　この点がまさに問題となったのが本件である。この事案は被害者死亡のケースであったが、被害者が重度後遺障害となった場合でも同様な論理展開がなされると、被害者に対して支払われるべき将来の治療費なども全額が差し押さえ

4）川井健ほか編『注解交通損害賠償法』第 1 巻（新版、青林書院、1997 年）163 頁。

5）なぜ差押禁止債権とされたのかについての経緯は明らかでない。立法担当者によれば、自動車損害賠償保障制度が、被害者の保護を目的とする社会保障的性格を持っていることによるとされる。自動車保障研究会『自動車損害賠償保障法の解説』（交通毎日新聞社、1955 年）103 頁、運輸省自動車交通局保障課監修『自動車損害賠償保障法の解説』（新訂版、ぎょうせい、1998 年）124 頁、川井健ほか編・前掲注4）185 頁以下など。

6）倉沢康一郎『保険法通論』（三嶺書房、1982 年）14 頁は、自賠責保険は私営保険であるが、公保険的色彩が濃いと述べる。同旨、坂口光男『保険法』（文眞堂、1991 年）12 頁。

の対象となる[7]。自賠責保険から支払われる損害賠償金が、継続する治療や生計の唯一の拠り所であるような場合、損害賠償金を差し押さえられてしまった被害者は、最後の救済を生活保護などの社会保障に対して求めざるを得ない。この点に問題はないだろうか。

さらに、労働者災害補償保険法（以下労災法）の適用を受けるケースであった場合、この保険金請求権は差押禁止であり[8]、労災法から先に被害者が給付を受ける形態をとると[9]、その保険金に対して債権者は手を伸ばすことができない。この場合、債権者が自賠法3条の請求権を差し押さえたとしても、国は自賠責保険に対して被害者に支払った範囲内で求償をするのであり[10]、差押債権者と国のどちらが優先するのかという問題も発生する。

本件判決は全員一致ではなく、小野幹雄判事の少数意見があり、議論の必要性があることを示している。公刊されている判例研究[11]にはこの判決に対して明確な反対意見を提示するものは見あたらないが、私としてはこの判決の普遍化には疑問を抱く。

本稿では、この最高裁判決を中心として、自賠法3条に基づく損害賠償請求権の差押えが、同法16条1項に基づく被害者の直接請求権の実質的な差押えとなることの可否について検討を進めることとする。なお、比較法の対象としてアメリカ法を取り上げるが、損害賠償システムと民事執行システムが異なるアメリカの議論がそのまま当てはまらないことは確かであり、彼の地の状況を参考に日本法の解決策を探ることとしたい。

2　最高裁判決の事実の概要と判旨

事実の概要は次のようである。Y$_1$は、自己保有の特殊自動車を運転中、対向車線に進入し、同車線を走向していた訴外A運転の普通乗用車と衝突し、A

7）民事執行法152条以下の差押禁止債権に該当しない以上、民事執行法の許容する範囲で差押えが認められる。

8）労働者災害補償保険法12条の5は、労災保険からの保険給付金を差押禁止と規定している。

9）もっとも、実務上は被害者の迅速な救済という観点から自賠責保険の支払が先行するとされているが、労災からの給付を先行することも可能である。川井健ほか編・前掲注4）170頁。

10）川井健ほか編・前掲注4）170頁。

11）前掲注2）の八島氏による判例研究の他、内山衛次「判批」法学教室240号112頁がある。

は死亡した。Aの妻子全員は相続を放棄し[12]、Aの母Zが、Aの権利義務を単独で承継した。

Y_1 は、Y_2 農業協同組合との間で、自動車損害賠償責任共済契約と自動車共済契約を締結しており、本件事故後に Y_2 からAの妻子に対し固有の慰謝料として 644 万 5063 円が支払われている。

Xは、Zに対して確定判決に基づく 4000 万円の債務名義を有していたが、Zが Y_1 に対して有する本件事故による損害賠償請求権のうち、4000 万円についての債権差押及び転付命令を取得し、この命令は Y_1 とZに送達されて確定した。なお、Y_1 と Y_2 は、Xによる転付命令の前に、訴外Bが本件損害賠償請求権を差し押さえているため、Xの得た転付命令は無効であって、Xは原告適格を欠いていると主張した。

Xは、Y_1 に対して自賠法 3 条に基づく損害賠償金 4400 万円（損害賠償金 4000 万円及び弁護士費用 400 万円）の支払を求め、Y_2 に対しては、自動車共済契約に基づき、転付命令を受けた 4000 万円と弁護士費用 400 万円の支払いを求めた。なおZは、Xとの関係ではZが Y_2 に対して直接請求権を有していることの確認を、Y_1 および Y_2 との関係では損害賠償金の支払いを求めて当事者参加をした。

第一審判決[13]（那覇地裁名護支部）は、Xの原告適格を肯定した上で、Aの損害額を 5336 万 2580 円（逸失利益 2736 万 2580 円、慰謝料 2600 万円）と認定し、Xの弁護士費用については 290 万円、Zの弁護士費用については 235 万円とし、Y_1 に対してはXへの 4290 万円の支払いを命じ、Y_2 に対してはXの Y_1 に対する判決確定を条件として、Xへの 3270 万 7643 円の支払いを命じている。またZについては、Y_1、Y_2 が連帯して 2590 万 4973 円を支払うよう命じている。なお、Zと Y_1、Y_2 の請求権関係については、Zが Y_2 に対して 2355 万 4937 円の請求権を有することを確認している。

Y_1、Y_2 が控訴。控訴理由は判例集の上からは明らかでないが、第一審の判決によれば総損害額が 5336 万 2580 万円と認定されているのに対して、Y_1、Y_2

---

12) Aの妻子全員が相続放棄をしているが、これはAにかなりの借財があったためと思慮される。しかし、この点についての具体的な内容は明らかでない。

13) 民集 54 巻 3 号 985 頁以下。

のX及びZに対する支払額を合計すると 6355 万 4937 円（弁護士費用を除いて）となるように読め、損害額を上回る支払となることなどが理由であると思われる [14]。

　控訴審判決 [15]（福岡高裁那覇支部）は、Aの損害額を 4536 万 2235 円（逸失利益 2736 万 2235 円・第一審判決から 345 円減額、慰謝料 1800 万円・第一審判決から 800 万円減額）と認定した。そして、XとY$_1$の関係については、転付命令によってZのY$_1$に対する損害賠償請求権が 4000 万円の限度でXに移転し、Zは残額の請求権を有すると判断している。また、XとY$_2$の関係については、XがZの有するY$_2$に対する損害賠償の直接請求権を取得するのではなく、債権者代位権行使（Zの地位を代位行使）により認められるとしている。その金額については、Aの総損害額から自賠責分の 3000 万円を控除した金額 1536 万2235 円としている。ZとY$_1$の関係については、総損害額から転付命令の対象となった 4000 万円を控除した金額に弁護士費用 220 万円を加えた金額をY$_1$がZに対して支払うことを命じ、ZとY$_2$の関係については、自賠責の支払上限である 3000 万円から、既にAの遺族に対して支払われた固有の慰謝料 644 万5063 円を控除した金額に弁護士費用 220 万円を加えた金額の支払いを命じている。

　控訴審判決の権利関係を図示すれば次のようになる。

　これから分かるように、①と③は自賠法 3 条の損害賠償請求権とそれに対する転付命令、そして②と④は自賠法 16 条 1 項に基づく直接請求権の問題であり、それぞれを切り離して判断しており [16]、疑問の生じる判決と言わざるを得ない。

　この控訴審判決は、転付命令と 16 条の直接請求権の関係について、自賠法18 条は被害者保護の見地から 16 条 1 項の直接請求権の差押えを禁止しているのであり、直接請求権を行使できるのは「被害者」に限定され、3 条に基づく損害賠償請求権を転付命令により取得した者が、16 条 1 項に基づく損害賠償請求権を取得してこれを行使できるとなると、実質的には 16 条 1 項に基づく

14）八島・前掲注 2）204 頁。
15）民集 54 巻 3 号 994 頁以下。
16）八島・前掲注 2）207 頁。

【図】 控訴審判決の権利関係

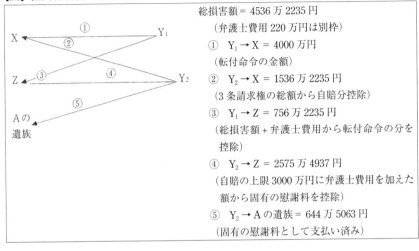

損害賠償請求権を差押えたの同じことになり、18 条の規定の趣旨が潜脱されることになるから、X は 16 条 1 項に基づく損害賠償請求権を取得する事はできないと述べている。

　X および Y$_1$、Y$_2$ が上告。X の上告理由の中心は、自賠法 16 条 1 項の直接請求権は、本件のように相続人たる妻子が相続放棄すると、この請求権も放棄され、第二次相続人が直接請求権を取得することはない。自賠法 16 条 1 項は、交通事故により死亡した者に依存する第一次相続人の法的保護を目的とするものであるという点にある。Y$_1$、Y$_2$ の上告理由は、控訴審判決のままでは、X 及び Z と Y$_1$、Y$_2$ の債権債務関係の連帯性に疑問があり、本来支払われるべき損害賠償額を超えて支払うことになるという点にある。

判旨（上告一部棄却、原判決一部破棄自判（補足意見及び反対意見が付せられた））

　「交通事故の被害者の保有者に対する損害賠償請求権が第三者に転付された後においては、被害者は転付された債権額の限度において自賠法 16 条 1 項に基づく責任賠償金の支払請求権を失うものと解するのが相当である。けだし、自動車損害賠償責任保険は、保有者が被害者に対して損害賠償責任を負担することによって被る損害をてん補することを目的とする責任保険であり、自賠法

16条1項は、被害者の損害賠償請求権の行使を円滑かつ確実なものとするため、右損害賠償請求権行使の補助的手段として、被害者が保険会社に対して直接に責任賠償金の支払を請求し得るものとしているのであって（最高裁平成元年4月20日判決・民集43巻4号234頁参照）、その趣旨にかんがみれば、自賠法16条1項に基づく責任賠償金の支払請求権は、被害者が保有者に対して損害賠償請求権を有していることを前提として認められると解すべきだからである。」

藤井正雄裁判官の補足意見

「交通事故の被害者の保険会社に対する直接請求権は、保有者に対する損害賠償請求権を補完する役割を持つものであり、後者が消滅すれば前者も消滅するが、このことは、後者が転付命令により他に移転し被害者がこれを有しなくなったときも同様であると解すべきである。被害者が損害賠償請求権を有しなくなった以上、それの履行を簡便に確保するための補助的手段である直接請求権を失うとしても、被害者に格別の不利益はない。もしそうでないとすると、被害者は、転付命令の効果として執行債権が消滅するという利得をした上に、直接請求で損害賠償額を取得するという、二重の利益を得てしまうことになる。また、被保険者である保有者の立場からみると、被害者が先に直接請求権を行使してしまった場合には、保有者が転付債権者に転付債権の弁済をしても、もはや保険会社から保険金の支払いを受ける余地がないという、甚だ不都合な結果が生じる。

反対意見は、多数意見の見解によれば直接請求権の差押禁止の趣旨に反することになるという。しかし、自賠法18条が直接請求権の差押えを禁止するのみで、損害賠償請求権の差押えについて何ら言及していない以上、多数意見のような帰結にならざるを得ず、これが同条の下における被害者保護の限界である。反対意見のように直接請求権と損害賠償請求権との併存を認めると、被害者による直接請求権の行使が先行したときは、被害者と転付債権者との間は不当利得の法理により調整を図る必要が生じるが、こうした事後処理を残すことになるような解釈はとるべきではないと考える。」

小野幹雄裁判官の反対意見

「1.　自賠法は、被害者の保険会社に対する直接請求権は差し押さえることができない旨を定め（同法18条）、右規定を責任共済の契約に準用している（同法23条の2）。自賠法18条が直接請求権の差押えを禁止したのは、交通事故の被害者の生活を保障するためには損害賠償金が現実に被害者に支払われることが必要であるところから、保険金の範囲内については、被害者がその損害のてん補を現実に受ける利益を被害者の債権者の債権回収の利益に優先させようという政策的考慮に基づくものと解される。

　2.　直接請求権は、損害賠償請求権の行使を円滑かつ確実なものとするために認められた権利であって、損害賠償請求権の存在を前提とするものであり、損害賠償請求権が弁済等により消滅した場合には直接請求権も消滅する。そして損害賠償請求権に対する差押えは禁止されていないから、損害賠償請求権に対する差押及び転付命令が確定すれば、損害賠償請求権は差押債権者に移転し、被害者は損害賠償請求権を失うことになる。しかしながら、直接請求権が損害賠償請求権の存在を前提とすることから、直ちに損害賠償請求権についての転付命令の確定により被害者が直接請求権を失うと解することはできない。すなわち、自賠法18条の差押禁止の趣旨は、前記のように被害者の利益を差押債権者の利益に優先させることにあるのであって、もし多数意見のように損害賠償請求権の差押え、転付により被害者は直接請求権を失うと解するとすれば、差押債権者の利益を被害者の利益に優先させる結果となるが、そのような解釈は、直接請求権の差押えを禁止した法の趣旨を没却するものといわざるを得ない。確かに、損害賠償請求権が差押債権者に転付された場合には、転付の効果として、被害者は転付された債権と同額の差押債権者に対する債務が消滅するという経済的利益を受けるが、債務の消滅という利益は現実の財貨の移転を伴わない利益にすぎないから、被害者が右の利益を受けたことをもって現実に損害のてん補を受けた場合と同視することはできない。したがって、自賠法18条の立法趣旨にかんがみれば、損害賠償請求権が差押債権者に転付された後においても、被害者はなお直接請求権を行使しうると解すべきである。

　3.　このように解するときは、直接請求権と損害賠償請求権とが併存することとなり、右請求権がそれぞれ行使された場合の法律関係について困難な問題

が生ずることは避けられない。しかし、このような事態が生じるのは、自賠法が直接請求権の差押えを禁止する一方、損害賠償請求権の差押えを許容していることによるものであって、やむを得ないものというべきであり、右法律関係についての問題は別途解決されるべきである。多数意見のように解するときは、交通事故の被害者の加害者に対する損害賠償請求権について差押命令と共に転付命令を取得することによって自賠法 18 条の差押禁止の趣旨を潜脱する事を正面から肯定し、同法 1 条の被害者保護を捨象することになりかねない。」。

3　これまでの判例と学説

　自賠法 3 条に基づく損害賠償請求と同法 16 条 1 項の直接請求権に基づく損害賠償（自賠責保険金支払請求）の関係について、3 条の請求権が差し押さえられた場合、16 条 1 項の直接請求権はどうなるのかについて、これまで直接に争われた判例は見あたらず、この点に関する初めての最高裁判決である。特に自賠法 18 条が「被害者保護」の観点から 16 条 1 項に基づく直接請求権を差押禁止にしていることから考えると、熟慮を要する問題である。

　自賠法 3 条と同法 16 条 1 項の関係については、昭和 39 年の最高裁判決がある[17]。自賠責保険より既に支払いを受けていた被害者が、加害者及びその使用者に対して民法 709 条と同法 715 条に基づき、慰謝料請求の訴訟を提起したケースにおいて、自賠法の趣旨および同法 16 条 1 項の趣旨に鑑みると、自賠法 3 条または民法 709 条によって保有者および運転者が被害者に対し損害賠償責任を負う場合に、被害者が自賠法 16 条 1 項による直接請求権も有している時には、両請求権は別個独立のものとして併存し、被害者は二重に支払いを受けることはできないが、特別な事情のない限り保険会社から支払いを受けた内容と抵触しない範囲では加害者に対して損害賠償請求ができると最高裁は判断している。

　被害者の保護を目的とする自賠法は、3 条によって運行供用者の損害賠償責任を規定しているが、これは民法 709 条による加害者（運行供用者）の不法行為責任をさらに厳格化したものである。したがって、民法 709 条の特別法とい

---

17) 最判昭和 39 年 5 月 12 日民集 18 巻 4 号 583 頁。

えるものであり、自賠法3条と民法709条の損害賠償請求権が別個独立に存在しているわけではない。しかし、自賠法16条1項の直接請求権は、「保険金額」を限度として、被害者が保険会社に対して直接に損害賠償額の支払いを求めることを認めているのであり、自賠法3条ないしは民法709条による損害賠償額全額についてこの直接請求権を認めているのではない。ここでは、被害者の直接請求権自体についての検討に立ち入ることは避けるが[18]、この判決によって、自賠法3条・民法709条の損害賠償請求権と自賠法16条1項の直接請求権の関係が一応明らかにされたといえる。

　次に、損害賠償請求権と損害賠償債務が混同した場合に、自賠法16条1項の直接請求権はどうなるのかという問題については、平成元年の最高裁判決[19]がある。親族間事故のため損害賠償請求権を取得するとともに、損害賠償債務をも相続したケースにおいて、相続によって取得した損害賠償請求権が混同によって消滅し、直接請求権もその基礎を失い原則として消滅すると最高裁は判断した。この判決については、残された遺族の保護という点から疑問を呈する見解も有力であり[20]、学説もおおむね反対であるが[21]、一応確定した判例であるといってよいであろう。

　これらを前提に、平成12年最高裁判決を検討することとしたい。なお、この判決は、転付命令によって自賠法3条の請求権が差押債権者に帰属した場

18）直接請求権の法的性質を巡っては責任保険全般における議論の対立と同じように、学説の対立がある。被害者保護という社会政策的理由から法が特別に規定したとする法定権利説（田辺康平「被害者の保険者に対する直接請求権」『保険法の理論と解釈』（文眞堂、1979年）194頁以下、3条の請求権とは別個独立の権利を16条1項の規定により取得するとする直接訴権説・原始取得説（金澤理「被害者の保険金直接請求権」『保険と民事責任の法理』（成文堂、1981年）132頁、責任保険の法構造自体あるいは保険会社と保険契約者との間の直接あるいは定型的に立法化された意思であるとする免脱請求権説（西島梅治『責任保険法の研究』（同文館出版、1968年）216頁以下、倉沢康一郎「商法667条と自賠法16条」『保険契約法の現代的課題』（成文堂、1978年）121頁等）に分かれる。

19）最判平成元年4月20日民集43巻4号234頁。

20）たとえば、川井健ほか編・前掲注4）167頁は、両親が死亡して幼児のみが残されたケースでは、この結論を普遍化することに疑問を提示する。

21）この問題については、混同による消滅を否定する学説とこれを肯定する判例とが対立していた。この点を解説するものとして、山口幸雄「損害賠償請求権の混同」『交通損害賠償の諸問題』（判例タイムズ社、1999年）502頁以下がある。

合、同法 16 条 1 項の直接請求権はどうなるのかという問題である。昭和 39 年と平成元年判決の応用問題であると評価する見解もあるが[22]、単なる応用問題とは言い切ることができない重大な問題が潜んでいるように思われる。

　ここでは、民事執行法における債権の差押えから検討を開始することにする。

　債務者に対する金銭勝訴判決を得た債権者は、その満足を得るために債務者の財産を差し押さえる事が認められるが、一定の境界線が設けられている。それは、社会政策的配慮に基づき、債務者の最低の生活保障を図るためである[23]。

　本件のような債務者が第三者に対して有する金銭債権の差押えの制限に関しては、民事執行法 152 条に規定が設けてある。

　給与等の継続的給与債権は、原則として支払期に受けるべき給付（手取額）の 4 分の 3 に相当する額が差押禁止とされ（民事執行法 152 条 1 項 2 号）、その額が標準的な世帯の必要経費を勘案して政令で定める額を超える部分は差押可能となる。現在の所、この政令で定める額は月払いで 21 万円とされており、これを越える部分は全額が差押えの対象となる。したがって、手取り 28 万円以下の場合は 4 分の 1、28 万円を超える場合は 21 万円を超える部分全額が差押対象となる。この他、退職手当債権は給付額の 4 分の 3 が差押禁止とされるし（民事執行法 152 条 2 項）、給与以外の継続的必須収入債権についても給与等の継続的給与債権と同様な差押制限がある（152 条 1 項 1 号）。

　また、民事執行法 152 条によるのではないが、社会保険給付の請求権、公的扶助・援助の請求権、災害補償・損害賠償の請求権（労災保険や自賠責保険等）などは、特別法の中に債権差押禁止規定が設けられている[24]。これら特別法による債権差押禁止の理由は各法令によって様々であるが、いずれも社会保障制度そのものからの給付であったり、社会政策的立法によるものであって、公的支援システムと私的システムとの間を峻別する論理があるように思われる。それゆえ、これら特別法による差押制限に関しては、民事執行法の適用はなく、全面的な差押禁止とされるものと解されている[25]。したがって、自

22）八島・前掲注 2）198 頁。

23）中野貞一郎『民事執行法』（新訂 4 版、青林書院、2000 年）570 頁。

24）たとえば、国民年金法 24 条、生活保護法 28 条、労災法 12 条の 5 第 2 項、自賠法 18 条など。

賠法 18 条の差押禁止規定は、自賠責保険の限度額内において全面的に差押禁止ということになる。

　しかし、この全面的な差押禁止も、今回の最高最判決の下では債権者の手によって実質的に突き崩されることになる。それは、転付命令によって差し押さえられた債権が債権者の手に渡ってしまう所に理由がある。

　転付命令とは、被差押債権が金銭債権である場合に差押債権者の申し立てによって、執行債権・執行費用の支払いに代えて、被差押債権を券面額で差押債権者に移付する裁判所の命令である。執行債権と被差押債権の目的の同質を基礎として代物弁済を図る方法であり [26]、転付命令を受けた範囲で債務者の負債は減額されることになり、同時にその範囲で債権も失うことになる。具体的な金銭の出入りはないものの、債務者にとっては券面額分の債務が減少するというメリットを受けることは確かである [27]。

　自賠法 3 条による損害賠償請求権は差押禁止債権ではなく、転付命令の要件を満たせば直ちに債権者に移転する。しかも、その発令には差押命令が先にあるいは同時に発令されていれば足り、第三債務者への差押命令送達前でも発令されうる [28]。転付命令を求めるか否かは債権者の意思次第であろうが、債権回収を図る立場から見れば、これを直ちに求めることは容易に推測されることである。したがって、金銭債権の差押えは、同時に転付命令と密接に結びつくものといってよいと思われる。

　前掲の最高裁昭和 39 年判決 [29] によれば、自賠法 3 条の損害賠償請求権と同法 16 条 1 項の直接請求権は、一応別個のものではあるが、いずれかによって損害が塡補されればもう一方の請求権もその範囲で消滅するという補完関係に立つのであるから、3 条の請求権が消滅する範囲で 16 条 1 項の請求権も消滅する。16 条 1 項の請求権は自賠法 18 条によって差押禁止とされているから、

---

25)　鈴木忠一ほか編『注解民事執行法』第 4 巻（第一法規、1985 年）529 頁。
26)　中野・前掲注 23) 610 頁。
27)　しかし、小野裁判官は転付による経済的効果は現実の財貨の移転を伴わない利益に過ぎないと指摘し、現実の損害塡補がなされたと同視することに反対される。
28)　中野・前掲注 23) 610 頁。
29)　前掲注 17) 民集 18 巻 4 号 583 頁。

債権者が16条1項の直接請求権を取得することは不可能だが[30]、3条の損害賠償請求権の転付命令を受けることにより、実質的にその範囲で16条1項の直接請求権を取得することになってしまう。この点につき、被害者の直接請求権の性質及び損害賠償請求権との連帯関係から、この直接請求権が差押・転付されない限りこれが消滅することはないとの指摘もあるが[31]、被害者が転付命令を受けた後に保険会社に対して請求したとしても、保険会社が漫然と支払うとは考えにくい。やはり転付命令の範囲で実質的な行使ができない請求権へと転化ないしは消滅したと見るべきであろう。

ところで、自賠法15条は加害者（被保険者）が被害者に対して先に損害賠償金を支払った後に、保険会社に対してその支払いの限度で保険金請求をする事ができる旨を規定し、自賠法の構成からいってもこれが本来的な請求形態であるとの主張もある[32]。しかし、少額の賠償金であれば格別、本件の様な4000万円を超える損害賠償金を加害者がまず支払い、その後に保険会社に請求するということが通常であるとは思えない。個人が加害者となるのが圧倒的である自動車事故の場合、むしろ被害者から保険会社に直接請求をし、保険会社からストレートに被害者に対して支払われるのが通常であると考えられる。自賠法16条1項による被害者の直接請求の方が、現在の交通事故被害者を巡る経済関係の上ではむしろ原則であると考えてよいのではないだろうか。

そのような意味を直接請求権に持たせるのは、被害者保護を目的とする自賠法の趣旨からであって、それがために差押禁止という規定が特に盛り込まれていると考えることに無理はないと思う。この点、小野裁判官の反対意見が、被害者が損害塡補を受ける利益を被害者の債権者の債権回収に優先させようとする政策的配慮に基づくものとの指摘には十分な理由があると考える。しかし、それに反して本件の最高裁判決の下では、自賠法3条の請求権が差押・転付されることにより同法16条1項の直接請求権がその反射的効果として差押えを受けたのと同じ状態となる。

30）内山・前掲注11）240頁。
31）内山・前掲注11）240頁。
32）八島・前掲注2）211頁、内山・前掲注11）240頁。

　もっとも、被害者が自賠法3条の損害賠償請求権を失っても、保険会社に対する直接請求権は消滅せず、保険金の支払も受けられると解することにも大きな問題があることは事実である。藤井裁判官の補足意見が指摘するように、加害者が被害者の転付債権者に弁済をしたのち、自賠法15条によって保険金請求を保険会社にしても、保険会社が被害者に損害賠償金を支払った後ではもはや保険金の支払を受けられないと言う事態になる。被害者の直接請求権が先行すると、被害者と転付債権者との間には不当利得の問題が生じようし、先行しない場合、加害者または保険会社に二重払いを強いる可能性も生じ、その権利関係の処理は非常に複雑になる。小野裁判官は、直接請求権と損害賠償請求権の並存及び行使から生じる困難な法律関係は自賠法が直接請求権の差押えを禁じる一方、損害賠償請求権の差押えを禁じていないことが原因であってやむを得ないものとされるが、両請求権の併存構成にはあまりにも問題が多いことも事実であろう。

　確かに、最高裁のとる論理構成は藤井裁判官の補足意見のように「被害者保護の限界」であって、同時に解釈論の限界であるとも考えられる。その意味では、本件判旨は論理展開上の矛盾はなく、従来の最高裁判例の立場を踏襲するものであると評価できる。しかし、これを普遍化することにはやはり問題があるように思える。次にこの点を検討したい。

4　損害の金銭的評価と差押え

　控訴審の認定によれば、訴外Aの被った損害は、逸失利益2736万2235円、慰謝料1800万円とされているが、自賠法3条の請求権差押えとの関係で注目したいのは逸失利益である。控訴審は、訴外Aには当時少なくとも年間で492万円の収入があり、少なくとも10年間は就労可能であったとし、3割の生活費を控除して新ホフマン方式による年5分の中間利息を控除して逸失利益の現価を2736万2235円としている[33]。一時金賠償方式が原則である現在の損害賠償システムの下では、このような形で損害賠償額の算定がなされるが、これは事故当時の被害者の収入を基準に損害額を積み上げて算出する方式

---

33)　前掲注15)　民集54巻3号994頁以下。

である³⁴⁾。

　ここで訴外Ａが損害賠償請求権を有しない通常の債務者であったと仮定する。Ａに対する債務名義を得た債権者は強制執行によって債権の回収を図ることになるが、この場合、Ａの収入に対しては全額の差押えが認められるわけではない。民事執行法152条1項の規定によって、月の手取額の4分の3ないしは21万円を超える部分についてのみ、差押えが認められる。ところが、Ａが交通事故の被害者であると事情は一変する。差押制限がされている収入は、死亡により損害賠償額の一部である逸失利益となり、損害賠償請求権を差し押さえることにより、全額が差押対象となるわけである。

　そもそも不法行為から発生した損害を賠償させるのは、被害者を従前の形に復帰させるだけであって、一時金賠償というシステムをとるが故に多額の収入が生じたようには見えるけれども、これは事故がなければ将来入ってきたであろう金額を受取るに過ぎない。決してプラス・アルファーを生んでいるのではないことに注意する必要があろう。将来に渡って生じるマイナスをあらかじめ穴埋めしているに過ぎないのである。

　とすれば、自賠法3条の請求権の差し押さえに当たって、民事執行法152条の規定を準用し、逸失利益に関してその内容を吟味することにより、部分的な差押制限が可能ではないかとも考えられる。もっとも、その様な処理は民事執行の実務上不可能であるとの批判もあり得ようが、実質的に給与と同視できるものにまで差押えが及ぶのは、一般の差押えと比較して均衡を失するのではないだろうか。

　それでは慰謝料はどうかという問題が次に生じるが、これは精神的損害に対する填補であって、民事執行法の差押制限のある給与等の継続的収入とは言えないから、全額が差押えの対象となると解釈せざるを得ない。

---

34) このような損害賠償額の算出については批判が多いことは確かである。特に死亡事故の場合、被害者の有する生命侵害に対する損害賠償請求権が相続されるという相続構成は、依然判例のとるところであるが、学説では遺族が被った固有の財産的侵害の賠償を認めて行くべきであるとの見解が台頭している。潮見佳男『不法行為法』（信山社、1999年）343頁。しかし、ここではこの議論には立ち入らない。もっとも、遺族固有の財産的侵害に対する賠償と言うことになると、これは遺族の固有の権利であって、被害者の債権者はこれに手を伸ばすことができなくなる（固有の慰謝料と同じ論理）。

　本件は死亡事故のケースであったが、仮に死亡事故ではなく、Ａが要介護の重度後遺障害となった場合を想定すると、この判決にはさらなる疑問が浮かび上がる。重度後遺障害の場合、逸失利益はもちろんのこと、将来の治療費や介護費用なども当然に損害賠償の項目として算定される。これらは、将来被害者の手許から支出されることが予定されるものであるが、最高裁判決の論理からは、これすらも全額の差押えが認められることになってしまう。将来に渡り治療が必要な被害者からその治療を受ける費用に対してさえも債権者が手を伸ばすことを認めてよいのだろうか。治療費や介護費用を差し押えられた被害者は、最終的には公的扶助の下で治療を継続することになるであろうが、社会保障的色彩の濃い自賠責保険からの支払ではなく、異なる社会保障システムで救済を受けることが妥当であるかは大いに疑問である。また、被害者が介護保険の適用を受けることができない若年者の場合には、問題は一層深刻化する。確かに債務は返済しなければならないのは理解できるが、そのような費用までをも債務の弁済に回すことを法が強制する事には疑問を感じる。

　最後に本件Ａの事故が労働災害にも該当する場合を想定してみよう。労災法 12 条の 5 第 2 項は、「保険給付を受ける権利は、譲り渡し、担保に供し、又は差し押さえることができない」と規定しており、これは給付金全額が差押禁止であると理解される。被害者Ａには、自賠法 3 条、民法 709 条そして自賠法 16 条 1 項による請求権が発生するが、労災保険の給付申請も同時に行うことができる。これらの請求権は切断されているのではなく、被害者Ａは、実際の損害額を超えて給付を受けることはできない。現在の実務では、発生した自動車事故が労災保険の保険事故である場合、一応自賠責保険からの支払を先行させる取り扱いになっている。仮に自賠法 3 条の請求権が差し押さえられ、自賠からの被害者への支払がストップするとなると、二重支払の可能性が生じるために、労災からの給付も停止されることになり兼ねない。ところが、被害者が労災保険からの給付を先行させると、その受給権は差押禁止であるから、労災からは受給可能である。この場合、国は労災法 12 条の 4 の求償条項によって、被害者の損害賠償請求権を代位取得することになる[35]。そして、自

35）昭和 31 年 9 月 25 日法制局 1 発第 37 号・法制局第一部長から運輸省自動車局長あての回答等、
　川井健ほか編・前掲注 4）170 頁。

賠法3条の請求権が差し押さえられているとすると、国と差押債権者との間で求償を巡る争いが生じ、この場合、国の債権が優先するのではないかと考えられる。そうであると、債権者のなした差押えは、労災からの給付の範囲内で効力を持たないと考えざるをえない。

　このように、労災と重なるケースにおいては、被害者がどちらの支払の先行を求めるかによって結論が大きく異なる可能性があるのである。

5　アメリカ法の状況

　次にこの問題に関するアメリカ法の状況を検討しよう。

　社会保障的色彩が濃い自賠責保険と営利主義の介入している任意保険という2階建構造をとる日本の自動車保険と、純粋に民間企業の提供する自動車保険という形態をとるアメリカとでは、この問題に対するアプローチが根本的に異なっている。

　アメリカでは、自動車事故の被害者（自動車事故に限らず、広く不法生命侵害や人身侵害の被害者ないしは遺族）が、加害者に対して有する損害賠償請求権および損害賠償金が差押えの対象となるかという問題として考慮される[36]。一つは、破産に際して、それら請求権（または損害賠償金）が破産財団に帰属するかという問題であり、もう一つは一般的な金銭判決執行の際に、差押禁止債権とされるか、除外財産となるかという側面から処理されるのである。この点、日本法においては自賠法18条によって同法16条1項の直接請求権だけを差押禁止債権としているところから、自賠法3条と同法16条1項の関係が問題となり、自賠責保険の範囲内での議論が中心となるのとは異なり、広く人身侵害による損害賠償請求権と差押えの関係が議論されている（もっとも、日本においてもアメリカのように自賠責保険の範囲に限定せず、広く交通事故被害者の救済全般の問題としてとらえることも可能であろう。しかし、それは法制度の改正という問題であり[37]、現行法の解釈論の範囲を越える問題である[38]）。

36）カリフォルニア州においても、保険法典の中に損害賠償請求権ないしは被害者の保険会社に対する保険金支払請求権の差押えに関する規定はない。金銭勝訴判決執行の問題となる。

37）自賠法3条による請求権の差押禁止を巡る問題となる。

　この点に関するアメリカ法の態度は、州によって大きく異なっている。それ
は、この問題がコモンロー上のものではなく、各州がいかなる制定法を有して
いるかによるからである[39]。破産は連邦の裁判管轄であるが、適用する法の
選択の問題として州法の規定が考慮され[40]、たんなる金銭判決の執行に際し
ての差押禁止債権であるかは、州法の規定によって決定されることになってい
る。なお、各州の破産に関する規定は、連邦破産法の規定が修正を加えられる
か、あるいは州独自の規定を付け加えられ、各州の制定法となっている。

　このように、一般化が難しいアメリカ法の状況であるが、一般的な状況は次
のように説明されている。人身侵害及び不法生命侵害の損害賠償金と免除の関
係について、人身侵害の損害賠償請求権は、一定金額を上限として債権者の請
求から除外される。しかし、いくつかの法域（州）では、人身侵害の損害賠償
請求権、それからの損害賠償金または人身侵害による将来の損害賠償金の除外
について、制定法を有していない[41]。債務者は、人身侵害の損害賠償請求権
が除外される前に、2 つの条件を満たす必要があるとされる。それは、除外を
欲する金銭が人身侵害から生じたものであることと、除外される範囲は債務者
の生計を維持するのに合理的な範囲[42]に限定されると言うことである[43]。

　注目すべきはこの除外の趣旨・目的である。債務者とその家族が州政府によ
る保護（生活保護）によることなく、立ち直れるようにするためだというので
ある[44]。

　それでは、制定法の状況を検討する事にしよう。まず連邦破産法である。こ

38）もっとも、現行の自賠法のもとでも、3 条に基づく損害賠償請求権の全てが差押えの対象となる
　のではなく、逸失利益に関しては民事執行法 152 条 1 項 2 号の給与等の継続的給付債権に準じるも
　のとして、一部差押禁止範囲に該当するという解釈も可能ではないかと思う。

39）Tignor v. Parkinson, 729 F. 2d 977.

40）MICHAEL J. HERBERT, UNDERSTANDING BANKTRUPTCY at 194（1995）

41）35 C. J. S Exemptions 153, 31 Am Jur 2d, Exemptions § 245.

42）金額について制限の無い州も存在する。35 C. J. S Exemptions § 154, 490 S. E. 2d 603（サウスキャ
　ロライナ州の判例）

43）35 C. J. S Exemptions § 153.

44）Id.

こでは、人身侵害に関連する部分のみを取り上げることとする[45]。

522 条(d)

(d)　次の財産は本条 b 項 1 号による差押除外財産とする事ができる

　(11)　次の債務者の受領権または次のものに由来する財物

　　(B)　債務者を扶養していた者の不法生命侵害に起因する補償金であって、債務者及びその扶養家族の生計を維持するのに必要な相当額のもの。

　　(D)　債務者または債務者を扶養していた者の人身侵害を原因とする支払いであって、16,150 ドルを超えない範囲のもの。ただし、慰謝料及び実際に被った金銭的損害に対する賠償を含まない。

　　(E)　債務者または債務者を扶養していた者の逸失利益の補償であって、債務者とその扶養家族の生計を維持するのに必要な相当範囲のもの

(B)は不法生命侵害（Wrongful Death）に関する規定である。加害者の故意または過失によって被害者が死亡したケースであり、その損害賠償金は「債務者及びその扶養家族の生計を維持するのに必要な相当額」が差押除外財産ということになる。死亡事故が発生した場合の遺族に対する損害賠償の構成として、被害者固有の損害賠償請求権を相続するという立場ではなく、被扶養者の扶養権侵害構成をとるアメリカ法の規定であり、遺族の生活保障という側面から生計を維持するのに必要相当とされる額を超えた部分のみが、部分的に差押対象となる。

(D)は人身侵害（Peresonal Injury）に関する規定である。この場合は、(B)と異なり、16,150 ドルという金額の上限が設けられている。しかし、この金額には慰謝料及び実際の金銭損害（中心は逸失利益）を含まない。この点について改正破産法の起草委員会の報告書は、「この条項はたとえば手足の喪失のような実際の人身侵害が生じた場合の賠償金をカバーしようとするものであり、そのような喪失に伴う介護費用であるとか、治療費、慰謝料または逸失利益を含むことを意図していない。これらはこの法案によって別個に取り扱われる」と述

---

45) 11 U. S. C § 522 (d)(11). 本条の和訳は高木新二郎『アメリカ連邦倒産法』（商事法務研究会、1996 年）560 頁によった。なお、(D)の金額は、11 U. S. C § 104 (b)(1)により、消費者物価指数による増額が行われており、16,150 ドルは現在の上限である。

べている[46]。この条項は人身侵害から直接に発生した損害そのものを賠償するものであり、治療費のような二次的コストは含まれていないが、この治療費に関しては、すでに行われた治療費については、被害者に帰属するのではなく、被害者がその医師、病院に代わって受け取っているのであり、被害者に帰属するのではないという構成がとられている[47]。なお、慰謝料は除外財産とならないが、一括賠償または分割賠償の金額につき、どの範囲が除外財産となるかを裁判所が判断しなければならないとする判例がある[48]。

(E)は、逸失利益に関する規定である。これにも(B)項と同様に「債務者及びその扶養家族の生計を維持するのに必要な相当額」について差押えの禁止がされている。

このように、連邦破産法は、一定の範囲内で人身侵害に関する損害賠償金について除外規定を有しており、被害者及びその遺族の生計維持という観点から差押えの除外をしているものの、その金額は無制限ではなく一定の上限を設けていることが注目される。これは 522 条(d)(10)に規定されている社会保障給付や失業保障給付などが金額制限を受けていないのと対照的である[49]。

ところで、連邦破産法は損害賠償に関して定期金賠償が行われる場合の処理については直接の規定を有していない。次にこれに関しての規定を有するカリフォルニア州法の規定を検討してみよう。

カリフォルニア州民事訴訟法典 703.140 条(11)は、連邦法の規定と同じ表現になっているが、続く 704.140 条と 740.150 条は、人身侵害及び不法生命侵害に関する独自の規定を設けている。

704.140 条[50]

(a)　本法の 708.410 条から始まる第 6 章第 5 条に規定されている場合を除

46）H. R. Rep. No.595, 95th Cong., 1st Sess. 362（1977）

47）*Id* at 367. HERBERT, *supra* note 40 at 194

48）In re Territto, 36 B. R. 667（Bankr. E. D. N. Y. 1983）

49）この他に、軍人恩給や廃疾、病気、失業手当などが例示されているが、これらに上限が設けられていない理由として、これらの給付が申請後になされるものであり、債務者の再出発を支援するためのものであること、そしてほとんどの場合、それらが債務者にとって唯一の収入であることが上げられている。HERBERT, *supra* note 40 at 194

50）CAL. CODE OF CIVIL PRO. §704. 140（West 1987 & Supp. 2000）

き、人身侵害の損害賠償請求権は主張をすることなく当然に除外財産となる。

(b)　次の(c)及び(d)に規定されている場合を除き、人身侵害に起因する損害賠償金または和解金は、金銭判決を受けた債務者、その配偶者そして債務者の扶養者の生計を維持するのに相当な範囲で差押除外財産となる。

(c)　前項(b)は、金銭判決の債権者が医師または病院であり、その請求が、損害賠償金または和解金を支払うに至った人身傷害に対する治療行為を施した事に起因するものである場合には適用されない。

(d)　人身侵害に起因する損害賠償金または和解金が定期金の形で支払われる場合には、金銭判決の満足のために適用される定期金賠償額には、706.010 条以下から始まる第 6 章第 5 条（賃金差押法）の下での所得金額と同じ金額が除外財産となる。

704.150 条

(a)　本法の 708.410 条から始まる第 6 章第 5 条に規定されている場合を除き、不法生命侵害の損害賠償請求権は主張をすることなく当然に除外財産となる。

(b)　次の(c)に規定されている場合を除き、金銭判決を受けた債務者の配偶者または債務者自身またはその配偶者を扶養していた者の不法生命侵害に起因する損害賠償金または和解金は、金銭判決を受けた債務者、その配偶者そして債務者の扶養者の生計を維持するのに相当な範囲で差押除外財産となる。

(c)　金銭判決債務者の配偶者または債務者自身またはその配偶者を扶養していた者の不法生命侵害に起因する損害賠償金または和解金が定期金の形で支払われる場合には、金銭判決の満足のために適用される定期金賠償額には、706.010 条以下から始まる第 6 章第 5 条（賃金差押法）の下での所得金額と同じ金額が差押除外財産となる。

このカリフォルニア州の規定では、連邦破産法の規定から進んで、人身侵害及び不法生命侵害の損害賠償請求権そのものを差押禁止としている事が注目される。さらに、これに対して支払われた損害賠償金の取り扱いについては、全額一括賠償の場合は連邦破産法と同じく「債務者及びその扶養家族の生計を維

持するのに必要な相当範囲」としているが、定期金賠償を想定した規定を設け、賃金差押法と同じ基準[51]でこの定期金が差押除外財産となると定めている点も注目に値する。

連邦法及びカリフォルニア法の規定によれば、人身侵害の被害者が有する損害賠償請求権については、手足の喪失などの実際の損害については全額が差押禁止とされ、逸失利益については「生計を維持するのに必要な範囲」で差押禁止となる。しかし、慰謝料はそうではなく、債務者が手を伸ばすことが可能とされている。これは、人身侵害による実際の損害と逸失利益は、被害者の財産にプラスをもたらすのではなく、あくまでもマイナスとなる部分を補填するに過ぎないからであり、この考え方は、日本法にも大いに参考になると思われる。

6 最高裁判決の問題点と若干の試論―結びにかえて―

今回の最高裁判決は、自賠法3条の請求権が差し押さえられ、それが第三者に転付されると、転付された債権の限度で被害者は自賠法16条1項の直接請求権を失うと判断したが、これが一般論として受入れが可能であるかについては疑問の余地がある。特に、被害者が重度後遺障害を被って生存している場合、損害賠償額全額が差押えの対象となる点や、労災が同時に成立する場合に、自賠法上の請求と労災の請求のどちらを先行させるかによって結論が大きく異なる可能性がある点は問題ではないだろうか。この最高裁判決は、転付命令が出され、その範囲内で債務者の債務が減少したという点にかなり影響を受けているのではないかとも思われる。確かに転付命令によって、債務者の負債は減少するが、債務の引き当てとなった損害賠償請求権の内容を吟味する必要はなかったであろうか。全ての損害賠償請求権を転付命令とトレードオフの関

---

51) この金額については、債務者が債務者その配偶者及び被扶養者の生計を維持するために必要であると証明した部分について差押えが禁止される（CAL. CODE OF CIVIL PRO. §706.051（West 1987 & Supp. 2000））。その額については、週の可処分所得の25％かあるいは週の可処分所得が連邦の最低時給（現在は5ドル15セント、29 U. S. C §206）の30倍を越えるときは、それを越えた分のいずれか少ない方が差押えの対象となる（CAL. CODE OF CIVIL PRO. §706.050（West 1987 & Supp. 2000）、15 U. S. C §1673）。

係にしてよいかも疑問である[52]。

　この事案では、被害者の遺族は遺族固有の慰謝料を取得した。これは相続財産には含まれず、債権者は手を伸ばすことはできない。死亡したＡの妻子に対して総額で 644 万 5030 円が固有の慰謝料として支払われており、この額が遺族の生活保障として多いのか少ないのかの議論は別として、債権者が手を伸ばすことができない一定の金銭が確保できたことは確かである。そういう意味では、本件事案の結論としてはこれでよいのかもしれないが、最高裁の論理展開を普遍化されたものとして受け入れてよいかは疑問である。

　仮にこの最高裁判決を踏襲するとしても、逸失利益や治療費、介護費用等に関しては、被害者の生計を維持する上で不可欠のものとして、その差押えに制限を加える解釈が必要ではないかと考える。しかし、これらが解釈論として成り立たないものであるとすると、最終的には立法による解決を図るしかない[53]。

　いくつかの手法が考えられるが、自賠責保険からの被害者に対する給付を保護するための手法をまず考えてみる。一番単純で明快なのは自賠法 3 条の請求権自体を差押禁止債権とすることである。しかし、これには問題がある。実質的に民法 709 条による損害賠償請求権の差押禁止となるばかりではなく、自賠責保険の枠を超え、任意保険の領域にまで差押えの禁止が及ぶからである。このことが、実は自賠法 3 条の差押え禁止に立法者が踏み込まなかった理由であるかもしれない。

　もう一つは自賠法 3 条の但書きとして、同法 16 条 1 項の直接請求権の対象となる損害賠償額の請求権は差し押さえることができないと規定することである。こうすれば、これで自賠分と任意分の請求権は分離できるが、手続き的に

---

52) 損害賠償の目的性と言う観点からは、たとえ差押えが認められるとしても、その範囲に制限を加えるべきであると思われる。

53) もっとも、内山・前掲注 11) 240 頁は、自賠法 18 条が 16 条 1 項の請求権を全面的に差押禁止にしていること自体が問題だと主張されるが、私見としては、この見解に反対である。なお、小野裁判官の反対意見も、最終的には立法による解決が必要であるとも理解できるし、藤井裁判官の補足意見も「被害者保護の限界」と述べられているあたり、限界を超えるためには法改正の必要性があることを示唆されているとも思われる。八島・前掲注 2) 211 頁は、法改正によらない限り、最高裁の判断を変えることはできないと指摘される。

かなり煩雑なものとなる可能性がある。

　これらとは異なり、自賠責から支払われる保険金の一部を保護する手法としては、損害賠償額の算定に着目する必要がある。つまり、逸失利益に関しては、これを民事執行法152条の給与等継続的給付と同じ性質のものと理解し、一定の基準を設けて部分的に差押えを禁止し、さらに治療費や介護費用については全面的に差押えを禁止することである。しかし、自賠責保険に限定せず、任意保険も含めて治療費や介護費用に関しては全面的に差押えを禁止することも十分説得力があると思う。この場合、自賠法に規定を設けるか、民事執行法の中に規定を設けるかの検討が必要となる。

　本稿では、平成12年3月9日の最高裁判決に焦点を当て、自賠法3条と同法16条1項の関係につき、差押えの可否という点に拡張して検討を加えてきた。少なくとも、最高裁判決の論理を普遍化・一般化することには、問題が存在することは指摘できたと思う。しかし、現行法の解釈としてはやむを得ない結論であり、そこに解釈の限界があるとすれば、新たな立法によってこの問題を解決する必要性が存在する。

　比較法として、アメリカ法を参照したが、アメリカは州によって異なるものの、破産法ないしは民事執行システムの中に人身侵害及び不法生命侵害の損害賠償請求権の差押禁止を規定しており、自動車事故の被害者に限定しない内容となっている。その意味では、自動車事故の被害者保護を目的とする自賠法の規定が問題となった日本のシステムとは異なる構成である。また、社会保障システムや民事執行システムが異なるアメリカの状況を単純に参照することができないのはもちろんであり、さらに実体面を含めた細やかな議論が必要となる。

　残念ながら、この論文には今後の課題として積み残した点が多い。アメリカ法の状況をさらに調査し、労災法などの関連法令との関係も深く考慮しながら、被害者保護を目的とする自賠法の中で、被害者の損害賠償請求権、直接請求権と債権者による差し押さえの問題について検討を進めて行きたいと考える。

第12章　自賠法15条請求と同法16条の3の支払基準

> 平成24年10月11日最高裁第一小法廷判決（平成23年㊹第289号自賠責保険金
> 請求事件）判時2169号3頁：破棄自判

【要旨】　加害車に契約されていた任意自動車共済契約の共済者が、同じく加害
　車に契約されていた自賠責保険の保険者に対して、自賠法15条に基づいて
　保険金の支払いを請求する訴訟において、裁判所は、同法16条の3第1項
　が規定する支払基準によることなく保険金の額を算定して支払いを命じるこ
　とができる。

【事実の概要】　Aは軽四輪貨物自動車を運転していたが、中央線を越えて対向
　車線に進入し、Cが所有しかつBが運転する普通貨物自動車（以下加害車）
　と正面衝突して死亡した。本件加害車には、Y（被告、被控訴人、上告人）を
　保険者とする自賠責保険契約と、X（原告、控訴人、被上告人）を保険者（共
　済者）とする任意自動車共済契約が締結されていた。

　　Yは、Aの相続人からの法16条1項に基づく保険金の直接請求に対して、
　本件事故に際してはAの重大な過失（9割以上10割未満の過失）があるとし
　て、Aの死亡損害について保険金額3000万円から5割の重過失減額を行い、
　Aの相続人らに対して1500万円の損害賠償額を支払った。

　　Yからの自賠責保険金受領ののち、Aの相続人らは、B及びCを相手方と
　して、本件事故によるAの損害賠償金の支払いを求める訴えを提起したが、
　Bらとの間で訴訟上の和解が成立した。その和解内容は、本件事故によるA
　の損害を7500万円（逸失利益5400万円、慰謝料2000万円、葬儀費用100万
　円）、本件事故の過失割合をA6割、B4割であることを確認し、BらはAの

相続人らに対して過失相殺により減額した金額（7500 万円から 4500 万円を減じた額〔3000 万円〕）から、すでに Y によって支払われた 1500 万円を控除した残額を連帯して支払うというのがその内容であった。

　X はこの和解に従い、B らが支払うべきものとされた 1500 万円を支払ったうえで、Y に対して A の過失割合 6 割を前提とし、法 15 条所定の保険金として 1500 万円を支払うよう求めた（A の過失が 6 割であれば重過失減額の対象とならず、上限である 3000 万円が本来 A の相続人に対して支払われるべき額であるとの主張）。これに対して Y は、A には重大な過失があり、5 割の重過失減額は相当であって、Y にはこれ以上保険金を支払う義務はないとして支払いを拒絶したので X が訴えを提起した。

　第一審の高松地裁は、本件事故に関する過失割合を A9 割、B1 割と認めるのが相当であるとし、Y の自賠責保険金支払義務の額は支払基準によっても 1500 万円を超えることはないとして X の請求を棄却した。

　原審は、A の過失割合を 8 割、B のそれを 2 割と認定したうえで、「支払基準」によれば、この場合には 3 割の減額を行い 2100 万円支払うべきであったが、Y が実際に支払ったのは 1500 万円であるから、その差額である 600 万円を Y は X に対して支払うべきであると判示した。Y が上告した。

【判決理由】「法 16 条 1 項に基づいて被害者が保険会社に対して損害賠償額の支払を請求する訴訟において、裁判所は、法 16 条の 3 第 1 項が規定する支払基準によることなく損害賠償額を算定して支払を命じることができるというべきである（最高裁平成 17 年㉔第 1628 号同 18 年 3 月 30 日第一小法廷判決・民集 60 巻 3 号 1242 頁）。そして、法 15 条所定の保険金の支払を請求する訴訟においても、上記の理は異なるものではないから、裁判所は、上記支払基準によることなく、自ら相当と認定判断した損害額及び過失割合に従って保険金の額を算定して支払を命じなければならないと解するのが相当である。

　しかるに、原審は、A の損害額を 7500 万円、A の過失割合を 8 割としながら、これらを前提とした過失相殺をせず、上記支払基準によれば Y が 2100 万円の保険金を支払う義務があると判断して、X の請求を一部認容したのであり、この判断には、判決に影響を及ぼすことが明らかな法令の違反がある。論旨には理由があり、原判決中 Y 敗訴部分は破棄を免れない。そ

して、以上説示したところによれば、Yは、上記損害額から上記過失割合により過失相殺をした後の1500万円に相当する損害賠償額を既に支払済みであるから、これ以上保険金を支払う義務を負わない。」

　裁判官全員一致の意見で、Y敗訴部分の破棄、X控訴の棄却（櫻井龍子、金築誠志、横田尤孝、白木勇、山浦善樹）。

【参照条文】自動車損害賠償保障法15条・16条1項・16条の3第1項

【分析】

1　はじめに

　自賠法16条の3第1項は、「保険会社は、保険金等を支払うときは、死亡、後遺障害及び傷害の別に国土交通大臣及び内閣総理大臣が定める支払基準（以下「支払基準」という。）に従ってこれを支払わなければならない」と定めている。平成18年の最高裁判決 1) は、この支払基準が、交通事故損害賠償請求訴訟において裁判所の判断を拘束するか否かについての判断を下し、法16条1項に基づいて被害者が保険会社に対して損害賠償の支払いを請求する訴訟において、裁判所は、法16条の3第1項が規定する支払基準によることなく損害賠償額を算定して支払いを命じることができるとした。この最高裁判決の射程範囲との関係で、自賠法15条に規定される加害者の請求の場合にも裁判所は支払基準に拘束されないのかが明らかではなかったが、本判決によって自賠法15条請求、同16条1項請求のいずれの場合でも、裁判所は支払基準に拘束されないことが明らかにされた。

2　本判決の解釈

　自賠法の下で保険会社が保険金等を支払う場合としては、最判平成18年判決のように、①被害者が自賠法16条1項に基づいて損害賠償額を直接請求する類型、②被害者と加害者との間で裁判または示談により損害賠償額が確定し、加害者が自賠法15条に基づいて保険金を請求する類型および③任意自動

1）最判平成18年3月30日民集60巻3号2142頁。

車保険会社が、被害者に対して自賠責保険分も含めて一括して賠償金を支払い、自賠責保険会社に対して自賠法 15 条に基づいて求償を行う類型がある[2]。本事案は基本的には②類型に属するがやや特殊である。

　自賠社である Y が、被害者の直接請求に対し自賠責保険金 1500 万円を支払ったのち、A の遺族が加害者を相手に訴訟を提起し、任意保険会社（共済者）X が被害者の遺族と加害者との間で成立した裁判上の和解に従って 1500 万円を支払っている[3]。この和解内容であるが、自賠責保険金支払の際に認定された A の過失 9 割、B の過失 1 割を大きく変更し、A の過失を 6 割、B の過失を 4 割としている。過失についての判断を大きく変える裁判上の和解がなぜ成立したのかが疑問であるが、ここではこれ以上立ち入らない[4]。もっとも、加害者 C は、X の関与の下で A の遺族とこのような和解をしたものと考えられる。

3　自賠責保険の支払基準と裁判基準

　支払基準の沿革等についての検討は省略するが[5]、平成 13 年の自賠法改正によって告示レベルへと引き上げられた[6]支払基準が裁判所の判断を拘束するかについては、見解の分かれるところであった。学説の一部は拘束力を肯定

2）洲崎博史「判批」商事 1901 号（2010 年）59 頁。

3）本件では、被害者側に重過失が認められるケースであったため、自賠責保険の保険金限度額内で解決できるケースとして、任意社としては一括払いを行わなかったものと考えられる。

4）本件の問題の本質は、この自賠責の判断と大きく異なる過失割合を内容とする裁判上の和解に従って、X が 1500 万円を支払い、その全額が Y から回収可能と判断した点にある。丸山一朗「判批」保険毎日新聞 2013 年 1 月 16 日 4 頁。保険会社は、自賠責保険の判断と大きく異なる内容の和解に従って、保険金の支払いを行うことはないという。本件では、自賠責保険の上限が 3000 万円であるところから、A の相続人に 3000 万円の上限が支払われるための論理的な操作を行い、総損害額 7500 万円、過失割合 6 対 4 を算出したものと思われる。

5）金澤理「被害者請求と損害査定」同『交通事故と責任保険』（成文堂、1974 年）59 頁。

6）告示レベルへと引き上げた理由の一つが、保険会社による払い渋りの問題であった。すなわち、再保険制度の下では再保険金の支払いに際して国土交通省のチェックが加えられ、支払基準の前の「査定要綱」を下回った支払いが検出されていた。再保険制度を廃止することによりそのようなチェック制度がなくなることから、保険会社からの払い渋りを防ぐ意味でも、支払基準を告示レベルまで引き上げたのである。保険会社の払い渋りに対する対応策として、保険会社が 16 条の 3 第 1 項の基準順守の主体とされている。岩川勝「自賠責保険の制度改正について」ひろば 54 巻 12 号（2001 年）15 頁。

するが、通説及び判例はその拘束力を否定している[7]。ところで、拘束力を否定することによって生じる問題点の一つとして、被害者が訴訟による損害賠償額の決定を求めたところ、判決が自賠責の支払基準による損害賠償額を下回る可能性がある。このようないわゆる下回り判決が発生する原因は、交通事故の損害査定に際しての3つの基準の違いと、支払基準が採用する重過失減額制度と民法上の過失相殺との違いにある。

交通事故損害賠償における損害算定に用いられているものには、自賠責基準（自賠責保険の支払基準）、任意基準（任意保険の基準）そして裁判基準（弁護士会基準）[8]の3つがあり、この順序で算定基準が高額化するとされている。たとえば、死亡の際の葬儀費用を例に挙げると、自賠責基準では60万円とし、立証資料等により60万円を超えることが明らかな場合には、100万円の範囲としている。裁判基準では130万円から170万円とされている。任意基準は保険会社により幅があるようで、自賠責基準と同じものから、裁判基準と同じものまであるという[9]。もっとも裁判基準の金額は一応の目安とされ、具体的な斟酌事由により増減される（葬儀費用のほかにも違いはあるがここでは触れない）。

ところで、複数当事者の関連する交通事故の場合、過失割合が重要な問題となり、不法行為訴訟の場合には過失割合に応じて損害賠償額が減額される結果となる（民法722条2項）。そのため、総損害額が9000万円であっても、その者の過失割合が9割とすると、900万円しか損害は填補されない結果となる。これに対して自賠責保険は、被害者に重大な過失がある場合にだけ減額を行うという重過失減額制度を採用しており、被害者の過失が7割未満の場合には減額はせず、後遺障害または死亡に係るものついては、7割以上の場合に3段階の減額が行われる[10]。そのため、先ほどの総損害額が9000万円のケースで、

7）学説の状況については、森義之「判解」『最判解民事平成18年度(上)』461頁、福田弥夫「判批」山下友信＝洲崎博史編『保険法判例百選』（有斐閣、2010年）63頁などを参照。

8）日弁連交通事故相談センター編『交通事故損害額算定基準―実務運用と解説―（23訂版）』（日弁連交通事故相談センター、2021年）34頁。

9）平成9年までは各保険会社間で金額に相違は無かったが、現在では各社横並びの金額ではない。実際の金額も公表されていない。

10）7割以上8割未満の場合に20％、8割以上9割未満の場合に30％、そして9割以上10割未満の場合に50％の減額がされる。

仮に自賠責基準による総損害額が 4500 万円だとすると、訴訟によると 900 万円しか塡補されないのに対して、自賠責保険の場合には 9 割以上 10 割未満の場合には 5 割の減額ということになるので、死亡の場合の自賠責保険金の上限である 3000 万円から 5 割減額された 1500 万円が塡補される結果となる。被害者の過失割合が高ければ高いほど自賠責保険の基準を判決が下回る可能性が出てくる。

　訴訟提起前に過失割合が確定できれば、訴訟による損害賠償額をある程度正確に予測できる。しかし、現在の交通事故紛争処理システムの中ではこの過失割合だけを認定する制度は見当たらない[11]。自賠責保険の過失割合（重過失減額）の認定に対しては、自賠責保険・共済紛争処理機構へ「過失の有無及び過失割合（減額）に関する」紛争の処理を求めることは可能だが、その調停結果に不服な場合は訴訟で争うしか道はなく、過失割合の認定だけを求めることはできない。

4　下回り判決の内容

　裁判所の判断が自賠責保険の支払額を下回る、いわゆる下回り判決の事案には、2 通りあると考えられる。それは、①自賠責保険から支払いを受けたが、それでは不十分であるとして訴訟を提起したところ、自賠責からの支払額を下回る判決が出された場合と、②自賠責保険からの支払いを受けずに訴えを提起したが、自賠責保険からの支払いが先行していれば、その額が判決の額よりも大きい場合である。

　自賠責保険による支払いが先行し、仮にその後に提起された訴訟において自賠責基準による支払額を下回る判決が出されたとしても、自賠社はその差額を被害者からは回収しないとされているようである。その理由は、裁判外における自賠責保険の支払いについて保険会社は自賠責基準によって拘束されることが法定化されており、また被害者救済の点からもそのような回収行為は望ましくないと考えられているからであろう。このように自賠責保険からの支払いが先行した場合には、たとえ下回り判決がだされたとしても、被害者には自賠責

11）過失割合だけの認定を求める裁判はできない。

基準に従った保障が確保されている。

　しかしながら、自賠責からの支払いが先行しない場合には問題が生じる。判決が出されたのちには、もはや自賠法16条1項の請求をすることが認められないからである。現行の自賠責保険実務では、被害者保護の立場からできるだけ迅速に被害者に対する保険金を支払うよう努めており、被害者に対して自賠責保険からの支払いがなされないのは、いくつかの場合に限定される。

　まず、被害者側に100％の過失があり、相手方に賠償責任を問えないとの自賠責保険の判断がなされた場合が考えられる。この場合は、訴訟で争う他はない。次に、考えにくい事例かもしれないが、自賠責保険に対する請求を一切せずに、いきなり訴訟という手段をとることも考えられる。最後に、自賠法16条1項に規定する被害者の直接請求権が時効消滅したため、損害賠償請求訴訟を提起する場合が考えられる[12]。

5　被害者保護と二重の基準―射程範囲の関係で―

　自賠責保険はあくまでも被害者に対する基本保障を提供することを目的としており、訴訟による損害賠償請求を否定するものではない。しかし、重過失減額制度と民法上の過失相殺の問題から、訴訟を経由することが常に被害者に有利なわけではないという制度が構築されている。少なくとも自賠責保険からの支払いが先行する限りは、被害者には自賠責保険の基準による基本保障が確保されているが、自賠責保険からの支払先行がなされない場合が考えられるため、それへの対応をどう考えるかという問題は残る[13]。また、自賠責保険の支払基準による算定額は、あくまでも訴訟による損害賠償額確定までの暫定的なものであり、訴訟による確定額に従って関係者の権利義務関係が確定するこ

12）　自賠法16条1項は被害者またはその代理人が損害と加害者を知った時から3年で消滅するが、民法709条の損害賠償責任と自賠法3条の運行供用者責任も同様に被害者またはその代理人が損害と加害者を知った時から3年で消滅することとされており、自賠について時効中断の手順を踏んでおらず、損害賠償訴訟についてのみ時効中断の手順が踏まれていた場合がありえる。

13）　被害者が訴訟外の16条請求で満足するか、それとも下回る危険を承知で訴訟によって16条請求を行うかは被害者の自己責任で負担すべきものとなるが、そのような制度の妥当性には疑問が提示されている。山下友信「自賠法16条の自賠責保険支払基準の法的意義―最高裁平成18・3・30判決について―」インシュアランス損保版4197号（2006年）7頁。

とを前提としているとの理解 [14] によれば、自賠責保険からの支払いが先行しても、訴訟によって損害賠償額が確定し、それが自賠責からの支払額を下回る場合には、差額分は被害者の不当利得となる。判決額と自賠責保険との差額を返還するよう被害者に対して命じるような判決が出されるとすれば、この問題は深刻化する。

　被害者に対しての基本的な保障である自賠責基準による保険金の支払いを最低限確保するためには、訴訟を経由しても自賠責保険からの支払基準によるのと同じ額が確保できるとする解釈が必要となる [15]。解釈論によることが難しいのであれば、立法によるしか方法はない。自賠責保険の範囲内における支払基準の法定化が考えられる。しかし、法定化した場合は、自賠責基準と裁判基準との逸失利益計算などにおける差額や、過失相殺の範囲などが問題となろう。なお、平成 10 年の自賠法改正に際して、自賠責保険の範囲内における重過失減額の法定化が考慮されたが、最終的には民法への影響が考えられるという理由から見送られた経緯がある。

　この判決の射程範囲であるが、最高裁平成 18 年判決と同様に自賠責保険からの支払いが先行した場合であっても、裁判所は自賠法 15 条請求と 16 条 1 項請求に対しては、自賠責保険の支払基準に拘束されることなく損害賠償額の判断をすることができるという意味にとどまるとともに、事案としてはかなり特殊な例であると考えられる。

　なお、原審（高松高裁）は、A の過失割合を 8 割、B のそれを 2 割と認定したうえで、「支払基準」によれば、この場合 3 割の減額を行い 2100 万円支払うべきであったが、Y が実際に支払ったのは 1500 万円であるから、その差額 600 万円を Y は X に対して支払うべきであると判示した。この点について判旨が「A の損害額を 7500 万円、A の過失割合を 8 割としながら、これらを前提とした過失相殺をせず……この判断には、判決に影響を及ぼすことが明らかな法令の違反がある」と述べている点を検討する。損害額について裁判基準を採用しながら、過失相殺について自賠責基準を採用することはやはり矛盾であ

14）西嶋梅治「判批」民商 135 巻 3 号（2006 年）572 頁、洲崎・前掲注 2）62 頁。
15）洲崎・前掲注 2）62 頁。

る。その意味で判旨は正当であると思われる。もっとも本件は 15 条請求の訴訟であり、被害者はすでに自賠責保険からの支払いを受けている。したがって、裁判所としても裁判基準による損害賠償額が自賠責保険の支払基準による損害賠償額を下回る可能性に対して配慮する必要性のない事案であった。

　最高裁平成 18 年判決に対しては、16 条請求の訴訟において、事案によっては裁判所が支払基準によって損害賠償額を決定することは許されてよいのではないかという考え方[16]が提示されているが、本件判旨はこのような考え方を否定するものではない[17]。なお、本事案は自賠責の支払基準に準拠しない裁判上の和解に応じて支払いをした任意社と、和解に関与していない自賠社の間に生じた保険金の負担割合をめぐる争いと引き直すことが可能であり[18]、その意味でも特殊な事案ということができよう。

16）洲崎・前掲注 2）62 頁。

17）日野一成「何故、裁判所は支払基準に拘束されないのか─自賠責支払基準下回り判決問題に対する一考察─」損害保険研究 75 巻 1 号（2013 年）81 頁以下は、本最高裁判決を中心に論旨を展開するが、自賠責保険が無責の判断をし、訴訟によって 9 割の過失と判断されたとすると、重過失減額ではなく過失相殺が行われるため、被害者が受け取ることのできる損害賠償額は自賠責による支払基準を下回ることを問題点として提示している。しかし、本判決はそこまでの内容に踏み込んだものではない。むしろ解釈論としての可能性は残されていると思われる。

18）森義之・前掲注 7）468 頁。

第13章　自賠責保険支払基準の裁判所の拘束力

最高裁	平成 18 年 3 月 30 日第 1 小法廷判決（平成 17 年（受）1628 号、損害賠償請求上告事件）判例タイムズ 1207 号 73 頁、自動車保険ジャーナル 1638 号 2 頁
原審	仙台高裁平成 17 年 6 月 10 日判決（平成 17 年（ネ）79 号、損害賠償請求控訴事件）自動車保険ジャーナル 1638 号 3 頁
第 1 審	盛岡地裁平成 17 年 1 月 20 日判決（平成 16 年（ワ）170 号、損害賠償請求事件）自動車保険ジャーナル 1638 号 5 頁

1　問題の所在

　本判決の争点は、平成 14 年 4 月 1 日施行の改正自動車損害賠償保障法 16 条の 3 第 1 項に基づく自賠責保険の支払基準が、裁判所が行う判断を拘束するのか否か、である。

　本判決は、自賠法 16 条の 3 第 1 項は、保険会社に、支払基準に従って保険金等を支払うことを義務付けた規定であって、支払基準が保険会社以外の者をも拘束する旨を規定したものと解することはできない。支払基準は、保険会社が訴訟外で保険金等を支払う場合に従うべき基準にすぎないものというべきである、などとして、自賠法 16 条 1 項に基づく被害者の保険会社に対する損害賠償額支払請求訴訟において、裁判所は自賠法 16 条の 3 第 1 項の支払基準によることなく損害賠償額を算定して保険金支払を命じることができる、と判示した。

　自賠責保険の支払基準は、従来は通達として定められており、法的拘束力を有しないと解されていた。しかし改正によって、自賠法 16 条の 3 の規定を受けて告示の形で定められたため、自賠責保険の支払基準は法定化されたと理解

された。そのため、自賠責保険の支払基準が拘束するものが、従来どおり保険会社にとどまるものか、それともそれに加えて裁判所の判断をも拘束するものかが問題となり、解釈も分かれていた。

本最高裁判決は、自賠責保険の支払基準は、あくまでも裁判外における保険金支払に際して保険会社を拘束するに過ぎないと判示して、この問題についての見解を明らかにした。しかし、保険会社の負担する法的な債務とは何であるのか、裁判上の和解や調停、さらには裁判外における当事者間の和解において支払基準に準拠しない支払が認められるのか、などの重要な問題が残されている。

2　事実の概要

訴外 A（79 歳女性）は、国道を横断するために対向車線を横断して分離帯まで行き、中央分離帯の植え込みの途切れたところを横切り、さらに走行車線に出て横断しようとしたところ、Y_1 運転の乗用車に衝突され死亡した。事故の原因は Y_1 の前方不注意と A が幹線道路を十分な安全確認を行わないまま横断したところにあり、Y_1 の過失 7 割、A の過失 3 割と認定されている。Y_2 保険会社は、A の相続人である X に対して自賠責保険金として 1809 万 2496 円を支払い、Y_1 も 32 万円を X に対して支払っている。

X は、自賠責保険金受領後に、Y_1 に対しては損害賠償請求権（民法 709 条及び自賠法 3 条）、Y_2 に対しては自賠法 16 条 1 項の直接請求権にそれぞれ基づき、連帯して 1210 万 1804 円の支払を求め、Y_1 に対してはさらに自賠責保険の保険金限度額を超過する分として 100 万円の支払を求めて訴えを提起した。

Y_2 は、改正自賠法によって法定化された支払基準に基づき、合計 1809 万 2496 円を支払ったものであり、上記以上の金額を支払うことはできない。仮に支払義務が認められた場合には、大幅な過失相殺が認められるべきである、などと主張し、さらに改正自賠法によって法定化された支払基準は、裁判所の判断を拘束すると考えられるので、損害賠償額が支払基準に基づき算定され、かつ、X に対して支払われた本件においては、既払金が保険金限度額の限度内外であるか否かにかかわらず、Y_2 は X に対して支払義務を負わないと主張した。

　第1審の盛岡地裁は、自賠法16条の3第1項は、保険会社に対して支払基準に従う義務を課してはいるが、個別具体的な事情を伴う交通事故の損害額の算定に関して、支払基準が被害者や裁判所を拘束すると解釈するのは困難であるとしてY₂の主張を退け、算出した総損害に3割の過失相殺を適用し、Y₁とY₂に対して320万2809円の支払を命じた。

　Xは、本件が自賠責保険金の請求であることから、過失相殺による減額は認められないなどと主張して控訴。Y₁はAとの過失割合を争い控訴。Y₂は、支払基準が法定化されたことにより、保険会社及び被害者を拘束するのは当然であり、裁判所がこれに従うことも当然である。保険会社は支払基準に従って保険金を支払わなければならない法的義務を負うに至ったのであり、裁判所が支払基準に拘束されずに支払基準以外の支払を保険会社に課すことを認めると、保険会社に対し法令違反を強制することとなり、法文に違反する結果となる、などと主張して控訴した。

　原審の仙台高裁は、支払基準において重過失減額のみ保険金額を減額する旨規定されているとしても、これに拘束されずに過失相殺することができるとしてXの控訴を棄却し、さらにY₁の過失割合を理由とする控訴も棄却した。Y₂の主張に対しては、自賠責保険も、一般の賠償責任保険と異なることはなく、被保険者が法律上の損害賠償責任を負った場合に、その賠償責任の金額が保険金の額となるのであり、その賠償責任の金額は、民法の規定によるというべきであるとした。さらに支払基準の法定化については、自賠法の改正は、規制緩和を実施するため、自賠責保険の政府再保険制度を廃止し、これとあわせて、自動車事故による被害者の保護の充実を図るため、保険金支払の適正化のための措置を講じようとするものであり、自賠責保険の契約内容の変更を目的としたものではなく、契約内容を定めた自賠法11条1項にも改正は加えられていない。支払基準が法定化されたことによりこれが自賠責保険の契約内容となり、自賠責保険が、保険金の額が支払基準によって定まる準定額支払型保険となるのであれば、当然自賠法11条1項にもそれに従った改正が加えられるはずであるが、そのような改正はなされていないなどとして、Y₂の控訴も棄却された。Y₂は、裁判所は自賠法16条の3第1項が規定する支払基準によることなく損害賠償額を算定することはできず、すでに損害賠償額全額を支払済み

であるとして上告した。

3　判旨（上告棄却）

「法 16 条の 3 第 1 項は、保険会社が被保険者に対して支払うべき保険金又は法 16 条 1 項の規定により被害者に対して支払うべき損害賠償額（以下「保険金等」という。）を支払うときは、死亡、後遺障害及び傷害の別に国土交通大臣及び内閣総理大臣が定める支払基準に従ってこれを支払わなければならない旨を規定している。法 16 条の 3 第 1 項の規定内容からすると、同項が、保険会社に、支払基準に従って保険金等を支払うことを義務付けた規定であることは明らかであって、支払基準が保険会社以外の者も拘束する旨を規定したものと解することはできない。支払基準は、保険会社が訴訟外で保険金等を支払う場合に従うべき基準にすぎないものというべきである。そうすると、保険会社が訴訟外で保険金等を支払うべき場合の支払額と訴訟で支払を命じられる額が異なることがあるが、保険会社が訴訟外で保険金等を支払う場合には、公平かつ迅速な保険金等の支払の確保という見地から、保険会社に対して支払基準に従って支払うことを義務付けることに合理性があるのに対し、訴訟においては、当事者の主張立証に基づく個別的な事案ごとの結果の妥当性が尊重されるべきであるから、上記のように額に違いがあるとしても、そのことが不合理であるとはいえない。

　したがって、法 16 条 1 項に基づいて被害者が保険会社に対して損害賠償の支払を請求する訴訟において、裁判所は、法 16 条の 3 第 1 項が規定する支払基準によることなく損害賠償額を算定して支払を命じることができるというべきである。これと同旨の原審の判断は、正当として是認することができる。」

4　本判決の検討

1）本件の争点は、平成 13 年改正によって新設された自賠法 16 条の 3 第 1 項によって法定化された自賠責保険の支払基準が、裁判所の判断を拘束するのか否かである。

　平成 14 年 4 月 1 日施行の改正自動車損害賠償保障法 16 条の 3 第 1 項は、保険会社は、保険金を支払うときは、死亡、後遺障害及び傷害の別に国土交通大

臣及び内閣総理大臣が定める支払基準（以下「支払基準」という。）に従ってこれを支払わなければならないと定め、同条第2項は、国土交通大臣及び内閣総理大臣は、前項の基準により支払基準を定める場合には、公平かつ迅速な支払確保の必要性を勘案して、これを定めなければならない。これを変更する場合も、同様とすると定める。「支払基準」は告示の形をとり、金融庁・国土交通省告示第1号（平成13年12月21日）として公示されている。

改正前の自賠責保険の支払基準（自賠責保険損害査定要綱）は、現行のような告示ではなく、再保険のチェック基準として、いわゆる支払基準（自賠責保険損害査定要綱）を運輸省が通達として示し、それをもとに各保険会社が大蔵省に事業方法書の付属書類として認可申請を行い、自動車保険料率算定会がそれに依拠して損害調査を行っていた[1]。従前の支払基準は、行政庁の認可を受けたいわば保険会社の内部基準に過ぎなかったが、政府再保険制度の下で支払基準を無視した支払を行おうとすれば、再保険金の支払に支障が生じることから、保険会社の裁判外の保険金支払は支払基準によって事実上拘束されていた。このような支払基準は、自賠責保険のような社会保障的色彩を帯びた保険制度では、被害者間における衡平を確保し、地域間格差の発生を防止するため、統一された支払基準に従って支払われることが当然であると考えられる。さらに被害者の迅速な救済という自賠法の目的からもこのような支払基準は必要とされた[2]。

改正前の支払基準が裁判所の判断を拘束するのかという点については、これを否定するのが学説及び判決例の一致するところであった[3]。迅速かつ画一的な処理が要求される自賠責保険の損害査定とは異なり、裁判所が行う損害額の算定は具体的個別的事案に応じたものであり、同一の事案において両者の算定額が食い違うことはむしろ当然であるとも理解されていたからである。さらに、このような違いに加えて保険会社及び調査事務所は損害調査について公的

1）この点については、伊藤文夫「自動車損害賠償保障法等の改正について」賠償科学 No.28（2002年）81頁参照。

2）金澤理「被害者請求と損害査定」『交通事故と民事責任』（成文堂、1974年）58頁。

3）遠藤美光「自賠責保険の査定の拘束力」『新損害保険双書2』（自動車保険）（文眞堂、1983年）74頁。

権限を有せず、損害額の決定についても法的な権限を有しないこともその理由とされていた[4]。判決例には、査定基準は裁判所が行う損害賠償額の認定に際しての一資料とはなるが、被害者側はもちろん裁判所を拘束するものでなく、裁判所は独自の見地から損害賠償額を算定すべきであるとする判決例[5]や、自賠責保険損害査定要綱に基づく取扱いは全国的に定着しているが、その査定に基づく金額が裁判所を拘束するものではなく、裁判所が算定した損害額であり自賠責保険の限度額以内なら自賠責保険もこれに従うべきであるとする判決例[6]などがある。これらの判決例はいずれも拘束力は否定するがその理由を示していない。このように、従前の査定基準が裁判所による損害賠償額の算定を拘束するものでないことから、もとより自賠査定に不満な被害者は、査定内容の変更を求めるために保険会社を被告として保険金請求訴訟を提起することとなる。

2）それでは改正法における支払基準はどうか。支払基準の法的性質は通達から告示へと変更されている。これによって支払基準の拘束する範囲が変更されたと考えることができるであろうか。通達とは、内閣総理大臣、各大臣、各委員会及び各庁長官がその機関の所管事務について、命令または示達するため所管の機関及び職員に対して発するものをいう[7]。これに対して告示とは、内閣総理大臣、各大臣、各委員会及び各庁長官がその機関の所管事務について公示をするための形式である[8]。告示は公示を行うための法形式であって、それ自体は法規範としての拘束力を有さない。しかし、他の法令の内容を補充するためのものである場合には、その限りで立法行為としての性質を持つとされる。

　改正法の下での支払基準は、自賠法 16 条の 3 を受けてその内容を補充するための告示という形式を用いており、そのような場合には立法行為としての性

---

4 ）金澤・前掲注 2 ）59 頁。

5 ）名古屋地判昭和 37 年 9 月 26 日判例時報 324 号 30 頁。

6 ）京都地判昭和 55 年 3 月 27 日判タ 419 号 138 頁。

7 ）藤田宙靖『行政法 I 』（総論）（第 4 版改訂版、青林書院、2005 年）286 頁参照。

8 ）藤田・前掲注 7 ）286 頁。

質を持つものと解される[9]。したがって、改正法下の支払基準は、従前の支払基準とは異なり、法定化されたものと考えることができる。そうすると、これまでの学説が従前の支払基準が裁判所を拘束することが認められなかった理由を、損害額決定の公的権限の有無に求めていたことを考えると、改正法が、自賠責保険金額の支払については、保険会社に対して告示に従った支払を要求しているところから、従前の支払基準とは異なり、裁判所の判断を拘束すると考えることが可能なように思われる。しかしこの法定化の持つ意味が、裁判外における保険会社の支払の拘束を、事実上のものから法律上のそれへと高めたものとだけ理解するのか、それとも従来は一切拘束されていなかった裁判所の損害額算定までも拘束すると理解するのかは、単に公示形式がどのように変更されたのかによってのみ判断できるものとは思われない。なぜならば、後者であると解するなら、被害者にとってはこれまでは訴訟によって争うことが認められていたものを事実上制限するという、裁判を受ける権利の重大な制限となるからである。さらに、たとえ自賠責保険の保険金額の範囲内であるとはいっても、不法行為に基づく損害賠償請求権を実質的にその範囲で制限することとなる。不法行為訴訟における損害賠償額の算定を、いわば準定額化とすることがこのような告示形式によって可能であるかは疑問がある。

　ここで、自賠法16条の3第1項の内容を検討してみよう。法16条の3第1項は、「保険会社は、保険金等を支払うときは……支払基準に従ってこれを支払わなければならない」と定めている。条文上からは、支払基準に拘束されるのは保険会社だけであって、裁判所を義務主体とはしていない。この点について、自賠法の改正作業を担当した国土交通省自動車交通局保障課は、改正に際してパブリックコメントを求めたが、「支払基準は裁判所を拘束するものではない」などの明文を付加すべきであるとの意見に対し、「法16条の3の規定において支払基準の遵守義務の対象になっているのは保険会社及び組合であることが明確化されています」と回答しており、遵守の義務主体は保険会社等であり、裁判所が拘束されないことを間接的に明らかにしている。また、自賠法16条の3の立法趣旨は、政府再保険廃止後は、再保険金等の支払の段階にお

9）藤田・前掲注7）286頁。

いて支払基準への適合性をチェックする担保手段がなくなるため、支払基準が被害者保護に果たしてきた役割に鑑み、位置付けを改めて法律上の根拠に基づいて国土交通大臣及び内閣総理大臣が保険金等の支払基準を定めることになった [10] のであり、立法趣旨からも裁判所を拘束することが予定されていないことは明確であるといえる [11]。最高裁は、支払基準の遵守義務対象は保険会社であり、しかも裁判外の保険金支払に際してのみであるとして、改正作業における国土交通省自動車交通局保障課の見解と同様の理由から、裁判所を拘束しないものと判断した。

3）支払基準が裁判所を拘束するかということは、自賠責保険会社が支払義務を負担する金額（自賠法 15 条及び 16 条の請求権の金額）を算定するに際し、支払基準に即して金額算定したものを法的義務として負担するのか、それともこれに従わず、他の考え方で算定した金額を債権額と認定できるのかという問題に帰着する [12]。そのため、16 条の 3 が、当事者の権利義務まで拘束するものと解釈できるのかが具体的な論点となるが、この点について最高裁は明確に法 16 条の 3 はあくまでも訴訟外における保険会社の支払を拘束するに過ぎないと判断している。

　このような判断によると、改正後の支払基準の持つ意味は従前の査定要綱に基づく支払基準と実質的に同じであり、法定化の意味は、保険会社をこれによって拘束するという新たな効果が伴うに過ぎないということになる。このような形で保険会社を拘束するに至った理由は、政府再保険制度の廃止によって後退する懸念が持たれた保険会社の支払適正確保のため（従前の制度下で生じていた保険会社の過少払等への対応）であることを考えると、立法趣旨からも裁判外の支払において保険会社のみを拘束するとする解釈は首肯しうる。なお、

10）この点については、岩川勝「自賠責保険の制度改正について」法律のひろば 2001 年 12 月号 15 頁参照。

11）もっとも、立法を担当した当時の保障課長はこれとは異なり、個人的見解とはしているものの、裁判になったかならないかとは関係なく、同じ扱いをすることがこの法定化の趣旨にかなっていると発言している。井手憲文「自賠責保険の制度改正について」交通法研究 31 号 91 頁。

12）高野真人「後遺障害認定の変遷と課題」平成 18 年度日本交通法学会定期総会個別報告・シンポジウムレジメ 41 頁。

法文上の表現は保険会社の支払を拘束する形式とはなっているが、保険会社が支払基準に従った支払をしなければならないということは、保険金受取人である被害者や被保険者もこの支払金額を受取るしかなく、逆に支払基準以外の金額を受取る権利があるとすれば、保険会社は自賠16条の３に違反して支払を行うこととなり、それでは法律に規定した意味がないなどとして、従前の支払基準からの性質変更を主張する見解がある[13]。

4) ところで、改正法による支払基準が裁判所を拘束するのかという点については、次の３つの考え方が成り立ちうる。それは、①法定化されたという点を重視して裁判所の判断を完全に拘束するとする[14]。②支払基準を法定化したことにより、裁判所の判断を拘束はするが、それはあくまでも下限についてだけ拘束する、とし、その理由は被害者救済という自賠法の目的に求められるというものであり、上限については拘束しないとする[15]。③改正前と改正後では支払基準の本質的な違いは発生しておらず、16条の３の表現も保険会社に対して支払基準に従った保険金の支払を要求しているに過ぎないことなどを理由として、上限・下限とも拘束しないとする[16]。

　最高裁判決は、拘束力を否定するという考え方を採用したが、従前の査定要綱に基づく支払基準のように上限も下限も拘束しないとするのか、それとも下限のみを拘束するのかについては言及していない。しかし、裁判所の自由な判断を肯定するところから、上限も下限も拘束しないと判断したものと解される。なお、損害額の算定に際して大きな影響を与える重過失減額制度の取扱いについても、最高裁の判旨は特に言及していない。原審である仙台高裁の判旨

13）佐野誠「自賠法の改正と自賠責保険の変容」損害保険研究 64 巻 4 号 144 頁。
14）伊藤文夫・前掲注 1）83 頁、佐野誠・前掲注 13）143 頁以下、佐野誠「自賠責保険支払基準の拘束力」自動車保険ジャーナル 1638 号 8 頁。もっとも伊藤教授と佐野教授の見解には異なりがある。伊藤教授は法定化の意義を重視されるが、佐野教授は法定化によって支払基準が保険契約の内容となると理解する。しかし自賠法 1 条の趣旨を考慮すると、契約の内容とまでいえるかは疑問がある。
15）若井英樹「平成 12・13 年の交通事故判例の概要出」インシュアランス 3998 号 5 頁。
16）八島公平「自動車損害賠償保障法改正の概要について」自動車保険研究 6 号 117 頁、西嶋梅治「平成 14 年の自賠責制度の改正とその評価」自動車保険研究 7 号 4 頁、木宮＝坂東＝羽成＝青木『注釈自動車損害賠償保障法』（新版、有斐閣、2003 年）196 頁。

はどうかといえば、自賠法11条1項の規定から、自賠責保険も、一般の責任保険となんら異なることはなく、被保険者が法律上の損害賠償責任を負った場合に、その賠償責任の金額が保険金の額となると述べている。重過失減額制度に関してのみ裁判所が拘束されるというのは、論理的にも矛盾する解釈となることはもちろんであり、この点も裁判所は、重過失減額を考慮することなく判断できるとしたものと思われる。

5) 最高裁判決は、裁判外の支払手続においては、支払義務を遵守することを否定するものではないが、いくつかの問題が発生する。それは、自賠責保険の支払基準と裁判所の損害賠償額判断基準の違いに理由がある[17]。そのために、同一事案であっても、自賠責保険の支払基準に基づく支払額と、裁判所の損害賠償判断基準に基づく金額とでは、大きな差が出る可能性がある。もっとも、自賠責保険の支払基準に基づく算定額は、迅速な被害者の救済を目的とする自賠法の社会保障的性質から考慮された、保険料負担との均衡に配慮した基本補償としての金額である。実際の損害額（完全な補償）を目的としているのではなく、それを求めようとするならば訴訟によるしか方法はない。そのため、裁判所による判断基準によれば適正とはされない金額の支払を、保険会社は自賠法によって義務付けられることになったのは確かである。支払適正化確保のために、支払基準によって保険会社を拘束する条項を設けた結果、過少払を防ぐと同時に、個別的な事情を考慮した実質的な過払（支払基準を超えた支払）も防止する効果を有する結果となる。もっとも、これは従前の制度下でもそのような支払は認められていなかったのであるから、実質的な変更とまではいえないと思われる。

　ところで、判決の場合は別としても、裁判上の和解や調停において、自賠責の支払基準に準拠しない金額の支払に保険会社が応じることは許されるのか、事故の当事者間で裁判外における和解が成立した場合に、保険会社がこの結果に応じた支払をすることは認められるのかが問題となる。なお、指定紛争処理

---

17) 厳密には、交通事故の損害査定に際して、いわゆる自賠基準、任意基準そして裁判基準の3つが存在することは周知のことである。

機関の調停と支払基準の関係はどうかという問題まで発展するとの指摘もあるが、指定紛争処理機構は支払基準の遵守を保険会社と同様に課されている。最高裁の判旨は、これらの問題について何らの答えも示してはいない。

6）最後に自賠責保険と任意保険との関係からの問題点について検討する。死亡事故による被害者の仮定的な損害額を1億円とし、被害者の過失を7割とすれば、損失割合に応じた支払は3000万円ということになる[18]。自賠責の支払基準では、7割の過失の場合は2割の減額を行うのであるから、2400万円が自賠責保険から支払われ、600万円が任意保険から支払われることになる。しかし、これが訴訟に移行した場合に判決の認容額が3000万円となるとすれば、自賠責保険が保険金額の上限であるとして、任意保険の負担が0円となり、自賠責保険が3000万円の求償ファンドと化すことになるが、そのような考え方は妥当かという問題が生じる。同様に、当事者訴訟で自賠責保険金額を超える支払を命じられた被告（実質的には第三者弁済として任意保険会社が支払ったとする）が、自賠責保険会社に求償する場合、自賠社の支払は、支払基準の範囲内でよいのかという問題が生じる。この点について原審は、任意保険による一括払の場合と訴訟による場合とで任意保険によって負担すべき額が異なるというような事態が生じるとしても、それは、自賠責保険契約を締結している保険会社と任意保険契約を締結している保険会社間の問題に過ぎないとしたうえで、その間で合理的な解決を図ることが可能であると考えられるとした。下級審判決例のなかには、適正な損害額が自賠責保険の支払額より大きいときは、その差額は自賠責保険の限度内である限り、任意保険の負担となるものではなく自賠責保険の負担となるとするもの[19]があるが、この点についての最高裁の判断はまだ示されていない。

7）自賠責保険の支払基準が裁判所を拘束しないとの最高裁の判断により、裁判所は事案の個別的事情などを考慮した自由な判断が行えることが確認された

18）以下、伊藤文夫・前掲注1）82頁以下の数値を利用する。

19）京都地判昭和55年3月27日判タ419号138頁。

が、上述したとおり、保険会社の負担する法的な債務は何であるのかという基本的な問題が残されている。さらに、自賠責保険の被害者保護の特徴であるところの重過失減額との関係で、支払基準の方が高額となる可能性があるが、理論として保険会社が訴訟で争うことにより、保険会社の支払額を民事責任の額まで減額することが可能となるとの指摘もある [20]。さらに、重過失減額の関係上、訴訟において被害者が支払基準による支払を請求した場合、自賠責保険会社が支払基準によることなく民法上の過失相殺を主張して争うことが可能かという問題もある [21]。

　本最高裁判決が自賠法16条の3第1項の下では裁判所において支払基準に拘束されない、と判示している点については妥当な判断であると考える。ただ、上記の問題点を含めて再検討の余地がなお残されている。

20）佐野誠・前掲注14）「自賠責保険支払基準の拘束力」9頁。

21）古笛恵子・本件判批・インシュアランス4182号4頁。

第四部

交通事故被害者救済のあり方

第 14 章　自賠責保険と交通事故被害者の救済
―令和 4 年改正と新たな賦課金導入を中心に―

1　はじめに

　令和 4 年に改正された自動車損害賠償保障法（以下、自賠法）は、71 条にお
いて、「政府は、この法律の規定により、自動車事故対策事業として次条第 1
項に規定する自動車損害賠償保障事業及び第 77 条の 2 第 1 項に規定する被害
者保護増進等事業を行う」と規定し、これまでは自賠法の附則[1]により、有
限である積立金を財源として、「当分の間」実施するものとされていた被害者
の保護増進または自動車事故の発生防止の対策に関する事業を、「恒久的かつ
安定的」に実施することとなった。

　自賠法は、自動車の運行によって人の生命または身体が害された場合におけ
る損害賠償を保障する制度を確立することにより、被害者の保護を図り、あわ
せて自動車運送の健全なる発展に資することを目的として（1 条）、昭和 30 年
に制定され[2]、その後数度の改正を経て現在に至っている[3]。これまでは、自
動車損害賠償責任保険（以下、自賠責保険）および共済を基本とする運行供用
者の賠償責任を維持・確保すると同時に、ひき逃げおよび無保険車による自動

---

1 ）平成 13 年法律第 83 号附則の 4 は、国土交通大臣は、被害者の保護の増進を図るとともに、自動
　　車事故の発生の防止に資するため、当分の間、自動車損害賠償保障法及び自動車損害賠償責任再保
　　険特別会計法の一部を改正する法律（平成 13 年法律第 83 号）附則第 4 条第 4 項の規定により特別
　　会計に関する法律附則第 66 条第 17 号の規定による廃止前の自動車損害賠償保障事業特別会計法
　　（昭和 30 年法律第 134 号）附則第 15 項の規定による読替え後の同法附則第 3 項に規定する自動車
　　事故対策勘定に帰属した資産で特別会計に関する法律附則第 227 条第 4 項の規定により自動車損害
　　賠償保障事業特別会計の自動車事故対策勘定に帰属したもので、同法附則第 228 条第 8 項の規定に
　　より自動車安全特別会計の自動車事故対策勘定に帰属した資産を充てて行う被害者の保護の増進ま
　　たは自動車事故の発生の防止の対策に関する計画（以下「自動車事故対策計画」という）を作成
　　し、または変更するものとする。以上のように規定していた。

車事故の被害者を保障事業によって保護するという、2つの柱の下で被害者の保護を図ることとしていたが、令和4年の改正によって、これら2つに加えて、新たに設けられる賦課金を財源とした被害者保護増進等事業[4]を自賠法の本則の中で行うこととなり、新たな3つ目の柱が加わることとなった。

制定後68年を経過した自賠法であるが、この法制度が交通事故被害者の救済はもとより、わが国の交通政策や産業政策そして経済の発展に大きく寄与したことはたしかであり、その骨格部分に大規模な改正は必要とせず[5]、現在でも存在していることは驚きでもある。

本稿では、政府再保険制度の廃止を行った平成13年改正に遡り、被害者保護増進等事業が本則に加えられたことの意義を検討することとする[6]。

2　再保険制度の採用と自賠責保険の収支
―特別会計と自賠責保険の収支―

昭和30年に制定された自賠法は、その40条で「政府は、保険会社が責任保

2）昭和30年7月29日制定、昭和31年2月1日施行の自賠法は、60年以上経過した現在においても、交通事故被害者の救済システムとしていささかの揺るぎもなく存在している。現在とはまったく異なる交通事情などの中で、長年の風雪に耐える制度を考案した先達たちの先見の明に驚くばかりである。

3）これまでの主な改正には、昭和41年、昭和45年、平成7年、平成13年、そして今回の令和4年（新たな賦課金の導入による被害者保護増進等事業の恒久化、指定紛争処理機構による手続促進のための、調停による時効の完成猶予および訴訟手続の中心の特例の新設等）がある。なお、昭和41年から平成13年までの改正の概要については、国土交通省自動車保障制度参事官室監修『新版逐条解説自動車損害賠償保障法』（ぎょうせい、2012）13頁以下参照。

4）被害者保護増進等事業は、被害者救済支援事業と、事故防止事業からなるが、その詳細な内容については検討の対象とはしないことをお断りしておく。

5）平成13年の再保険制度廃止は、運用制度面からは大改正ではあったが、自賠法3条による賠償責任と強制保険による賠償能力の確保、そして政府保障事業によるひき逃げおよび無保険車の事故の被害者の保護は維持されている。

6）本稿は、法解釈を中心としたものではなく、自賠法改正を振り返り、その制度的な変遷の検討を中心とする。筆者は平成11年に当時の運輸大臣の懇談会としてスタートした今後の自賠責保険のあり方に係る懇談会のメンバーとして自賠法の改正作業に携わり、また平成17年からは自賠責保険審議会委員も務め、約四半世紀にわたり自賠法の改正作業に携わってきた。本稿では、このような経験を基に、平成13年の再保険制度の廃止から令和4年の被害者保護増進等事業のための賦課金導入までを検討し、新制度の意義について考えることとする。

険の事業によって負う保険責任を再保険するものとする」と規定し、再保険の形で政府がこの制度に深く関与することが定められていた。一般会計とは別に自動車損害賠償責任再保険特別会計が設けられ、それは保険勘定、保障勘定そして業務勘定の3つに分かれていた[7]。保険勘定は保険会社等から徴収する再保険料を財源として、交通事故の被害者に対して、再保険金等を支払う経理単位の勘定であり、保障勘定は自賠責保険料の一部に含まれる賦課金等を財源として、ひき逃げまたは無保険車による事故の被害者に対する損害のてん補等の経理の勘定、業務勘定は保険勘定、保障勘定からの繰入れを財源として、両事業における業務取扱いの経理の勘定であった。

　それでは自賠責保険の収支状況はどうであったかろうか。昭和36年で単年度の収支は黒字に転じたが、累積赤字の解消は昭和39年にようやく実現している。昭和41年から昭和44年にかけて連続して収支は赤字となり、累計赤字は昭和47年にようやく解消されている。昭和53年から昭和59年の単年度収支は赤字であったが、昭和52年までのプラスの累積収支残により補てんされ、昭和59年契約年度末までの累積収支の赤字約3,250億円は運用益で補てんされた。また、平成2年年度末の累計収支の黒字から、それまでの累積社費赤字463億円が補てんされている。その後も平成7年から平成13年度まで単年度の収支は赤字となったが、累積収支の赤字4,105億円は、運用益で補てんされた。再保険廃止の平成14年度以降は、平成20年から平成24年まで単年度収支は赤字となったが、累積収支残は令和元年でプラスへと転じた[8]。

3　政府再保険制度と累積運用益

1）自賠責審議会答申と累積運用益の使途

　昭和44年10月7日の自賠責保険審議会答申[9]は、自賠責保険の基本的なあり方に大きな影響を与える重要なものであった。自賠責保険が実施されて以

7）3つの勘定に分けることについては、自動車損害賠償責任再保険特別会計法の3条以下に規定があり、それぞれの勘定の内容については、4条以下に規定が設けられていた。

8）これまでの自賠責保険の収支については、「令和4年度料率検証結果について」第145回自賠責保険審議会資料1（https://www.fsa.go.jp/singi/singi_zidousya/siryou/20230113/01.pdf）などを参考にしている。

降、自賠責保険審議会の議題として保険収支の累積赤字が問題であり、この赤字補てんの一つの財源として、滞留資金の運用益が注目を集めた。

その内容を簡単にまとめると、以下となる。

> ①　収支の不均衡を是正する必要があるが、増大する赤字の安易な保険料引上げによる解決は、契約者負担の増加、制度運営を安易にし、責任保険の基本的なあり方を揺るがすことになるおそれがある。
>
> ②　45年度末で1,700億円を超える累積赤字であり、44年度の単年度でも1,300億を超える赤字が予測される。死亡保険金および後遺障害保険金の改定を考えれば、保険料の大幅な引上げが必要である。しかし、これを一度に行うのではなく、制度改善との関連から、保険料の引上げは44年・45年度の2段階に分けて行うことが適当である。
>
> ③　交通事故の被害者に対する適切な治療方法の確立と交通救急医療体制の整備は、国民にとって大きな関心事であり、滞留資金の運用益等を活用して、積極的に救急医療体制の整備に寄与すべきである。
>
> ④　今後の自動車の一層の普及と保険料収入の増加を考えれば、責任保険の滞留資金は増大し、その運用益も相当の額になることが予想される。したがって、滞留資金の運用益については、今後は保険料負担の軽減に充てるほか、救急医療体制の整備充実等交通安全対策にも活用すべきである。
>
> ⑤　責任保険の滞留資金については、できる限り効率的な運用に努めるとともに、特に保険会社については、今回適正な付加保険料が計上されたことから、その運用益を明確に区分経理すべきである [10]。

2）特別会計上の滞留資金と累積運用益

責任保険における滞留資金は、保険料収入のうち翌年度以降の期間に対応する、いわゆる未経過保険料部分および保険料収入と保険金支払いとの期間的な

9）自動車損害賠償責任保険審議会答申（昭和44年10月7日）損害保険料率算出機構（以下、損保料率機構）編『自賠責保険のすべて〔13訂版〕』（保険毎日新聞社、2020）247頁以下。この答申は、「まえがき」に始まり、「一　死亡および後遺障害の保険金額」、「二　保険料率」、「三　農業協同組合等の行う自動車損害賠償責任共済の掛金率」、「四　責任保険制度の改善」、そして「むすび」からなり、のちの政策判断等にも大きな影響を与えた、広範な内容に言及する重要な答申である。

10）後に検討する平成13年の政府再保険制度廃止に伴う累積運用益の使途および令和4年の新たな賦課金導入については、この昭和44年答申が大きな役割を果たしている。

ズレ（タイムラグ）による未払保険金部分である。保険料収入と保険金支払い
との関係をみると、自動車保険の場合には、通常は事故が発生しても直ちに請
求はなく、治療や当事者間の交渉等が長びくこと等の理由により、保険金請求
の大半が翌期以降となり、収入保険料に対応する保険金をすべて支払い終わる
までには、契約時点から長期の期間[11]となるのが通常である。滞留資金は、
再保険特別会計の保険勘定と保障勘定の両者に発生する。この滞留資金を大蔵
省（現財務省）の資金運用部に預託することにより発生するのが再保険特別会
計の運用益である。

　滞留資金の発生は当年度の収支とは関係ないことから、運用益はかなり前か
ら生じていたのではないかと考えられるが、昭和48年の自動車事故対策セン
ター法案の審議において、政府委員である当時の運輸省自動車局長は運用益に
関する質問につき次のように答弁している。

　「……昭和42年の頃は34億程度でございましたものが、逐年ふえてまいっ
てきておりまして、昭和47年、これはまだ決算でございませんが、見込みで
約102億ということでございます。昭和48年度は130億と、こういう状況で
ございます。」[12]

4　再保険制度の廃止と累積運用益の処理

1）平成13年改正における再保険制度廃止の経緯 [13]

　昭和30年にスタートした自賠責保険の政府再保険制度であったが、平成13
年の自賠法改正によってその幕を閉じることになる。

　政府再保険制度の採用の理由として、自賠法が保険会社に引受義務を課して
おり、当時の保険会社の担保力に不安があったこと、適正な保険金の確保のた
めに政府による支払いのチェックが必要と考えられたことなどがあった。しか
し、損害保険会社の財政的基盤も確立し、リスクヘッジとしての再保険制度の

11）昭和44年当時は、概ね5年ですべての保険金支払いが完了すると考えられ、5年間での支払保
　　険金の予測などを行っていたが、現在では12年をその期間としている。なお、平成13年に廃止さ
　　れた再保険制度であるが、平成13年度契約以前の自賠責保険の保険金支払いがすべて完了したの
　　ではなく、少額ではあるが毎年再保険金支払いの請求が国土交通省に対してあるという。
12）参議院交通安全対策特別委員会議事録第11号（第71回国会昭和48年7月11日）4頁。

機能が乏しくなり、金融ビッグバンの提唱により、自動車保険分野においても自由化が急速に進展するなど、保険を取り巻く環境も大きく変化した。OECDからの政府再保険制度廃止の勧告や、経団連からの政府再保険廃止の要望も提示された。そのような状況で、自民党行政改革推進本部は、運輸省に対し、「事故被害者の保護の条件等を検討し、自賠責保険のあり方を見直すこと」を申し入れた。

　このような要望を受けて運輸大臣懇談会（「今後の自賠責保険のあり方に係る懇談会」）において議論がスタートした[14]。平成 11 年 9 月に運輸大臣に提出された報告書は、政府再保険制度の見直しの前提として、以下の 5 条件を提示した。

> ①　被害者保護対策の充実
> ②　政府保障事業の維持
> ③　政府再保険の運用益を活用した交通安全対策、交通事故被害者救済対策に係る政策支出について、必要な事業について維持すること
> ④　自動車ユーザーにメリットがあること
> ⑤　制度改正に伴うコストが合理的範囲内であること

　政府は閣議決定によって、自賠責保険の政府再保険については、上記 5 条件の実現の方向を確認したうえで行うこととした。

　平成 12 年 4 月 12 日には、自動車損害賠償責任保険審議会に対して金融庁長官が自賠法の改正を諮問し、同年 6 月には政府再保険の廃止を中心とする答申が提出された[15]。運輸省の大臣懇談会はこの答申に基づいて検討を行い、平成 12 年 12 月に報告書を提出した。この報告書は、政府再保険の廃止を行う場合の被害者保護のあり方、保障事業のあり方、政府再保険の運用益を活用した

13）本稿では、平成 13 年改正の柱の一つである紛争処理機構については言及しない。
14）筆者はこの懇談会のメンバーであった。なお、この懇談会は平成 11 年 2 月に検討がスタートしているが、自賠法の根本的な改正についての保険業界関係者を交えての検討は、運輸省内部において平成 9 年からスタートしている。
15）2 か月ほどで答申が出されたかのように思われるが、平成 11 年 4 月から平成 12 年 3 月にかけて 10 回にわたる懇談会を開催し、諮問後も 7 回の審議会を開催して議論が重ねられている。答申の内容については、損保料率機構編・前掲注 9）269 頁以下。

政策事業のあり方についてまとめたものである[16]。

2）累積運用益の処理

　政府再保険制度を廃止することにより、大きな問題となったのは、総額で約2兆円に上る累積運用益の処理をどうするかという問題であった。累積運用益については、自賠責保険審議会の答申により、保険料の負担の軽減に充てるほか、救急医療体制の整備充実等交通事故対策にも活用すべきであるとされており、政府再保険により生じる運用益については、この答申に従い各種団体等への補助金の形で行うもののほか、自動車事故対策センターに対する補助金の形で、多くの事業が行われていた。ここでの具体的な課題は、再保険特別会計をどのような形にするのか、そして累積した運用益をどのような比率で自賠責保険の保険料充当と被害者支援事業に振り分けるかであった。

　検討の結果、再保険特別会計は廃止され、自動車安全特別会計へと名称を変更したうえで、保障勘定は維持したまま、保険勘定と業務勘定を廃止し、保険料等充当交付金勘定と事故対勘定に分けることとなった。運用益の処理は、これを20分の11と20分の9に振り分け、20分の11を保険料の軽減のために使用することとし、20分の9を被害者救済事業等のために使用することとなった。具体的には、約1兆1,000億円については、政府再保険制度を廃止する平成14年4月1日から平成20年3月31日までの6年間について、保険会社に対して保険料等充当交付金を交付して自動車ユーザーの負担を軽減し、残りの約9,000億円は、これを積立金として運用を行い、そこからの運用益により、被害者保護増進等事業を実施することとなった[17]。この被事業等の実施については、改正の際の附則4において、当分の間実施するものとされた。

16）主な具体的内容としては、自賠責保険金支払いをめぐる紛争処理機関の設置、無責事故や自損事故の補償の検討、政策事業の内容の見直しと改善が示されていた。

17）この事業については、「事業の実施に関する計画（自動車事故対策計画）を定め、積立金の使途となる対象事業が自賠法の損害賠償制度と相まって被害者の保護を増進するものである旨を明示するとともに、事業の適切性が確保されるよう中長期的な方向性を定め、事業の透明性を高めることとした」（岩川勝「自賠責保険の制度改正について」法律のひろば54巻12号（2001）18頁以下）。

3）累積運用益の保険料充当と保険料の状況

　平成14年4月1日から開始された保険料への充当であるが、再保険廃止時の累積運用益のうち、約1兆700億円が配分され、平成20年度にかけての6年間で保険料への充当が行われた。平成13年改正に際しての保険料充当交付金の基本的な考え方は、「当初の3年間は厚めに交付し、従来のユーザー負担額維持に必要な交付金を交付することにより、急激な保険料負担額の増加を防止する」ことにあったが、その前提として平成9年の保険料改定に際して平成16年度までは同一のユーザー負担額を維持するとされていた。

　自家用乗用車2年契約を例に挙げると、平成14年には保険料は2万7,630円であり、交付金は5,840円であった。つまり、本来は3万2,470円の保険料であるところ、交付金によって保険契約者の負担額は減額されている。平成16年度まで交付金の額は同じであったが、平成17年度以降の交付金は段階的に減少し、平成17年度は1,950円、以下平成18年度1,050円、平成19年度は900円であった。最終的な保険料充当交付金の総額は約8,000億円であったが、この他に約2,600億円が、平成13年度までの契約分の赤字料率部分（約1,300億円）や平成14年度以降に支払うこととなる、政府再保険金の増額分（約1,300億円）にも充当されている。

5　一般会計への繰入れと繰戻し

1）昭和58年度の一般会計への繰入れと繰戻し

　平成13年予算で約187億円の規模であった被害者支援事業を中心とする各種事業は、累積運用益の20分の9である約8,700億円を運用して実施することとなったが、平成6年と平成7年に行った再保険特別会計から一般会計への総額約1兆1,200億円の繰入れの全額早期繰戻しが前提であった。平成13年の再保険特別会計廃止時点では、全額繰戻しは行われておらず、約6,000億円が繰り戻されていないままで、平成13年改正の積立金を活用した被害者保護増進等事業が進められることとなった[18]。この一般会計からの全額繰戻しが

---

18) 早期繰戻しが、改正に関与したわれわれの共通認識でもあり、20年以上経過しても全額が繰り戻されていない状況などは想像すらしていなかった。

実現されないことが、令和4年改正の大きな要因の一つである。

　令和4年の新たな賦課金導入に際し、平成6年度と7年度に行われた再保険特別会計からの一般会計の繰入れとその繰戻しの問題が注目を集めたが、この一般会計への繰入れは、平成6年が初めてではなかった。

　昭和58年度において大幅な税収不足が予想されたため、「昭和58年度の財政運営に必要な財源の確保を図るための特別措置に関する法律」（昭和58年法律第45号）により、自賠責再保険特別会計の保険勘定および保障勘定から合計で2,560億円が一般会計へ繰り入れられた。当時の累積運用益は昭和57年3月末で約5,800億円であり、その約45%が一般会計へ繰り入れられることに対しては、強い反対といくつかの問題点が指摘された[19]。

　鈴木辰紀博士は、これらの反対意見を集約すると、おおよそ以下の3点となると述べる。

---

①　運用益は本来自動車ユーザーのもの、したがっていかに財政危機とはいえ、これを税外収入として一般財源に繰り入れるのは筋違いである。

②　大蔵省は一般財源に繰り入れた2,560億円につき、3年据置きの後7年で自賠特会に繰り戻すとしているが、その間（10年）利子はつけないというのであるから、大雑把に見積もっても返還までの10年間に貸出額とほぼ同額（2,560億円×10%×10年）の運用利子収入を失うことを意味し、自動車ユーザーに与える不利益の大きさと不当性は自明である[20]。

③　ここ数年自賠責収支が単年度では赤字基調に転じたことから、大蔵省が自賠責保険料を30%程度引き上げる案の検討に入ったとの情報を一部のマスコミが流したことと関連して、そのようなユーザーの負担増が避けられない情勢であるのに、他方で収支改善のための貴重な財源である運用益を2,500億円余も一般会計に貸し出すとは何事かの主張を呼び起こす結果となり、衆議院予算委員会でも竹下蔵相が、現状に特別な変化がない限り、少なくとも昭和58年度中の保険料値上げはない旨を明言せざるを得ない事態となった。

19）鈴木辰紀「自賠責保険の収支の現状と運用益の使途」『道路交通事故被害者の保険的救済をめぐる諸問題』道経研シリーズ No.57 − 4（1983）12頁・13頁の注(4)参照。

20）この無利子であるという点も議論を呼び、批判の対象とされた。平成6年および平成7年の繰入れに際しては、利子相当分を含めた繰戻しが行われることとなった。

　これらの反対論の他に、現実問題として、ひとたび一般会計への転用の途を開けば、外国為替資金特別会計の剰余金の一般会計への繰入れにみられるように、これが実績化し、次年度以降も恒常的に組み込まれる危険性が十分にあるとも指摘された[21]。

　この昭和 58 年度の自賠特会から一般会計へ繰り入れられた 2,560 億円は、昭和 61 年度に 122 億円、そして昭和 62 年度に 2,438 億円が一括して返済された。このように短期間で返済された理由には、昭和 59 年 12 月 19 日の自賠責保険審議会の答申がある。この答申では、一般会計に繰り入れた 2,560 億円を含め、累積運用益の合計約 6,570 億円を昭和 60 契約年度以降 5 年間の保険収支の改善に充当し、保険料引上げ幅の圧縮に活用するのが適当であるとされた。昭和 60 年 4 月 15 日に実施された料率の引上げは 15 年ぶりであり、全車種平均で 29％の引上げとなった。

　昭和 60 年以降の国の財政は、プラザ合意後の円高と景気回復による好転もあったが、そればかりではなく、繰戻しが長期化すると、昭和 60 年の料率改定の前提が崩れ、さらに大幅な料率の改定が必要となる可能性が生じることを恐れたために、この早期の繰戻しが行われたとみることも可能である。

2）平成 6 年および 7 年の繰入れと繰戻しおよび事業仕分け

　再保険特別会計からの昭和 58 年の一般会計への繰入れは、運用益の性質を理由に大きな批判を浴びたが、当初の 10 年ではなく、昭和 61 年と昭和 62 年の 2 回に分けて、全額が繰り戻されたため、それ以上の批判や注目を受けることはなかったが、平成 6 年度[22] に 8,100 億円、そして平成 7 年度[23] に 3,100 億円を再保険特別会計から再度一般会計へ繰り入れることとなった。合計 1 兆 1,200 億円の繰戻しは平成 8 年度から開始され、再保険制度が廃止された平成

21）この危惧感は、平成 6 年度と平成 7 年度の繰入れに対する繰戻しの大幅な遅延についても当てはまるものである。

22）平成 6 年度における財政運営のための国債整理基金に充てるべき資金の繰入れの特例等に関する法律（平成 6 年法律第 43 号）。

23）平成 7 年度における財政運営のための国債整理基金に充てるべき資金の繰入れの特例等に関する法律（平成 7 年法律第 60 号）。

13 年度までに 6,352 億円が繰り戻された。その後も順調な繰戻しが続くと思われたが、平成 14 年度の繰戻しは行われず、平成 15 年度に 569 億円が繰り戻されたのを最後に、繰戻しは平成 30 年度まで、実に 15 年にわたって行われなかった。

　平成 22 年には、民主党政権下での特別会計の事業仕分けが行われ、自動車損害賠償再保険特別会計から名称変更された交通安全特別会計がその検討対象となった。特別会計の廃止と一般会計への繰入れを危惧した自動車ユーザーや被害者団体、そして学識経験者が中心となり、「自動車損害賠償保障制度を考える会」を立ち上げ、早期の繰戻しと特別会計の事業仕分けによる一般会計への移管に強く反対する活動を行った。特に特別会計に積み立てられていた被害者救済対策等のための積立金は、税金が原資なのではなく、自動車ユーザーによる自賠責保険料が原資となっており、自動車ユーザーに対する背信的な行為であることなどを強く主張した。最終的には、この交通安全特別会計のうち、自動車検査登録勘定が廃止の対象と判定され、自動車事故対策勘定はそのままとされた[24]。また、自動車事故防止対策事業および被害者保護対策事業に関しては、それぞれ内容の見直しを行うこととなった[25]。

6　繰戻しの再開へ向けた動きと積立金の取崩し

1）繰戻しの再開と積立金の減少

　「自動車損害賠償保障制度を考える会」の活動は一時中断したが、平成 22 年度以降も繰戻しは実現されておらず、金融庁の「自賠責保険審議会」や国土交通省の「今後の自動車損害賠償保障制度のあり方に係る懇談会」では、毎回のように繰戻しの要望が出されていたが、繰戻しは行われないままであった。その間、国土交通省による被害者救済対策等の事業は積立金を切り崩す形で継続されており、積立金の減少と交通事故被害者支援事業の将来の行方に、被害者団体やユーザー団体を中心に危機感が広まり、「自動車損害賠償保障制度を考

24）筆者は「自動車損害賠償保障制度を考える会」の座長を務めた。自動車交通安全特別会計の維持には成功したが、繰戻しの問題は残っていた。

25）平成 23 年度の予算案において、自動車事故防止対策事業と救急医療機器整備事業は縮減され、重度後遺障害者支援については充実が図られた。

える会」は平成 29 年に活動を再開することとなった[26]。平成 29 年から令和 4年にかけて積極的に活動を行い、国土交通大臣はもとより、財務大臣へも複数回にわたる陳情を繰り返して行うなど、広く国や国会関係者などへも働きかけを強めた。その効果もあってか、長期に渡って中断していた繰戻しは、平成30 年から再開されることになる。

　平成 30 年には 23 億円、令和元年には当初予算と補正予算を合計して 49 億円、令和 2 年には同じく 48 億円が繰り戻されたが、これらの繰戻額は被害者保護増進等事業を賄うのには十分な金額ではなかった。平成 14 年には 2,545億円[27] であった自動車事故対策勘定の積立金は、平成 16 年度には補正予算による平成 15 年度の繰戻し 508 億円[28] があったため、2,845 億円へと増えたものの、平成 20 年には 2,472 億円、平成 25 年には 2,132 億円、平成 30 年には1,729 億円へと減少した。繰戻しが継続されている平成 30 年以降も積立金残高は減少を続けており、令和元年には 1,655 億円、令和 2 年には 1,582 億円、そして令和 3 年には 1,504 億円まで減少した。

　国土交通省の試算によると、令和 3 年度予算と同程度の被害者保護増進等事業を実施し、繰戻額が毎年 47 億円とし、不足額は積立金の取崩しで賄うとした場合、令和 9 年には積立金は 944 億円と 1,000 億円を割り込み、令和 14 年には 458 億円と 500 億円を割り込み、令和 18 年には 69 億円と 100 億円を割り込み、最終的には令和 19 年には残高がゼロになるとされた[29]。現状のままでは積立金は底をつき、一般会計から被害者支援事業を行うとすると、かなりの事業が見直されあるいは廃止される可能性があるのではないかと考えられた。「自動車損害賠償保障制度を考える会」として早期繰戻しの実現に向けて当時の赤羽国土交通大臣に要望をした際[30]、赤羽大臣は交通事故被害者救済およ

26）https://www.aba-j.or.jp/activity/opinion/1668/
27）一般会計へ繰り入れた額は含まれていない。
28）平成 15 年度の補正予算により、569 億円が繰り戻されたが、自動車事故対策勘定に 508 億円、保障勘定に 61 億円が充当されている。
29）第 3 回今後の自動車事故対策勘定のあり方に関する検討会（令和 3 年 9 月 30 日）資料 3。
　　https://www.mlit.go.jp/jidosha/content/001425860.pdf
30）令和 2 年 11 月 11 日の要望書提出の際のことである。
　　http://response.jp/article/img/2020/11/11/340254/157809.html

び支援のさらなる充実の必要性についても共感を示され、これが「今後の自動車事故被害者救済対策のあり方に関する検討会」へつながった[31]。

2）今後の自動車事故被害者救済対策のあり方に関する検討会の設置

　交通事故被害者救済対策は、平成18年度に取りまとめられた「今後の自動車損害賠償保障制度のあり方に関する懇談会」において示された方針に基づいて進められてきが、10年以上が経過し、自動車事故被害者救済対策をめぐる情勢は変化してきたことから、効果的かつきめの細かい被害者救済対策のあり方を検討するために、「今後の自動車事故被害者救済対策のあり方に関する検討会」が令和2年8月にスタートした。

　国土交通省と被害者団体は、平成22年度から定期的な意見交換会を行ってきたが、令和元年度の意見交換会では、①支援制度の周知、各種相談支援窓口等との適切な連携および情報提供の充実、②短期入院・入所の利用促進をはじめとする在宅生活の支援と介護者なき後を見据えた取組みの充実、③支援施策の充実に向けた取組みが、以上の今後の取組みの方向性として示され、この方向性に従って、「今後の自動車事故被害者救済対策のあり方に関する検討会」でも各種の具体的な施策について検討を進めることとなった。なお、あり方検討会においては、以下の4点が検討すべき重要な論点として確認された。

論点①　療護施設の充実	**論点②**　リハビリ機会の確保	
論点③　介護者なき後への備え	**論点④**　事故直後の支援	

　以後この検討会は、令和3年7月6日に国土交通大臣あての報告書を提出するまで、4回の検討会を開催した。

　報告書の概要は次のとおりである[32]。はじめに被害者救済の目指す方向として、後遺障害の残った者が治療やリハビリの機会の提供を安心して受けられる環境の整備と、介護者なき後に対する不安や事故直後における不安の軽減を

31）赤羽大臣への早期繰戻しの要望書の提出は令和元年11月22日が第1回目であり、翌年11月には2回目の要望書の提出が行われた。

32）「今後の自動車事故被害者救済対策のあり方に関する検討会」報告書概要。
　　https://www.mlit.go.jp/jidosha/content/001414832.pdf

図るため、安心できる支援策の具体化が確認された。

　論点①については、待機患者の解消を図るための小規模委託病床の拡充を行う。療護センターの老朽化対策としては、必要な機能確保と経済的かつ効率的な方法による老朽化対策の実施。療護施設のあり方については、療護施設全体の体制維持と、サービス充実に重点を置く。

　論点②については、脊髄損傷の重度後遺障害者を中長期間受け入れる病院を選定・支援し、リハビリに意欲的に取り組む協力病院を選定し、維持期・慢性期においても十分なリハビリテーションを受けることが可能なように重点的に支援し、情報提供を強化する。高次脳機能障害に対する十分な理解・知見を有し、自律訓練を提供している先駆的な事業者を試行的に支援し、高次脳機能障害者への効果的な支援策を検討する。短期入所の利用促進策の検討については、重度後遺障害者の利用実績の多い施設を個別に調査・分析したうえで、利用促進策を検討する。

　論点③については、介護者の高齢化等を踏まえ、「生活の場」の確保をさらに進めるべきという点については、グループホーム等における厳しい人手不足の状況等を踏まえ、これまで以上に充実した支援策を講じることにより、自動車事故被害者の受け入れ拡大に資する施策を検討することとし、介護者亡き後に至る前段階から地域で支えるネットワークの構築を支えるべきという点については、ニーズに応じた相談先の紹介等につなげられるよう自治体等とのつながりの強化を検討することとした。

　論点④の事故直後の支援については、事故被害者等を対象とした精神的ケアや情報提供の充実を図ることを検討することとした。

3) 今後の自動車事故対策勘定のあり方に関する検討会

　「今後の自動車事故被害者救済対策のあり方に関する検討会」は、令和3年7月に国土交通大臣への報告書の提出をもってその任務を終了した。しかし、平成13年改正の際に被害者保護増進等事業を継続的に実施するために採用された、約9,000億円の積立金の運用というスキームが、一般会計から全額は繰り戻されておらず、積立金を切り崩すことでこれまで対応しており、仮に全額の繰戻しが実現されたとしても、低金利下における運用利回りの状況では、そ

のスキームがもはや維持できないことは明白であることを示していると考えられた。さらに、被害者団体を中心に、各種被害者救済および支援事業の継続的な実施に大きな不安が寄せられた。また、今後の自動車事故被害者救済対策のあり方に関する検討会では、これまで採用されてはいないものの、新規に採用すべき事業なども明らかになってきた。繰戻しは再開されたものの、繰戻額は単年度の被害者保護増進等事業を実施するには到底足りず、積立金の切崩しは続くことなどから、このままでは新規事業実施のための財源の目途も立たない状況にあった。そこで、国土交通省は「今後の自動車事故対策勘定のあり方に関する検討会」を立ち上げた。

　検討会は令和3年8月27日からスタートし、第3回の検討会においては、それまでの論点が整理され。論点①安定的な財源の必要性については、「今後の自動車事故被害者救済対策のあり方に関する検討会報告書」において取りまとめられた事項の着実な実行、自動車事故被害の発生防止および被害軽減を図るため、「第11次交通安全基本計画」、「事業用自動車総合安全プラン2025」および「交通事故のない社会を目指した今後の車両安全のあり方について」において策定された目標や方針を着実に達成するための施策の実行、そしてこれらの施策を長期にわたり実施していくための持続可能性の確保が課題とされた。論点②安定的な財源の確保策については、一般会計から自動車安全特別会計への繰戻しのあり方、新たな財源について自動車事故対策事業は自動車事故被害者およびその家族や遺族、自動車ユーザー等の車社会の構成員を対象とした事業であることを踏まえ、受益と負担の関係を最も明確に整理することができる手法、新たな財源について徴収事務における負担の軽減等の課題への対応、自動車事故対策勘定の積立金のあり方が課題とされた。論点③安定的な財源の使途については、自動車事故被害者およびその家族・遺族の将来に向けた安心につながる施策との関係、自動車事故被害の発生防止および被害軽減に資する施策との関係、実施する施策の効果検証のあり方が課題とされた。

　第5回目の検討会では具体的な方向性の議論がなされた。被害者支援および事故防止のために今後必要な施策の実施と充実のためには、各々約30億円の新たな歳出が必要であり、歳出全体で約200億円程度と見込まれた。このための200億円の歳入をどのように確保するかについては、2パターンが事務局か

ら提示された。一般会計からの繰戻しは54億円＋αとしたうえで、積立金の取崩しを毎年約46億円とし、賦課金からの歳入を約100億円とするパターン1と、積立金の取崩しを毎年約73億円とし、賦課金からの歳入を約73億円とするパターン2である。

　また、財源確保に関する議論の中で、自動車安全特別会計の保障勘定と自動車事故対策勘定を統合し、自動車事故対策事業を行い、その内容は保障事業、被害者支援そして事故防止の3つとする。これまでのひき逃げ被害者等を救済するための保障事業のための賦課金を拡充し、自動車事故対策事業のための歳入の一部とすることが提案された。

4）福田試案の呈示

　第5回の検討会に際し、私は以下のような取りまとめの試案を提出した。

取りまとめ私案（福田メモ）[33]

1.　安定的な財源の必要性

　リハビリ機会の充実やより先進的な安全技術の普及など、被害者支援や事故防止のさらなる充実が必要不可欠であると思慮される。一方、運用益で賄う当初の財源スキームが崩れており、また、国の財政が急激に好転するということはなく、財源はいずれ枯渇のおそれがあり、現実的な考え方をすることが重要であると考える。被害者やご家族が安心して生活できる社会の実現に向け、繰戻しを前提に安定的な財源を確保し、持続可能な仕組みへの転換が必要であると考える。

2.　安定的な財源確保のあり方

　一般会計からの繰戻しは、大臣間合意を踏まえ継続して行われることを念頭におくことが大前提である。財源の確保手法については、受益と負担の関係を最も明確に整理できる賦課金方式が現実的な選択肢ではないかと考えられる。負担額については、ユーザーの負担を考慮しつつ、財政需要の規模や事故対勘定の積立金として確保すべき水準を勘案して検討することが重要である。保障勘定と事故対勘定を統合するとともに、保障勘定の剰余金をひき逃げ等の被害者の損害の塡補に支障のない範囲で活用すること等によって、

33）https://www.mlit.go.jp/jidosha/content/001448110.pdf

自動車ユーザーの賦課金の負担軽減を図ることが必要である。

3.　安定的な財源の使途

　受益と負担の関係から、負担者の納得感が得られるようにすべきであることは論を待たない。費用対効果を意識することが重要である。法律その他の措置により使途を明確化することが必要である。施策の「見える化」を行い、その効果検証を定期的に行うことが必須である。

4.　実施時期および継続検討事項

　被害者・遺族の先行き不安をできる限り早く払拭できるよう、可能な限り早期安定的な財源を確保することが必要であり、現状ではあまり時間的な余裕は無いように思われる。詳細な賦課金額の水準、自動車事故対策事業のあり方については継続して検討を行うことが必要である。

　私がこのようなメモを提出した主な理由は、財源確保に関する議論の中で、一般会計からの早期全額繰戻しにこだわりすぎると、最終的にはすべての議論が先送りになるのではないかという危惧感を抱いたからであった。新たな賦課金の創設によって自動車ユーザーに新たな負担を求めるよりも、全額繰戻しがまず実行されなければならないという主張は、たしかにそのとおりかもしれない。しかし、①全額繰り戻されたとしても、その運用益では必要な事業の歳出を賄うことはできず、平成13年のスキームは破綻していること、②全額繰戻しの議論によって時が経過し、新たな被害者救済対策の実施に大きな遅れが生じるのは避けなければならないこと、③この主張を続けているうちに、積立金の切崩しは進み、新規事業の実施さえ困難になるのではないかということ、④全額繰戻しは、わが国の財政状況からは極めて困難な話であり、ようやく再開できた一般会計からの繰戻しが継続することを前提としたほうが合理的であると思われること、⑤賦課金の導入については、平成13年の附帯決議や国会答弁においても提示されており、平成13年改正の際の積み残しであるともいえること、⑥賦課金の導入によって、被害者保護増進等事業の位置付けが変更され、本則に規定され、自賠責保険の新たな柱の一つとなることのほうが、被害者保護のためにも望ましいと思われること、以上であった。

　幸いなことに私の意見は委員の皆さんにも概ね好意的に受け入れられ、第6回の検討会では中間取りまとめ案の概要が示された。具体的には、一般会計か

らの繰戻しを前提として、「自動車事故対策事業」を持続的に実施できる仕組みへの転換が必要であるとした。対応の方向性として、①持続可能な仕組みへの転換は、一般会計からの繰戻しの継続を前提に、安定的な財源を確保する。②事故対勘定と保障勘定を統合のうえ、賦課金を拡充し、安定的な財源を確保する。③財源の使途は、使途の明確化、定期的な効果検証を行う。④導入時期については、準備期間を踏まえて、可及的速やかに制度設計を行う。⑤ユーザーの理解を得るため、安定的な財源の必要性を含め、被害者支援等の周知・広報を見直す。

　なお、詳細な賦課金額の水準、歳出のあり方については今後も引き続き検討することとなった。

5) 改正法案の具体的内容と国会審議

　第7回の検討会において、自動車損害賠償保障及び特別会計に関する法律の一部を改正する法律案の具体的内容として、現行では、賦課金を財源として保障事業を恒久的に実施することを本則とし、有限の積立金を財源とし、被害者支援および事故防止を内容とする自動車事故対策事業を、附則によって当分の間実施することとしているものを、拡充した賦課金および有限の積立金を財源とし、①保障事業と②被害者支援と事故防止からなる被害者保護増進等事業を本則として恒久的に実施するものとし、自動車安全特別会計の保障勘定と自動車事故対策勘定を、自動車事故対策勘定に統合することが確認された。

　この改正法案は、閣議決定の後、参議院先議として審議が行われた。自動車事故対策勘定のあり方に関する検討会の藤田座長、小沢委員そして私が参考人として招致され、4月7日の参議院国土交通委員会において参考人質疑[34]が行われた[35]。

34）政府参考人が出席しての質疑は4月12日であった。
　　https://kokkai.ndl.go.jp/#/detailPDF?minId=120814319X00820220412&page=1&spkNum=0&current=3
35）第208回国会国土交通委員会第7号令和4年4月7日。
　　https://kokkai.ndl.go.jp/#/detailPDF?minId=120814319X00720220407&page=1&spkNum=0&current=3

　私の意見の概要は以下のとおりである。再保険を廃止した際の衆議院および参議院の附帯決議では、「社会経済情勢の推移等を踏まえ、施行後5年以内の賦課金導入の可能性の検討」が示されており、改正から20年を経過し、今回はこの賦課金を選択する必要が生じたための改正であると理解している。自動車ユーザーは交通事故の被害者にも加害者にもなるが、これが自動車ユーザーの負担する自賠責保険料を被害者保護増進等事業に利用することが許される理由である。自賠責保険は、単に被害者に対する賠償資力の確保だけではなく、被害者保護事業とセットとなった、自動車ユーザーによるいわば自助・共助の仕組みである。自賠責保険と被害者保護増進等事業は表裏の関係に立ち、このような自動車保険制度は比較法的に見ても例がなく、世界に誇ることのできる被害者救済のための制度である。今回の賦課金導入により、これまでは附則として、限りのある積立金を原資として、「当分の間」実施されるものとされていた被害者保護増進等事業を、本則によって恒久的に実施することとなり、この制度の安定的かつ継続的な維持が可能となる。

　このような評価をしたうえで、以下の5点を指摘した。

> ①　この法改正の当然の前提として、繰戻しの継続および早期の全額返済がある。
> ②　被害者救済事業の必要性や効果の定期的な検証の必要性がある。
> ③　賦課金の導入に際しては、負担者である自動車ユーザーの納得感を得られるようにすべきであり、丁寧な説明と広報により理解を得る活動が必要である。
> ④　賦課金のレベルは自動車ユーザーに負担感をあまり与えることがないレベルであるべきである。
> ⑤　実際の賦課金額は今後の議論が予定されているが、慎重な議論が必要であり、自動車ユーザーの納得感と理解を得ることが必要である。

　参議院では4月12日に政府参考人が出席しての質疑と採決が行われ、委員会を通過し、4月13日には本会議で採決が行われ、衆議院へと送られた。衆議院では6月3日に参考人質疑[36]、6月8日に政府参考人が出席しての質疑と採決が行われ、6月9日の本会議で可決された。なお、両議院の委員会では、附帯決議がなされた[37]。

6）賦課金の水準の決定

　法改正によって新たな賦課金の導入は決定したが、具体的な賦課金の額は未確定のままであり、導入の時期についても意見の違いがみられた。特に導入の時期については、できるだけ多くの一般会計の繰戻しを求めることがやはり先決ではないかとの意見があり、それによって賦課金の額もできるだけ低額に抑えることが可能ではないかとの意見もあった。具体的な導入の時期と賦課金の額の決定に際しては、①一般会計からの繰戻額、②新規事業を含む被害者保護・事故防止事業の予算額、③維持すべき積立金の額と毎年の取崩額、④新たな賦課金収入、⑤どの程度のスパンでこのスキームを考えるのか。これらの検討が必要であった。

　第10回の検討会（令和4年9月29日）において具体的な検討に入ったが、①一般会計からの繰戻額については、令和4年当初予算の繰戻額である54億円を基準とする。②予算額については、概ね200億円程度とする。③制度改正後に財源の構成割合をどう考えるかの点については、現在の一般会計からの繰戻しと積立金の取崩し等からなる財源を、フェーズ1（一般会計からの繰戻し、積立金の取崩し、そして賦課金を財源とする期間）とフェーズ2（一般会計からの繰戻しと賦課金を財源とする期間）に分けて考える[38]。1,441億円の積立金を何

36）衆議院の参考人は、参議院と同じく自動車事故対策勘定のあり方に関する検討会の藤田座長、小沢委員そして私の3名であった。
　　https://kokkai.ndl.go.jp/#/detailPDF?minId=120804319X01720220603&page=1&spkNum=0&current=3

37）参議院の附帯決議は8項目、衆議院の附帯決議は9項目にわたるが、共通する要点は、運用益の一般会計繰入れや積立金を財源とした枠組みが破綻したことが、事業継続を困難としたことについて、説明責任を果たすとともに、被害者支援・事故防止の維持に責任を果たすこと。早期かつ着実に繰り戻す措置を講ずること。被害者等支援につき、介護者亡き後対策、高次脳機能障害への対応、遺族への精神的ケア等の充実を図ること。新たな賦課金の導入にあたっては、被害者等支援や事故防止の現状および課題について積極的に情報を発信し、自動車ユーザーの理解を得られるよう、また負担抑制に努めること。新たな賦課金を求めることとする以上、効果検証を適切に行うとともに、毎年実施すること。独立行政法人自動車事故対策機構は、運営体制を効率的なものとし、管理業務の簡素化等を図ること。第8回今後の自動車事故対策勘定のあり方に関する検討会資料1。https://www.mlit.go.jp/jidosha/content/001486726.pdf

38）第10回今後の自動車事故対策勘定のあり方に関する検討会資料2。
　　https://www.mlit.go.jp/jidosha/content/001515679.pdf

年かけて取り崩すかという検討であるが、両院の附帯決議によって、一定期間はユーザーの負担抑制に活用し、その後は自然災害への対応等臨時的な歳出に充てるために必要な規模を維持することとされており、その維持すべき規模については、500億円となった。その結果、約940億円を何年かけて取り崩すのかによって、3案が提示され、取崩期間を40年程度とし、それ以後は見直すA案によると、積立金の取崩しは毎年約25億円、賦課金は約120億円必要となる。次に取崩しの期間を20年程度とし、それ以後は見直す案をB案によると、積立金の取崩しは毎年約45億円であり、必要な賦課金は約100億円となる。取崩しの期間を10年程度とし、それ以後は見直すC案では、毎年約75億円の取崩し、必要な賦課金は約75億円となる。最終的にはB案が多くの委員からの支持を受けた。

　次に具体的な賦課金の金額については、これまでの政府保障事業のための賦課金と同じ保険料連動による算出方法でよいのかという問題が生じた。賦課金には、純保険料に含まれ被害者に支払われる純賦課金と、付加保険料位から代理店手数料を除いた額に社費に占める損害調査費の割合等を乗じて算出する付加賦課金がある[39]。改正によって導入される新たな賦課金は、被害者救済支援事業と事故防止対策事業に活用されることになることから、これまでの政府保障事業の賦課金とは性格が異なり、同じ算定方式ではなく、異なった考え方および算定方式ですべきではないかという論点が生じた。さらに、自動車ユーザーの負担をできるだけ軽くし、負担感を与えないという観点から、全車種一律・同一が適切か、それとも車種グループ別が適切なのかという論点も浮上した。賦課金の具体的な額については、当初は全車種一律・同一とし、その額についても1年間で150円を超えない範囲とすることが議論の前提であったが、最終的に150円を前提とし、事務手続上からも若干の段差をつける程度の簡素化は必要であろうということで意見が集約された。

　第11回の検討会において、自賠責保険料が車種によって異なることから、全契約台数の約4分の3を占める自家用乗用車を中心におき、これより業務用車両などのリスクの高いグループと原動機付自転車等のリスクの低いグループ

39）損保料率機構編・前掲注9）155頁。

の 3 グループに分ける案が提示され、この考え方で進めることとなった[40]。

　具体的な賦課金の方向性は固まったが、自賠責保険の保険料への影響が心配されることとなった。この賦課金の導入により保険料が上昇するとなると、かなりの批判が生じるおそれがあったからである。この点について私は次のように考えていた。被害者救済対策等の充実のためにも、新たな賦課金の導入はできるだけ速やかに行う必要がある。しかし、コロナ禍などの影響で、諸物価の高騰が注目を集めており、たとえ被害者救済対策等の充実のためとはいえ、「値上がり」というタイトルだけで思わぬ誤解や批判を生むおそれが強い。この新たな賦課金の導入が決まってからの報道は、「新たな賦課金導入により自賠責保険の保険料は値上げへ」という論調が目立ったことも事実である[41]。

　第 12 回の検討会において、最終的な賦課金の額が決定され、一番リスクの高いグループ 1 は 150 円、自家用乗用車などのグループ 2 は 125 円、原動機付自転車等のグループ 3 は 100 円となった。

　この決定のタイミングは、令和 5 年 1 月 13 日に開催された自賠責保険審議会における料率検証の結果、令和 4 年度および令和 5 年度契約の全車種において純保険料の保険料率の引下げが見込まれ、新たな賦課金を導入しても全車種において自賠責保険の保険料は引き下げられる見込みが立った時であった。

7　むすびに

　昭和 30 年に制定された自賠法は、制定以来約 70 年にわたり自動車事故の損害賠償制度の柱として存在し続け、いささかの揺るぎもない。令和 5 年の改正によって、これまでの①運行供用者の賠償責任を維持・確保すると同時に、②保障事業によって、ひき逃げおよび無保険車による自動車事故の被害者を保護するという 2 つの柱に加え、③被害者保護増進等事業を自賠法の本則の中で行うこととなり、新たな 3 つ目の柱の下で、交通事故被害者の保護が進められる。

　これまでの歴史的経緯を踏まえて簡単に振り返ってみたい。まず政府再保険

---

40)　第 11 回今後の自動車事故対策勘定のあり方に関する検討会資料 3。
　　https://www.mlit.go.jp/jidosha/content/001573925.pdf
41)　たとえば、朝日新聞は、「自賠責保険の値上げを検討　政府への「貸し」6000 億円戻らず」という記事を出した。https://www.asahi.com/articles/ASPD03QTZPDWULFA01Y.html

制度の評価である。平成 13 年の改正によって廃止された政府再保険制度であるが、自賠責保険スタート時には、累計収支残がマイナスの状態が続き、ようやく昭和 36 年に単年度収支がプラスとなり、昭和 39 年には累計収支残がプラスとなっている。その後、保険収支の変動の大きい中で、再保険特別会計の運用益を活用して保険料の大幅な値上げを回避するなど、制度設計上はおそらくは予想していなかったと思われる効果を生んでいる。昭和 44 年の保険審議会答申において、この運用益を交通救急医療体制の整備充実に活用すべきものとされたが、その後の自動車事故対策センターによる各種事業や運輸省・国土交通省の実施する被害者保護増進等事業の原資となった。また、損害保険会社等の運用益も同時に各種の事故対策事業や被害者救済事業等の原資となっている。

　将来加害者とも被害者ともなりうる者の拠出によって運用される自賠責保険料の賦課金による被害者保護増進等の事業は、同じリスクを共有する者による共助の仕組みでもある。今回の新たな賦課金導入により、今後 20 年間は現状の仕組みで被害者保護等増進等事業は継続されていくこととなる。もっとも、両院の附帯決議や今後の自動車事故被害者救済対策のあり方に関する検討会で再三言及されたように、この被害者保護増進等事業を安定的かつ継続的に実施していく観点から、事業のより効果的な実施について検討することが不可欠である。これへの対応のため、国土交通省は、「被害者保護増進等事業に関する検討会」を設置し、定期的に議論を行うこととなった。

　令和 4 年の改正によって被害者保護増進等事業が自賠責保険の柱の一つとして付け加えられたことによって、交通事故被害者に対するこれまで以上のきめの細かい保護増進が図られることとなった。比較法的に見ても、日本の自賠責保険制度に対する評価は高かったが、令和 4 年の改正によって、賠償責任保険としての存在にとどまらず、交通事故被害者の総合的な救済・保護の仕組みへと変容した。

　自動車をめぐる技術革新には目覚ましいものがあり、レベル 5 の自動運転車が一般道を走行する日もそう遠い日ではないと思われる。自動運転車が普及したとしても、普通車両と混在して一般道を走行する場合には、ヒューマンエラーを原因とする事故はやはり発生するであろうし、自動運転車の故障や動作不良などを原因とする事故も想定しうる。交通事故件数そのものの減少はたし

かであろうが、死亡や後遺障害の発生する事故が根絶できるわけではない。

　制定から間もなく 70 年を迎える自賠法であるが、100 年に向けてどのような改正が必要となるか、注目していきたい。

判例索引

【最高裁判所】

【高等裁判所】

【地方裁判所】

あとがき

　本書に収めた論文には、執筆から 20 年以上経過したものもあり、現在とは状況が異なっているところもある。若干の補足を加える。

　第一部の海外の自動車保険事情であるが、カナダの状況に関しては、カナダ保険協会（Insurance Bureau of Canada）の提供している 2023 Facts Book（2023 Facts of the Property and Casualty Insurance Industry in Canada）に最近の概要が掲載されている。執筆当時はケベック州のみであった純粋ノー・フォールトの州に、新たにブリティッシュ・コロンビア州とマニトバ州が加わっている。ブリティッシュ・コロンビア州では、純粋ノー・フォールトへの移行により、現在では Enhanced Accident Benefits が提供され、上限のない医療費や、11 万 3 千ドルを上限とする休業損害給付が支給される。車両保険も強制され、20 万ドルが上限となっている。さらに、自動車保険の適用のない自動車以外の財産に対する事故や州外での事故などに備えた、20 万ドルを上限とした賠償責任保険が強制されている。カナダにおける状況の変化には大きいものがあるが、個々の州については、同じくカナダ保険協会のホームページから情報が入手できる（https://www.ibc.ca/insurance-basics/auto/types-of-auto-coverage/mandatory-auto-insurance-requirements）。

　アメリカの状況に関しては、アメリカ損害保険情報調査研究所（Insurance Information Institute）のホームページから入手できる（https://www.iii.org/article/background-on-compulsory-auto-uninsured-motorists）。私がアメリカへ留学した 1985 年当時の典型的な自動車保険は、対人賠償責任と対物賠償責任の両者のみが強制されている州が中心であり、対人 1 名につき 1 万 5 千ドル、1 事故 3 万ドル、対物 5 千ドルの最低賠償額が一般的であった。これを、15/30/5 のように表記していた。現在では若干の増額がされ、イリノイ州などのように対人 1 名につき 2 万 5 千ドル、1 事故 5 万ドル、対物 2 万ドル（25/50/20）などの州が増えている。しかし複数の州では、いまだに 1985 年当時のままの 15/30/5 である。カリフォルニア州では、サンフランシスコ・カウンティとロスアンゼルス・カウンティ限定であった低価額自動車保険試行プログラムが、現在では全州に拡大されており、この保険では対人 1 名につき 1 万ドル、1 事故 2 万ドル、対物 3 千ドルの 10/20/3 である。

　ところで、PIP/Personal Injury Protection/ 人身傷害担保条項を強制する州は 16 州に増えており、その他に UM/ Uninsured/ 無保険者担保条項や、UIM/Underinsured/ 低価額保険者担保条項を強制する州を合わせると 28 州となっており、これまでの伝

統的な賠償責任保険のみの強制からその実質が変化してきていることがわかる。注目すべきは早い段階からノー・フォールトを採用していたミシガン州である。PIP の強制に加え、対人 1 名につき 25 万ドル、1 事故 50 万ドル、対物 1 万ドルと、他州と比較すると群を抜いた高額の賠償責任限度額が設定されている。

選択ノー・フォールト制度の普及状況はどうかというと、ペンシルバニアとニュー・ジャージーそしてケンタッキーの 3 州において採用されたのみであり、この方法による自動車保険の改革は広まっていない。

アメリカの自動車保険の現状について若干の付言をしておく。低すぎるアメリカの最低賠償限度額は、現在でもその状況は変わらない。カリフォルニア州は、1976 年に 15/30/5 の最低賠償責任限度額となっていたが、2024 年の現在もその金額に変更は加えられていない。むしろ低価額自動車保険の全州的な拡大により 10/20/3 へと引き下げられている。もっとも、カリフォルニア州は例外であり、若干の増額がされている州が多いが、それでも 25/50/20（対人 1 名につき 2 万 5 千ドル・約 400 万円、1 事故 5 万ドル・約 800 万円、対物 2 万ドル・約 320 万円）が一般的であり、日本の水準からは信じられないような低額に設定されているままである。そのため、事故の相手方の賠償資力を当てにするのではなく、自分で自分の身を守るために、PIP やUM そして UIM を強制する州が増えているのではないかと思われる。

もう一つの問題点として、無保険者率の高さがあるが、状況はそれほど改善されていない。2022 年の推計値では、最も高いのはワシントン DC の 25.2％、ニュー・メキシコ州の 24.9％、ミシシッピ州の 22.2％と続く。なお、2005 年には 25％であったカリフォルニア州は、2022 年には 17.0％と数値は改善されているが、これは低価額自動車保険の影響であると思われる。もっとも、改善率は 8％であり、カリフォルニア州は依然として無保険者率の高い部類に属している。このように、無保険者率でもあまり改善は見られないのが現状である（https://www.iii.org/fact-statistic/facts-statistics-uninsured-motorists）。

保険詐欺については、ノー・フォールト自動車保険に限った問題ではなく、広く損害保険全体の問題となっている（https://www.iii.org/fact-statistic/facts-statistics-identity-theft-and-cybercrime）。

第二部の海外保険スキームの自賠責保険制度への応用についてであるが、裁判外の紛争処理については、ニュー・ヨーク州およびオンタリオ州のいずれにおいても大きな変化がみられる。

ニュー・ヨーク州では、保険庁による仲裁が廃止され、アメリカ仲裁協会による仲裁のみが残されている。保険庁のホームページでは、保険会社からのノー・フォール

ト給付の決定に対して異議のあるものは、①訴訟を提起する、②保険庁に文書で不服を申し立てる、③全米仲裁協会に仲裁を求める、以上の3つの手段があるとしている。全米仲裁協会による仲裁はデジタル化が進んでおり、オンラインによる仲裁の申立てができるように、整備がされている。

　オンタリオ州では、それまでオンタリオ保険局が行ってきたノー・フォールト給付をめぐる保険会社と被保険者との調停および仲裁は、2017年から保険局とは別組織のオンタリオ審判所（Tribunals Ontario）が担当することとなった。このオンタリオ審判所は、各種の調停・仲裁のサービス等を提供する公的な準司法機関であり、13の審判所から構成されている。この審判所の中のライセンス・アピール審判（License Appeal Tribunal）が、自動車保険のノー・フォールト給付をめぐる裁判外の紛争処理を担当している。これが担当するのは、オンタリオ州自動車保険のベネフィット・スケジュール（医療費や休業補償などの各種給付）に関する紛争となっている（https://tribunalsontario.ca/lat/automobile-accident-benefits-service/legislation-and-rules/）。なお、オンタリオ州金融監督局（Financial Services Authority Ontario）のホームページには、自動車保険に関する裁判外の紛争処理機関として、General Insurance Ombudservice が紹介されている（https://www.fsrao.ca/how-resolve-auto-insurance-complaint）。

　自賠責保険のノー・フォールト化について若干の付言をしておく。平成13（2001）年改正の際に、検討はされたものの実現されなかったものに「自損事故惹起者の自賠責保険による保護」がある。この時の議論を簡単にまとめると、学識経験者や被害者側は自賠法の目的である「被害者の保護」に力点を置き、9割以上の過失の場合の5割減額のさらに半分とし、死亡した自損事故惹起者に対して、750万円を上限とする自賠責保険による保護を考えた。しかし、保険業界などは、自賠法の目的である「損害賠償を保障する制度」に力点を置き、そのような自損事故惹起者の救済スキームに対して反対を提示した。最終的にこの導入は見送られたが、完全自動運転車に対する自賠責保険の在り方を考えた場合、ノー・フォールト化は選択肢の一つとして再度検討すべきものではないかと考えている。

　第三部の自賠責保険制度の諸問題に関しては、これらの判例研究の発表以降、最高裁の判例変更や下級審の裁判例の中で、特にここで追記すべき動きや判例は見いだせない。

　第四部の交通事故被害者救済のあり方に関しては、令和5（2023）年に被害者保護増進等事業に関する検討会が設置された。令和4（2022）年の改正に際しての国会の附帯決議等を受け、①「被害者保護増進等事業」について、各事業の費用対効果等に関する検証を行い、事業の効果的かつ効率的な実施に関すること、②「被害者保護増進

等計画」の作成及び変更に関すること、③その他被害者保護増進等事業の実施に関すること、以上が検討事項であり、昨年の 3 月にスタートした。この検討会の下にワーキンググループが設置され、事故被害者、その家族及び遺族団体、自動車ユーザー団体等の関係団体の率直な意見交換により、被害者保護増進等事業の効果の検証及び今後の自賠制度による被害者支援及び事故防止対策を検討することを目的としている。

　私が自賠法に深く関係することになったのは、平成 11（1999）年からスタートした運輸省（当時）の「今後の自賠責保険のあり方に係る懇談会」の委員になってからである。前年の 5 月に開催された交通法学会は、「自動車保険の現状と課題」がシンポジウムのテーマであり、私は報告者の一人として、「アメリカ自動車保険の現状と課題—カリフォルニア州の動きを中心に—」という報告をした。その際のパネリストの一人が「自賠責保険制度の現状と課題」を報告された当時の運輸省自動車交通局保障課長の大野裕夫氏だった。その大野氏から運輸省の大臣懇談会へのお誘いを受けたが、果たして自分にそのような委員が務まるか心配ではあった。伊藤文夫先生のアドバイスもあり、懇談会のメンバーとして平成 13（2001）年の自賠法大改正の作業に深く関与することとなった。大野裕夫氏は、自賠法の大改正という、それまで私が経験したことのなかった世界へと導いてくださった。また、後任の保障課長であった井手憲文氏は、懇談会の報告書作成にとどまらず、実際の法案作成に至る過程を経験させてくださり、自動車損害賠償責任保険審議会の委員就任へのきっかけもくださった。
　平成 11（1999）年から 25 年を超える運輸省・国土交通省の自動車交通局保障課・保障制度参事官室の皆様からのご協力とご支援には心から感謝している。令和 4（2022）年改正の際には、衆参両院の国土交通委員会において政府参考人として自分の意見を陳述する機会にも恵まれた。研究者としてこれ以上の喜びはない。私が座長を務める「自動車損害賠償保障制度を考える会」の主要メンバーである、被害者団体の方々、日本自動車連盟（JAF）、自動車総連そして自動車会議所の皆様とは、一般会計から自動車安全特別会計への積立金の繰戻しへ向けて粘り強い活動を続けてきた。財務大臣に対して唯一お金を返してくださいといえる団体であり、貴重な経験を共有させていただいている。
　令和 6（2024）年 1 月に「令和 5 年度（第 65 回）交通文化賞」を受賞したが、これはこれまでにご指導いただいたすべての皆様のおかげによる受賞であり、ここに深く感謝の意を表したい。
　2024 年 6 月 5 日

福田　弥夫

著者紹介

福田　弥夫（ふくだ　やすお）

八戸学院地域連携研究センター教授

1958 年青森県八戸市生まれ

1981 年日本大学法学部法律学科（法職課程）卒業後　日本大学大学院法学研究科博士前期課程　後期課程を経て 1987 年八戸大学講師（専任）　同校助教授、教授を経て　1999 年武蔵野女子大学現代社会学部教授　その後、2005 年日本大学法学部教授　2017 年日本大学危機管理学部教授　2024 年 4 月より八戸学院地域連携研究センター教授（現在）

【主な公職等】

1999 年 2 月〜2005 年 3 月　運輸省「今後の自賠責保険のあり方に係る懇談会」委員

2002 年 12 月〜2011 年 3 月　「財団法人 自賠責保険共済紛争処理機構評議員」

2005 年 9 月〜2016 年 1 月　金融庁「自動車損害賠償責任保険審議会」委員

2010 年 8 月〜現在　「自動車損害賠償保障制度を考える会」座長

2011 年 4 月〜2023 年 12 月　「一般財団法人 自賠責保険・共済紛争処理機構」評議員会会長

2014 年 10 月〜2018 年 10 月　日本保険学会理事長

2018 年 10 月〜2023 年 8 月　国際保険法学会理事

2023 年 12 月〜現在　「一般財団法人自賠責保険・共済紛争処理機構」理事長

【主な著書・論文】

『生命保険契約における利害調整の法理』（成文堂、2005 年）、『逐条解説改正保険法』（共編）（ぎょうせい、2008 年）、『ポイントレクチャー保険法〔第 3 版〕』（共著）（有斐閣、2020 年）

「生命保険契約と被保険利益—STOLI が提起した課題—」生命保険論集 生命保険文化センター設立 40 周年記念特別号(Ⅱ)（2016 年）、「フラターナル保険の現代的意義—最近の状況を中心に—」明大商学論叢 101 巻 2 号（2019 年）、「日本における自動運転車と事故解析」日交研シリーズ A-774（2022 年）

自動車保険契約における利害調整の法理

著　　　者	福　田　弥　夫	
発　行　日	2024年 7 月31日	

発　行　所	株式会社保険毎日新聞社
	〒110‐0016　東京都台東区台東4‐14‐8
	シモジンパークビル2F
	TEL 03‐5816‐2861／FAX 03‐5816‐2863
	URL https://www.homai.co.jp/
発　行　人	森　川　正　晴
印刷・製本	モリモト印刷株式会社

©2024　YASUO Fukuda　Printed in Japan
ISBN978‐4‐89293‐477‐3

本書の内容を無断で転記、転載することを禁じます。
乱丁・落丁本はお取り替えいたします。